School library

教師は
学校図書館を
どう使うか

インタビュー●箕面市にみる司書と教師の協働

髙木享子 *TAKAGI Kyoko*

教育史料出版会

序 学校図書館実践研究の新たな地平

東京学芸大学特任教授　山口源治郎

1953年、学校図書館法が制定された。立法形式としては、文部省（当時）という中央省庁が立案したものではなく、議員立法という国会議員の提案による法の制定であった。カタチのうえではたいへん民主主義的なものであったが、その後の学校図書館がたどった道は残念ながら茨の道であった。学校図書館法が必置とした「司書教諭」は、「当分の間」置かなくともよいとされ、40年以上も「当分の間」が継続し、人も予算もなく学校図書館は形骸化していった。「カギのかかった部屋」「人のいない図書室」「どこにあったか思い出せないくらい印象の薄い施設」、これが学校図書館のイメージとして、長らく私たちのなかに流布していたイメージであった。

このイメージが大きく変わるのは、1980年代半ばから1990年代にかけてではないかと思う。その大きなきっかけをつくったのは、全国では珍しく正規の学校司書を市内の小中学校に配置してきた岡山市の学校司書たちをはじめ、全国の心ある学校司書の人たちの学校図書館実践である。これが1980年代以降徐々に知られるようになった。とくに学校図書館に「人」＝学校司書がいることで、学校図書館が大きく変わることがわかってきたことは重要であった。こうした動きの基礎に学校司書たちが全国的な研究運動団体を結成したことがある。

個人的な体験で恐縮だが、1982年9月に京都市で開催された図書館問題研究会（図問研）の全国大会についてふれたい。この大会は前年に起こった京都市図書館の委託問題と対峙し、「住民の権利としての図書館を」と題する図書館政策を議論し提起する大会であった。しかしこの大会は、学校図書館運動にとっても意味のある大会であったのではないかと思う。

大会の第14分科会は学校図書館の分科会であった。参加者は24名、そのうち

の1名は当時大学院生であった私である。話題は各地の学校図書館の現状や実践が中心であったが、先に触れた岡山市の学校司書たちのブックトークの実践が印象的であった。この分科会では、「学校図書館に関心をもつ人の会」をつくろうという提案があったことが記録されている（『みんなの図書館』1982年12月）。この提案は後に学校図書館問題研究会の結成（1985年）に繋がってゆく。学校司書たちが全国的につながろうとする動きは、図問研京都大会のこの分科会からはじまったのではないかと思う。

　また地域で子どもたちの読書の場をつくってきた子ども文庫の人たちが、子どもたちの生活時間の大きな部分を占める学校での読書に、関心を寄せはじめてきたことがある。1982年の図問研京都大会では、第4分科会で「子どもの図書館利用が減っている⁉」をテーマに議論がなされている。公立図書館では1980年を画期に児童書の利用が過半を切るという現象が起こっていた。地域の子ども文庫でも、80年代には子どもの利用者の減少が話題となっていた。そうしたなか、子ども文庫関係者のなかから学校での子どもの読書に関心が向かっていった。1990年代、各地に学校図書館を考える会が立ち上げられ、学校図書館に人を置く取り組みが広がっていった。子ども文庫の人たちは、地域での文庫運動や図書館づくり運動のノウハウを存分に使い、可変性の高い地方自治体に働きかけ、学校図書館に「人」を置く運動を開始し、学校図書館関係者と連携し、地域レベル、全国レベルの運動を展開する。

　本書で髙木さんが明らかにしている大阪府箕面市での学校図書館づくり、授業実践の歩みは、こうした動きのなかで、箕面市での地域に根ざし、学校図書館関係教職員、市民、行政が緊密な関係性を築きながら、学校司書の配置にとどまらず、学校司書と教師の連携、教師の学校図書館を活用した授業実践が創造されたことが明らかにされている。それは、箕面という地域の特性と、学校図書館実践としての普遍性が交錯する空間である。しかし髙木さんは、ご自身が箕面市での学校司書の経験をもち、当事者として身近でこの歩みを体験してきたことを踏まえながらも、主観的にならず、冷静な分析を貫き通している。

　これまで学校図書館実践研究は、学校司書や司書教諭という、どちらかといえば図書館に身を置く教職員の目線から、教師に対する授業支援、子どもたちに対

する学習支援という視点から論じられることが多かったように思われる。「学校図書館があることで教師の授業実践がどのように変わるのか、教師はなぜ学校図書館を活用するのかを教師の語りを通して検証」したいと「はじめに」で髙木さんは述べている。そこで髙木さんは、聞き取りという研究方法（オーラルヒストリー）を採用し、教師自身の歩みや教育観・子ども観、授業観や学校図書館観、図書館を活用した授業実践をおこなうに至る経緯やその成果などについて、教師自身のことばで明らかにしようとしている。そこには聞き取り対象の教師の人生や、その人ならではの「ことば」で表現される子どもや授業や教育観が現れる。

　聞き取りという方法は、文献資料には記録されなかった事実や当事者の主観や感情を知る重要な方法である。しかしそこには真実ではない当事者の誤解や主観的思い込みや解釈なども含まれ、すべてが信頼できるものとは限らない。30年ほどまえ私も『中小都市における公共図書館の運営』（1963年）という報告書の成立過程を研究するため、作成にかかわった方々に聞き取り調査をおこなったことがある（オーラルヒストリー研究会編『「中小都市における公共図書館の運営」の成立とその時代』日本図書館協会　1998年）。その際、報告書の内容や討議過程について、人により異なる解釈や感じ方が述べられることが多々あった。しかしそうした解釈や感じ方の違いも含め、聞き取り調査は作成当時の空気や息づかいが伝わってくる実に魅力的な研究方法である。本書においても聞き取りの記録にそうした魅力が溢れている。とくにB先生へのインタビューのなかで、「生活科『虫を鳴かせたい』」の実践は、子どもたちと虫、そして教師、学校図書館のダイナミックなかかわりを通して、「虫が鳴く」のはどうしてかを、子どもたち自身が探求しその秘密に迫っていく過程が、B先生のことばで、実にリアルにそして魅力的に語られている。

　子どもたちは捕ってきたコオロギに鳴くものと鳴かないものあることに気づき、「なんで？」と思い学校図書館で図鑑を調べる。すると雄が鳴くことがわかる。そこで雄ばかり集めるのだがまったく鳴かない。「なんで？」。さらに図鑑を調べると雌がいないと鳴かないことがわかり、雌も虫かごに入れる。ところが鳴く虫かごと鳴かない虫かごがあり、さらに「なぜ？」の疑問が膨らむ。図鑑は写真や絵による説明を主とするが、「昆虫の飼い方」という説明の部分もあり、そうし

た部分を読み込むことで、「昆虫が鳴く」が解明されていったのである。

　学校図書館を通しての学習は、子どもたちの探究心・好奇心を、教師や司書が学校図書館の資料に結びつけ、子どもの学びの活動を発展させるところにある。本書は、こうした学校図書館実践の創造的プロセスの研究に新たな地平を切り開くものである。

　髙木さんが私の授業を聴講しはじめたのは 2014 年のことであった。そして翌年、東京学芸大学の「個人研究員」に登録し、本書のテーマに取り組むこととなった。正直こうしたかたちになるとは、当初は予想もしなかった。しかしほぼ月一度の研究指導を進めるなかで、少しずつかたちになってゆくことに驚きを感じながら見ていたことを思い出す。またこの時間は、私にとって学校図書館の現場と現状を知る貴重な時間でもあった。時間的には 7 年の時間をかけたが、それにふさわしい質と内容の研究になったように思う。髙木さんの研究にかける情熱と粘り強さとエネルギーをおおいに称えたい。

［Ⅲ章］教師へのインタビュー

[IV章] 教師の授業実践と学校図書館

[V章] 教師の図書館活用促進に向けて 課題と提言

まえがきにかえて —— 本書の目的と構成

● 学校図書館づくり運動

　「学校には、学校図書館を設けなければならない」と学校図書館法（第3条）にあるように、日本の小・中・高校には学校図書館が存在する。「学校図書館」と聞いて、人はどのような場を思い描き、何を期待するだろうか。

　初めて学校図書館充実のための運動が大きく展開したのは、戦後教育改革が推し進められていた1940年代後半から1950年代前半だった。「学校図書館は、新しい教育においては、きわめて重要な意義と役割を持っている」と記した『学校図書館の手引』（文部省 1948.12）が刊行され、教師たちからも学校図書館の充実を願う声が高まり、1950年には全国学校図書館協議会（全国SLA）が結成された。その宣言書には、「われわれが全国学校図書館協議会を結成したのは、学校図書館が民主的な思考と、自主的な意志と、高度な文化とを創造するため教育活動において重要な役割と任務をもっていると思うからである。（中略）　われわれは、よく整備せられた豊かな図書資料を通じて、児童生徒の個性と良識が、かっぱつに、自由に、より深く育っていくものであると思っている。」と記されている。[1]

　しかし、教師たちの熱意と努力、PTAなどの協力だけでは学校内外の理解も学校図書館整備をはかることも限界があった。当時のことを塩見昇は、「学校教育法施行規則が財政的裏づけを欠いていたため、学校図書館の整備を進めようとすれば、人とカネの確保が焦眉の課題であった」[2]と述べている。全国SLAは学校図書館充実に向けた署名運動を展開した。賛同する国会議員も現れ、紆余曲折を経ながらも立法化に向けて国会で審議され、1953年学校図書館法が成立した。だが、それは全国SLAが願った内容とはかけ離れたものだった。そして「人とカネの確保が焦眉の課題」は、1997年（附則第2項の改め）、2014年（「学校司書」[3]

の項目追加[4]）の法改正を経ても、いまもなお変わっていない。

　1970 年代後半以降になると、おもに高校の学校司書によって授業への支援や図書館活動のようすが論文や書籍[5]として学校関係者以外の目にも触れるようになり、学校司書が自治体を超えて集い情報を共有する場[6]もでき始めた。1985 年には学校司書が主体となって「学校図書館問題研究会」が設立された。

　そして、1980 年代後半頃から運動は新たな展開を迎える。それは学校図書館が活性化し、子どもたちの読書や学習に活かされることを願って起こった市民による学校図書館づくり運動である。

　運動にかかわった市民の多くは、文庫活動[7]を通して長年公共図書館づくりにも携わってきた経験をもっていた。そこで、公共図書館づくり運動で得たノウハウ[8]を駆使して地方議会にはたらきかけたり、自治体首長に要望書を提出するなど活発に運動を展開した。それは全国に広がり、各地で「学校図書館を考える会」が誕生し、1997 年には「学校図書館を考える全国連絡会」も立ち上がった。

　「学校図書館を考える会・近畿」（1991-2013）の元代表の北村幸子は、「公共図書館づくりを通して知った『自ら深く広く学ぶことを支える図書館のはたらきのすばらしさ』を学校教育に実現するという願いがありました[9]」と、会発足の原点を記している。この図書館の〝はたらき〟について、塩見昇は「私はそれをヒトと資料とのたしかな出会いをつくりだすサービス活動と考えている[10]」と述べている。この本で「サービス機能をもった学校図書館」というのも、この考え方に依っている。

　つまり 1980 年代後半から始まった市民運動は、図書館専門職員である司書を学校図書館に配置することによって「図書館のはたらき」が学校教育のなかで活かされ、子どもたちの学習や成長に役立つことを期待しているのが特徴であるといえる。

● 教師にとって学校図書館はどんな存在か

　大阪府箕面市は 1989 年度から学校図書館施策を開始し、1992 年度からは専任・専門の学校司書の採用を始めた。そのころから大阪府内でも学校図書館に司書を

配置する自治体が増えていった。[11]このような市民の学校図書館づくり運動や自治体の学校図書館施策が盛り上がりを見せはじめていた1993年4月に、私は箕面市の市立図書館から小学校に異動になった。学校図書館についての知識もあまりなく、一人職場という環境にも戸惑ったが、以後17年間、学校図書館についての学習と現場の整備を両輪にして学校図書館サービスのありかたを模索し続けたように思う。

　2013年に東京に移転して学校図書館の仕事から完全に距離を置いたときにふと、「これまでに学校図書館をよく使ってくださる先生方との出会いがあったが、そういう先生方にとって学校図書館はどんな存在なのだろう。なぜ学校図書館を使おうと思うのだろうか。また、そういう先生方はどんな授業を目指しているのだろうか。自分は図書館が機能するように努める側にいたが、利用者である先生方には図書館利用に不満はなかったのだろうか。率直な話を聞いてみたい」という思いに駆られた。

　2014年に東京学芸大学の山口源治郎教授の授業を受けたことが縁となり、先生にこの思いをお伝えしたところ、オーラル・ヒストリーという手法があること[12]を教えていただいた。そして2015年度から5年間研究員として受け入れていただき先生のご指導のもと、「サービス機能をもった学校図書館があることで教師の授業実践がどのように変わるのか、教師はなぜ学校図書館を活用するのかを教師の語りを通して検証し、教師の授業実践を支援する学校図書館が抱える課題とその解決のための方策を提案する」ことを目標に執筆を始めた。

● これまでの学校図書館研究

　素朴に「先生は学校図書館をどう捉えているのだろうか。なぜ学校図書館を活用するのか」を知りたいと思って始めたことだが、これまでそのような観点からの研究はあったのだろうかと調べてみた。

　まず、図書館関係団体機関誌である『図書館学会年報』[13]『図書館界』[14]『学校図書館』[15]と、カレントアウェアネス・ポータル[16]から学校図書館の動向に関する16件の文献レビューを抽出して、1950年代から2017年までの学校図書館研究の傾

向及び授業実践と学校図書館のかかわりについての論評を概観してみた。

　いずれも年代を区切ってのレビューだったが、ほとんどすべての年代で挙がっていたのは学校図書館法改正と職員（養成）問題だった。それに続いて読書指導（論）、読書教育関連、利用指導、利用教育関連が多く、ほかには学校図書館整備、センター論、図書館の自由、特別支援教育と学校図書館、資料論、学校図書館史、海外事情など、広範に渡って論評がおこなわれていた。

　ところで、1996 年の中央教育審議会第一次答申「21 世紀を展望した我が国の教育の在り方について」では、学習情報センターとしての学校図書館の充実と司書教諭への言及があった。[17] さらに 2002 年度には「総合的な学習の時間」の導入、2003 年度からは司書教諭が本格的に発令され、学校図書館関係者や市民のあいだでは学校図書館活性化への期待が膨らんだ。

　それを示すように、2000 年代以降のレビューでは「リテラシー教育」「情報活用能力の育成」「探究型学習」といった言葉とともに、それまではあまり言及されなかった児童生徒主体の学び方に関連する資料や文献、[18] 学校図書館を活用した総合学習や情報活用の実践事例文献等が紹介されており、学校図書館活用が注目される時代がやってきたかのように思われた。

　しかし授業研究（あるいは教育学）の観点からの学校図書館研究は、すべての年代のレビューで課題として指摘されていることが分かった。[19]

　もうひとつ、国立国会図書館オンラインによる文献検索も試みてみた。

　タイトル欄に「教師」「教員」「図書館」「聞き取り」「聴き取り」「インタビュー」という語を組み合わせて検索してみた。[20] そのなかで、授業者である教師が学校図書館をどのように捉えているかについて調査をした文献が 4 件見つかった。

　1 件目は石川清治の「教師の学校図書館観の分析」（1967）である。[21]「学校図書館は教師によってどのように理解されているか、その機能と役割についてはどのように認知されているか」について、「比較的に整備充実した学校図書館をもつ」沖縄・那覇連合教育区の小学校 12 校から無作為に抽出した 149 名の学級担任をもつ教諭たちに、琉球大学の学生（学校図書館概論受講生）を使って面接調査したものだった。

2件目は、上田修一らによる「わが国の教員とアメリカン・スクール教員との学校図書館観の比較」[22]（1983）である。東京都内の小・中・高校の教師75名、アメリカン・スクールの米国人教師13名、「わが国の特殊な例」として慶應義塾幼稚舎（小学校）の教員28名を対象とし、日本の教師の学校図書館観を明らかにすることを目的とし、質問紙を用いた調査だった。

3件目は、木村牧らによる「教育活動における教師の学校図書館利用——箕面市・枚方市（抽出）のアンケート調査より」[23]（1994）である。「教師の図書館教育に対する主体的な取り組みに着目することが重要」であると述べ、教師の学校図書館に対する意識や利用状況などについて、1992年度から司書配置が始まった箕面市の全小学校（13校）・中学校（7校）と司書未配置の枚方市の小学校5校（47校中）・中学校2校（20校中）を研究対象とした比較調査だった。

4件目は、松本美智子による「小学校教員の学校図書館に対する意識と利用の実態：質問紙調査と面接調査より」[24]（2012）である。「学校図書館の教員サポート機能の発揮には何が必要かを具体的に提案する」ことを目的として、学校図書館活用授業をおこなおうとする教員の意識と利用実態の調査だった。面接調査は7つの質問項目を用意し、それに沿って松本が直接8校16人の教員に個別におこなった。

しかしオーラル・ヒストリーという手法を使って、「教師はなぜ学校図書館を活用するのか」の意味を探り、教師の授業実践を支援する学校図書館が抱える課題や解決のための方策を提案する研究は見当たらなかった。

● インタビュー調査の方法

"授業をつくる"という言葉には、教師の創意工夫が込められている。そこには教科書に示されている単元目標達成だけではない、学校生活をともに過ごしている一人ひとりの子どもの実状に即した授業が目指されていると考えた。授業実践は教師の教育実践のひとこまであるといえるのではないか。

教師が授業で学校図書館を活用する意味を探るうえでも、この視点を忘れてはいけないと思った。教師の授業実践と学校図書館の関係性を追究するためには、授業づくりにかける教師の思いや、子どもへのまなざしなど、教師の教育実践論

的観点も含めて知る必要がある。それを踏まえたうえで、授業実践における学校図書館の"はたらき"の意味や可能性、そして課題を明らかにしたいと思った。

そのために、いくつかの条件を設定した。

1. 調査にあたっては、同一の学校図書館整備のなかでの考察が重要であることから、ある程度学校図書館整備が整っている自治体を1つ選ぶ。
2. 調査対象者は学校図書館に理解がある、あるいは日常的に学校図書館を活用している教師とする。
3. 教師の内面的なことも含めて考察するため、調査方法を工夫する。

そこで、調査対象者は1989年から学校図書館施策をスタートさせて30年近い歴史がある箕面市に勤務している小・中学校の教師から選ぶことにした。

箕面市は全小・中学校図書館に専任の司書資格をもった学校司書を配置しており、資料貸借も公共図書館および学校間でのネットワークシステムが整備されている。こうした環境のなかで、日常的に学校図書館を利用している教師が多いことと、私も学校司書として勤めた経験があることから、ともに学校という場で仕事をしてきた同僚でありながら立場は違うという関係で話が聞けるのではないかと思った。

調査方法は、歴史研究等で用いられているオーラル・ヒストリーの手法を参考にして、教師へのていねいな聴き取りを心がけることにした。

近年、学校図書館を活用した授業実践のようすは、研究紀要や学校図書館関係団体で報告されることが増えてきている。しかし、教師自らの臨場感ある「語り」は、従来型の実践報告書には表れない、当事者だからこそその息づかいを引き出すことができ、記録に残らなかった事実も掘り起こすことができるのではないか。また対話を通して、教師の内面の葛藤や努力、授業への工夫、教師人生を通して得た子ども観や授業観などを知ることができるだろうと期待した。

教師がなぜ自らの授業づくりにおいて学校図書館を活用するのか、その意味を深く探るには教師の「語り」に耳を傾けるインタビューという手法は有効であると思われる。しかし一方で記憶を頼りに語る話でもあり、正確性に欠ける内容もあることも承知したうえでインタビューに臨まねばならないとも思った。

● 本著の構成

Ⅰ章 箕面市における学校図書館の歴史的背景

市制が施行された1960年代から1990年代までの、子どもの生活文化（読書活動を中心）にかかわる行政・公共図書館・市民の活動を時系列にまとめた。

Ⅱ章 箕面市での学校図書館整備・充実に向けた取り組み

1989年に「学校図書館運営検討委員会」が設置されて学校図書館施策が始まり、1992 ～ 1998年度の7年間をかけて小中学校全20校に学校司書の配置が完了した。そこで2000年度を区切りとして、各種資料から「教育委員会の取り組み」「研修・研究・学習会」「公共図書館との連携」の観点からまとめた。

Ⅲ章 教師へのインタビュー

2015年8月から10月にかけて聴き取りをした5人の教諭のインタビュー記録を収録した。

Ⅳ章 教師の授業実践と学校図書館

インタビューを通して見えてきた教師像、授業と学校図書館とのかかわり、教師が学校図書館を活用する理由について考察を試みた。

Ⅴ章 教師の図書館活用促進に向けて 課題と提言

教師の図書館活用の課題を明らかにし、教師の学校図書館理解や活用促進に向けた学校図書館整備と司書教諭や学校司書にはどのような役割・力が期待されるのかについての提言を試みた。

注

[1]「宣言」『学校図書館』9月創刊号　昭和25年　p56
[2] 塩見昇『日本学校図書館史』（図書館学体系5）　全国学校図書館協議会　1986　p167
　　＊「第4章　戦後教育改革と学校図書館の制度化」（p143-182）には、戦後の学校図書館にかかわる国のはたらきかけ、運動、学校図書館法の成立までのいきさつ等が詳細に記されている。
[3] 附則2項（司書教諭の設置の特例）「学校には当分の間、第5条第1項の規定にかかわらず、司書教諭を置かないことができる」が、1997年の改正で「学校には、平成

15年3月31日までの間（政令で定める規模以下の学校にあっては、当分の間）、第5条第1項の規定にかかわらず、司書教諭を置かないことができる」と改められた。

[4] 学校図書館法（2014改訂）第六条（学校司書）：学校には、前条第一項の司書教諭のほか、学校図書館の運営の改善及び向上を図り、児童又は生徒及び教員による学校図書館の利用の一層の促進に資するため、専ら学校図書館の職務に従事する職員（次項において「学校司書」という。）を置くよう努めなければならない。

2　国及び地方公共団体は、学校司書の資質の向上を図るため、研修の実施その他の必要な措置を講ずるよう努めなければならない。

[5] ＊八木清江「学校図書館の利用指導：高等学校の場合」『現代の図書館』16（3）1978.9　p149-156

＊八木清江「実践レポート①化学の授業に協力して」『教育としての学校図書館』塩見昇　青木書店　1983　p94-120

＊宇原郁世「実践レポート②ブック・トークにとりくんで」『教育としての学校図書館』塩見昇　青木書店　1983　p135-154

＊塩見昇、土居陽子『学校司書の教育実践』青木書店　1988.11　等

[6] 1980年全国SLA「学校司書全国研究集会」開始／1982年「学図法改正をめざす全国学校司書の会」発足（1990年「日本学校図書館教育協議会」に改称）／1983年1月日本図書館協会『学校図書館部会会報』発行開始

[7] 「地域文庫や家庭文庫が行う様々な活動。本を読みたい、子どもによい本を読ませたい、という要求を持つ人々が、家族や仲間の協力を得て自らも行う私立図書館の活動といえる。青年、母親など成人を対象とする文庫もあるが、子どもを主な対象とする活動が圧倒的に多い」『最新図書館用語大事典』柏書房　2004　p501

[8] 全国子ども文庫調査実行委員会『子どもの豊かさを求めて——全国子ども文庫調査報告書』日本図書館協会 1984年・1989年・1995年

[9] 学校図書館を考える会・近畿『わがまちの学校図書館づくり』教育史料出版会　1998　p5

[10] 塩見昇「学校図書館の展望—ヒトの働きと制度を中心に—」『図書館界』33（1）1981.05　p12

[11] 箕面市（1992）、豊中市（1993）、豊能町（1994）、池田市（1995）、熊取町（1995）、羽曳野市（1996）、高槻市（1997）、岬町（1997）、阪南市（1998）、泉佐野市（1999）、田尻町（2000）、吹田市（2002）、河内長野市（2002）、富田林市（2003）。『学んだ、広げた、「学校図書館」——「考える会・近畿」20年』学校図書館を考える会・近畿　2012　年表より。豊能町の配置年は会報「学校図書館を考える会・近畿」No.34 1994.10.12 より

[12] オーラル・ヒストリー：文献に記録されていない事柄を、聴き取りによって記録化し、歴史の分析や叙述に活用する研究方法。語り手の記憶によるところが大きいので、事実と異なる内容や語り手の主観的な表現もときにあるが、その人にしか語れないリアリティがある。教師への聴き取りでいえば、学習指導案や実践報告書には記されない悩み・体験・思いなど、教師という職業がもつリアリティを知ることができる。

[13] 「文献展望」『図書館学会年報』日本図書館情報学会

長倉美恵子「学校図書館〈1972-73〉」20（3）　1974.12　p134-137／柿沼隆志「学校図書館〈1974〉」21（2）1975.10　p72-74／柿沼隆志「学校図書館〈1975〉」22（3）

1976.12　p139-140／柿沼隆志「学校図書館〈1976-81〉」28（4）　1982.12　p175-179
[14]『図書館界』
　　鈴木英二「Ⅶ　学校図書館」〈1957-1967〉19（4）　1967.11　p171-174／澤利政「1. 総論 1970 年代の学校図書館」28（2・3）　1976.9　p63-67／土居陽子「Ⅰ総論　学校図書館」45（1）　1993.5　p33-42／宇原郁世「Ⅱ館種別状況　学校図書館」53（3）　2001.9　p208-220／飯田寿美「Ⅱ館種別状況　学校図書館」61（5）　2010.1　p346-361／狩野ゆき「館種別状況　学校図書館」70（1）　2018.5　p71-85
[15]「学校図書館研究の最新動向」『学校図書館』No.723　2011.1
　　渡邊重夫「学校図書館研究の近年の動向と今後の展望」p16-19／根本彰「21 世紀の学校図書館理論は可能か」p20-22／平久江祐司「学校図書館に関する事例研究の動向」p25-27／野口武悟「学校図書館における特別支援に関する研究の動向」p28-30／須永和之「海外の学校図書館の動向」p33-35／今井福司「最近 10 年間における学校図書館史研究の展望」p36-38
[16]国立国会図書館 カレントアウェアネス
　　中村百合子「学校図書館に関する日本国内の研究動向」No.282　2004.12（CA1546）／河西由美子「学校図書館に関する日本国内の研究動向：学びの場としての学校図書館を考える」No.304　2010.6（CA1722）
[17]中央教育審議会第一次答申「21 世紀を展望した我が国の教育の在り方について」第 3 部第 3 章情報と教育［4］高度情報通信社会に対応する「新しい学校」の構築　1996
　　「学校の施設の中で、特に学校図書館については、学校教育に欠くことのできない役割を果たしているとの認識にたって、図書資料の充実のほか、様々なソフトウェアや情報機器の整備を進め、高度情報通信社会における学習情報センターとしての機能の充実を図っていく必要があることを指摘しておきたい。また、学校図書館の運営の中心となることが期待される司書教諭の役割はますます重要になると考えられ、その養成について、情報化等の社会の変化に対応した改善・充実を図るとともに、司書教諭の設置を進めていくことが望まれる。」
[18]「情報・メディアを活用する学び方の指導体系表」全国学校図書館協議会　2004／『インフォメーション・パワー　学習のためのパートナーシップの構築』アメリカ・スクール・ライブラリアン協会・教育コミュニケーション工学協会共編　同志社大学学校図書館学研究会訳　同志社大学　2000／『インフォメーション・パワーが教育を変える！学校図書館の再生から始まる学校改革』アメリカ公教育ネットワーク、アメリカ・スクール・ライブライアン協会共著　足立正治・中村百合子監訳　高陵社書店　2003
[19]澤利政：「各教科の学習指導には、それ独自の目標や方法がある。にもかかわらず、図書館やその資料を使うという形式を追うことに流れ、その教科学習本来の目標とするところからはずれた授業を生みだすことが少なからずみられたとする反省がある。」「総論 1970 年代の学校図書館」〈1967-1976〉」『図書館界』28（2・3）　1976.09　p66
　　柿沼隆志：「（学校図書館をテーマにした論文、報告などは）その重要性を考えると、まだその量は非常に少ないと言わざるを得ない。研究者の絶対数が少ない上に、教育学と図書館学の学識を求められることも原因となっていよう。」「〈文献展望〉学校図書館〈1976 ～ 81〉」『図書館学会年報』28（4）　1982.12　p179
　　宇原郁世：「2002 年から本格実施の新学習指導要領の目玉である『総合的な学習の時間』がめざす目的を達成するには、学校図書館の充実が不可欠なはずだが、『総合』を扱っ

た教育関係資料にこの視点を持つものはまだ少ない。」「Ⅱ　館種別状況　学校図書館」『図書館界』53（3）　2001.9　p208

中村百合子：『学習社会・情報社会における学校図書館』（塩見昇ほか　風間書房2004）を挙げ、「これまで、教育学者が本格的な学校図書館研究に携わることはほとんどなかった。それを覆し、教育学の中の異なる手法・関心を持つ研究者が集まって、教育における学校図書館の意義を多方面から明らかにしようとした試みであり、注目される。」「学校図書館に関する日本国内の研究動向」〈2000頃-2004頃〉国立国会図書館　カレントアウェアネス No.282　2004.12.20（CA1546）

飯田寿美：「『総合』のためのテキストが多数出版されたが、学校図書館の記述は少なく、学校図書館を使った実践例がほとんどなかったことは大変残念。」「Ⅱ　館種別状況　学校図書館」『図書館界』61（5）　2010.1　p349

河西由美子：「学校図書館分野の実践と研究の間には大きなギャップがあることがわかる。」「学校図書館研究において、授業を分析したり評価する授業研究との関連において学校図書館活動を論じた実践的研究が少ないということは大きな問題である。」「学校図書館に関する日本国内の研究動向――学びの場としての学校図書館を考える」国立国会図書館　カレントアウェアネス No.304　2010.6.20（CA1722）

渡邊重夫：「学校図書館研究の基礎は学校教育そのものにある。」「学校図書館研究は学校現場の実践を理論化し、その理論が実践に還流されることが必要である」「学校図書館研究の近年の動向と今後の展望」『学校図書館』No.723　2011.1　p19

根本彰：「学習過程そのものの研究の必要性である。（略）学校司書が授業に関与できなかった事情もあるのかもしれないが、現在ではティームティーチングなどの実践も行われている。また、図書館における資料利用だけでなく、資料の非利用も学習過程と見なせるかもしれない。このように図書館にかかわる学習過程はさまざまなかたちで存在する。これらを記述することからしか理論は生まれないだろう。」「21世紀の学校図書館理論は可能か」『学校図書館』No.723　2011.1　p22

[20]ヒット件数：「教師／図書館」（114）、「教員／図書館」（157）、「教師／聞き取り／図書館」（1）、「教員／聞き取り／図書館」（0）、「教師／インタビュー／図書館」（0）、「教員／インタビュー／図書館」（0）、「聞き取り」を「聴き取り」に変えたもの（0）2022.01.12 検索

[21]石川清治「教師の学校図書館観の分析」『学校図書館』No.205　1967.11　p10-26

[22]上田修一、森島泰則、古賀節子「わが国の教員とアメリカ・スクール教員との学校図書館観の比較」『図書館学会年報』29（1）　1983.3　p31-39

[23]木村牧、藤戸あゆ美、北村幸子「教育活動における教師の学校図書館利用――箕面市・枚方市（抽出）のアンケート調査より」『図書館界』46（2）　1994.7　p72-79

[24]松本美智子「小学校教員の学校図書館に対する意識と利用の実態：質問紙調査と面接調査より」『Library and information science』（68）2012　p55-84

I 章
*
箕面市における学校図書館の
歴史的背景

1956 年 12 月、箕面町、止々呂美、萱野村および豊川村が合併して箕面市が誕生した。

大阪府の北西部に位置し、市北部には市域の約 3 分の 2 を占める箕面連山があり、明治の森箕面国定公園を有している。人口約 13 万 9 千人（2021 年 3 月現在）、観光産業と都心への通勤者が多いベッドタウンとして発展してきた。

初代市長の若林義孝は、箕面市美術協会初代会長を務めるなど、文化や芸術に関心をもっていた人物だったようである。1964 年に市庁舎が新築されたが、当時から箕面市の文化財愛好会に所属している熊野禮助は、「日本初の美術館市役所をつくりたいので協力してほしいと言われたことがある。図書館もその中に入れたいと話していた」と語った。若林は美術館と図書館も併設した建物を構想していたようだ。実現には至らなかったが、庁舎に現存している鳩の壁画や箕面の滝をモチーフとしたモニュメントは、当時の市長の思いを表わしているとのことである。

新庁舎が建設された翌年の 1965 年に、中央図書館が中央公民館との併設というかたちで竣工した。開館は 1966 年 6 月で、ここから市民の図書館利用が始まった。

本章は 1960 年代後半から 1990 年代までを区切りとして、各種資料から読書活動を中心に子どもの生活文化にかかわる行政、公共図書館、市民のはたらきかけや活動を時系列にまとめた。

▋ 1 ▋ 1960 後半〜 1970 年代

● 行政の取り組み ―読書指導講座―

子どもの読書に関して行政は市民へどのようなはたらきかけをしてきたのかを、市の広報誌から探ってみた。広報誌は 1959（昭和 34）年 1 月から始まっており、名称は当初『広報みのお』だったが、1974 年 4 月号からは『もみじだより』に変更している。

子どもの読書について初めて関連する記事が掲載されたのは、1972 年 11 月号である。以後 1975 年にかけて読書指導の重要性を説き、公民館主催の読書指導講座や講演会が案内されている。

1972年11月号『広報みのお』には、次のような「読書指導講座受講生募集」の記事が掲載されている。

活字情報洪水の中にあって、将来を生きるために読書の必要性はいうまでもありません。そこで中央公民館では、本の読みかた、読ませかたについてのありかたについてぜひ知りたいという要望が多くありましたので、つぎのとおり「読書指導講座」をおこなうことになりました。人員に制限がありますので、希望者は、ハガキまたは電話で申し込んでください。場所／市立中央公民館、開催予定／11月中に3回、時間／午前10時〜正午、定員／50人

また、1973年4月号〜9月号『広報みのお』には「母と子の読書」というタイトルの連載がある。初回の4月号には、

昭和46年度から小学校学習指導要領が改訂され、その新指導要領に対する答申の中で、国語科の読むことの指導においては「読書指導と読解指導のいずれにも偏することなく指導して読む力を身につけること」とのべられています。その結果、いままで図書館活動や生活指導としておこなわれていた読書指導が各学校でいっせいにおこなわれるようになりました。ところが二年間の実践にもかかわらずあまり大きな効果がみられません。それには、先生がたがその指導になれていないことや、時間のとり方、資料の問題などが妨げとなる条件があまりにも多すぎるからだと思われます。まして重要なことは学校であるていどの指導はできても、実際に読む場となるのは学校よりも家庭にあるからです。そして読むという実践を通してのみ指導の効果が期待されますので、家庭の協力がきわめて必要です。（中略）次号からは、賢明なひとりの母が、その才覚と工夫によって健一という現在弁護士になっているこどもを指導していった過程を具体的に紹介しつつ、できるだけやさしく解説していきます。どうか家庭における読書指導の参考にしてください。

とあり、子どもの読む力の育成には家庭（とくに母親）の協力が必要であるという視点に立った、啓蒙的な要素が感じとれる。

シリーズ最終回には、市の東部・中部・西部の3地区でおこなわれている読書指導の長期講座の案内と、公民館では子どもの読書相談や資料相談に応じている

旨が記されている。

　1972年から始まった読書指導講座は3年続いており、1974年11月号『もみじ
だより』には以下のような「母と子の読書講演会」案内が掲載されている。
　　47年7月に市民のみなさんがたに“正しい読書の指導を”と読書指導講座と
　　読書会をはじめて、三年目をむかえます。その間における読書の「体験発表」
　　と「子どもの読書指導講演」をつぎのとおりおこないますので、参加してく
　　ださい。開催日時／11月11日午後1時から、場所／中央公民館講堂、定員
　　200人。なお、講演会の内容は、読書心理研究家岩坪昭子氏の「短編読み物
　　による読書指導」の講演と図書の交換です。

また、1975年3月号『もみじだより』には以下の案内が掲載されている。
　　「読書講演会」　1975年（昭和50年）3月25日　9時半から
　　場所：中央公民館　講堂
　　内容：「読むこと、書くこと、考えること」　社会教育指導員　浜中重信氏
　　　　　「児童文学と読書指導」　作家　椋鳩十氏

　広報誌への読書指導講座案内や「母と子の読書」の連載は、どこが（誰が）主
体となって企画されたのかは記載されていなかったが、調べるうちに社会教育指
導員浜中重信 がかかわっていたことが判明した。
　1972年5月箕面市社会教育指導員設置規則が施行され、1972年度から3年間
浜中重信[3]（元大阪市立小学校校長）が社会教育指導員に委嘱された。設置にあたり
大阪府から補助金の交付を受けており、読書指導（母子の読書指導について指導
助言、読書指導講演、幼児の言語指導）と家庭教育学級が浜中の担当であった。[4]
　浜中は、健一という少年と母親のエピソードを綴った『考える読書：健ちゃん
と本』（さ・え・ら書房　1971）を出している。『広報みのお』に連載された内容は、
この本がベースになっているものと考える。

　この時期、市民（とくに母親）に対しては、浜中のはたらきかけが大きかった

と思われる。子どもの読書に関する講座や講演会、広報連載記事等で子どもの読書の大切さを知り、本を購入する家庭が増えたことも推察できる。

　なおこれ以降 1970 年代は、読書講演会またはそれに類する講座等の案内は広報誌に掲載されていない。

● 箕面市立図書館の取り組み ―配本所の設置―

　中央図書館開館から 3 年後の 1969 年 8 月、『広報みのお』に「図書購入費府下でトップ――図書館の利用を」という見出しで、次の記事が掲載されている。

> 43 年度中の貸し出し冊数は 37,375 冊で人口 4 万から 6 万の公共図書館約 100 館中では 5 位以内と推定され、児童書については 24,482 冊の貸し出しとなりその中でも 1 位で、市民一人あたりの年間貸し出し数は 0.7 冊となります。これは 44 年度の市予算中図書費の市民一人当たり 40 円とともに、府下公共図書館 17 館中最高となっており、市の文化水準の高さを物語っています。

　1970 年代になると配本所 6 カ所が市の施設や自治会・団地集会所等に開設され、1972 年には自動車文庫「みどり」号が市内巡回を始める。

　1973 年の『図書館雑誌』4 月号は「中小レポートがでて 10 年」という特集を組んでおり、「中小図書館の現状」には箕面市の報告が載っている。「箕面市立図書館運営の実際」というタイトルで創設の経緯や運営方針について次のように記されている。[5]

> 中小図書館運営についての報告書が世に出たその翌年に、当市ではたまたま図書館創設の準備期に入り、昭和 40 年建物竣工、41 年開館の運びになったが、当時公共図書館が学習のための不閲入館、整理の簡素化、貸出重点等の問題をかかえていた際、当館がこの報告書を手引きとして創設に取組み、館運営の基本方針を定めることができたのは全く幸運に恵まれたことであったといえる。(p138)

> 創設当初、市人口 4.5 万人、市域の平地部が東西 7km、密集した住宅地がないので将来構想として分館 2、B. M1 を考えたが、市の行財政上の都合もあり、

館としては昭和45年から毎年児童書貸出しのための配本所を開設し現在3ヵ所、又今年度にはB. M1台を設け昨秋から巡回を始めた。館運営の基本方針として、当時日常の図書館奉仕の中から不閲入館を除くとあとに何が残るか、その残ったものが中小図書館の本来の使命ではないかとの簡単な考え方から、奉仕の重点を貸出しと定め、建物の設計・室の配置・書架・机等の設備を相関連させて創設にとりかかり、自習用には集会室を充て、一般閲覧室は貸出用図書を主とし軽読書・若干の参考図書コーナーのみに限った。(p138)

　この報告から、貸出重点と児童サービスを視野に入れた運営を心がけていたことがわかる。

　1969年に採用された青山恵子は、「たまにおはなし会をすると、部屋が子どもでいっぱいになりました。子どもに声をかけて絵本読みをするようにしていました。貸出し方式がニューワーク式だったので、貸し借りの時に話ができ、そのまま一緒に書架に行って本の紹介もできました」「特別貸出の時期は本棚が空っぽになりました」と当時を振り返り、語ってくれた。子どもたちが大勢訪れていた[6]様子が想像できる。

　貸出冊数は、先に紹介したように、1968年度は人口4万から6万の公共図書館約100館中では5位以内と推定され、児童書についてはその中で1位である。この貸出冊数の増加に対して、「図書費の増額と配本所の開設がある程度関連していると思われるが如何であろうか」(p138)と報告者の中村源一らは記している。

　1971年に開設された半町配本所にボランティアとしてかかわった星原あいは、[7]たまたま小学校でPTAの教養委員会を開いていたときに校長が来て、「実は子どもの配本所をすることになったんだけれども手伝ってくれる人がいないから、どなたかやってくれませんか」と呼びかけた。「何人くらい手伝ったらいいですか？」と聞くと、「二人くらい出てほしい」と言われ、「それなら」とNと二人名乗りをあげたそうだ。以来、1976年にできた瀬川配本所と2カ所で20年近くボ[8]ランティアとしてかかわった。

　半町配本所ができたころは、「子どもの数がものすごく多くてね、ほんとすごかったんですよ。ちょっと用事があっても替わってもらうことができないくらい。

顔と名前を覚えておかないと仕事がさばききれないんです。子どもがあふれるくらい来てくれて、あの半町会館が、そう広くはないですけれど、満員になったんですよ。すごい活気があって……」と語った。本棚が空っぽになるほどの盛況ぶりだったそうだ。

　図書館には毎回利用者数などを報告し、本が足りなくなると図書館職員が来て補充した。「子どもたちからの依頼を図書館に伝えると本が図書館から届くので、子どもたちにもよけい人気があって喜んでいました」と、配本所に来る子どもたちのリクエストにも応えていたようだ。職員数の足りないなか、児童へのサービスとしての配本所の役割は大きかったことが想像できる。

　1970年度からは牧落配本所開設に加え、児童書貸出用にビニール・バッグを用意し、登録者の希望に応じて学年末まで貸し出した。「このため、図書館に対する児童の魅力が予想以上に増したようである」（p138）と先に挙げた『図書館雑誌』で報告している。一方で、

　　　たまたま昭和43年"緑の木陰一日読書"の戸外活動を試み好評であったが、
　　　昭和44年以来、職員4人、図書費200万円、配本所開設等の事情、またB.
　　　M1台（臨時雇1名増）の業務増大でその後集会活動は皆無の状態である。
　　　（p138）

ともあり、図書館運営体制は厳しかったことが推測される。

　この報告のなかでは「将来の問題点」として検討すべき事項を4点あげているが、そのうち児童に関係するものが3点を占めている[10]。なかでも、貸出実践の実質が低下したことの原因として、「学校図書室の充実、学級文庫の活発化」「家計における図書費の増額による児童書の図書館外充足率の上昇」を挙げている。

　これは1971年の小学校学習指導要領の改訂も影響を及ぼしているものと思われる。

● 市民の活動 ─子ども会の図書館─

　1977年7月号『もみじだより』の市民の投稿コーナーに「子ども会の図書館」というタイトルで、片岸悦子が次のような記事を寄せている。

　　新家青空子ども会では、子ども会の図書館を新家自治会館の和室（12畳敷）

に設置して48年から貸し出しをおこなっています。この図書館の蔵書は、48年10月に自治会の予算の中から10万円をだして購入した200冊で、毎週日曜日、午前9時30分から10時30分まで、子ども会の父母が交替で貸し出し業務をおこなっています。1人1週間2冊を貸し出していますが、毎回15人ぐらいが利用しており、これまで延5,000冊も読まれています。たった1時間の開館ですが、ここに集まることによって、子ども同士、親同士、また、親と子どもの対話が生まれ、十分に有意義な1時間になっています。また、夏休みまでに蔵書を増やすことと、子どもたちに物のたいせつさをおしえるため、子どもたちの協力で家庭の廃品などを集めて再生業者に売ることを計画しています。本からいろいろな知識を吸収する。子どもに物のたいせつさをおしえられる。地域の和が広がる。一石三鳥のこのような機会を、みなさんも一度もってみられたらどうですか。

　新家青空子ども会が「子ども会の図書館」を始めたのは、社会教育指導員浜中重信による母親への読書指導のはたらきかけがあった時期と重なる。
　また、新家青空子ども会のように自治会内で活動をしていたところは他にもあったようだ。青少年課に所属していたことのある重松剛は次のように記している。
　　新家青空子ども会が新家自治会館で図書の貸し出しをしていたのは事実で、現在もその図書はまだ自治会館にあるそうです。ぼくが教育委員会青少年課の時(昭和59〜61年度)にも、子ども会として独立していたものもありますが、自治会内子ども会もたくさんありました。自治会予算として子ども会の活動費が組まれたりもしていました。図書を買って、子どもたちへの貸し出しをしていたのは先駆的ですが、稲地域にもあったのではないかと思います。また、牧落の八幡神社の境内にあった青少年センターが、図書館の配本所の役割を果たしていて、幅広く地域の子どもたちに浸透していたことがありまし[11]た。

　以上のように、1970年代は行政の読書教育講座等の取り組みの影響もあって、自治会活動の一つとして〝子ども会の図書館〟という名の地域文庫が個々に活動

していたといえる。

▌2▐ 1980 〜 1990 年代

● 行政の取り組み ─こどもの本入門講座─

1984 年に教育委員会青少年課が企画した「こどもの本入門講座」（10 月〜翌年 3 月）は、箕面において画期的な企画だったようだ。箕面子ども文庫連絡会が編纂した『みのこれん 10 周年記念誌』[12]には、関係者が思い出を綴っている。その中で「こどもの本入門講座」について触れている 3 人の寄稿から引用する。

当時千里タイムズの記者で講座を取材した黒田悠紀子は、次のように記している。

> 10 年前までの箕面は、表面上とても静かでした。婦人学級やコーラスがたくさんあり、講演会、消費者運動など常に話題を提供していた千里ニュータウンに隣接しながら、箕面の女性たちはそれぞれの家庭にこもり、静かに家事・育児に勤しんでいるかのように見えました。（略）1984 年 10 月 19 日『こどもの本入門講座＝おかあさん いっしょに本読んでよ』第一回が開かれたのでした。あの日の文化センター 8 階の熱気は大変なもので、私も講演を聞いたり、託児室を見にいったり、走り回りました。初の託児つき講座ということで、74 人もの赤ちゃんを預かり、泣き叫ぶ子を部長も課長もなく一人ずつ抱いて大汗をかいていました。私は千里タイムズ 10 月 26 日号に「箕面にも児童文学の曙」という見出しをつけて大きく報じたものです。（p8）

「こどもの本入門講座」の担当であった重松剛は、企画した目的について次のように記している。

> 青少年健全育成ということは、とりもなおさず、子どもたちにまなざしを向けた地域の大人のコミュニティ組織をどうつくるかということだと考えたものですから、それでは、まだ組織だったものがない就学前の子どもたちへ目を向けることを中心とした活動を、新しくつくるためには何が……と考えたわけです。自分の本好きもあいまって、絵本の読み聞かせグループを自然な姿で各地域につくっていただくこと、これを目指そうとしました。そのため

に、講座の名簿も小学校区別に作り、年明けての講座の後に、いささか無理矢理だったかもしれませんが、校区別に集まってもらい、この地区にはこういう方たちがおられますよ、という紹介の場を設定しました。(p17-18)

　また箕面子ども文庫連絡会の創設者の一人である新井せい子は、次のように記している。

　1984年春、ふるさと箕面へ帰ってきた私は、引っ越し荷物を片付けると先ず最初に図書館に出かけました。その当時、図書館は一館しかなく、公民館（現、郷土資料館）との併設で現在の中央図書館の十分の一ほどの小さな図書館でした。本も少なく、児童室は二階にあって、しかも午後からしか開いていませんでした。子どもの本に関するサークル活動もないということでがっかりしましたが、私の住んでいる近くの西南公民館に配本所があると聞き、行ってみました。（略）ここでおはなし会を開かせていただきたいと思って、公民館に部屋の申込みをしたところ、前例がないので子ども対象には貸せないと断られました。しかし、どうしてもその理由が納得できなかったので知人の紹介で教育委員会青少年課の柴田課長さん（当時）のところへお願いに行きました。いままで、役所なんてところは住民票をとりに行くぐらいで私たちにはあまり関係のないところだと思っていましたので、かなり緊張しながら、伺ったことを思い出します。絵本は子育てに大切なもの、絵本はおとなが心を込めて読んでやるもの、子どもの本の楽しさ……とにかく主旨をわかっていただきたい、とただもう夢中でお話しました。課長さんは私の一方的な話に呆気にとられながらも、黙って聞いてくださっていましたが、最後に「箕面市でも青少年課で幼児対象の事業を考えているところです」と主旨に賛同してくださって、例の大きな声で「了解しました」とひとこと。肩の力がほっとぬけました。この時からわたしの「役所」にたいしてのイメージが少し変わったように思います。(p21)

　「箕面にも児童文学の曙」と銘打って報じた黒田悠紀子の期待を裏切らず、青少年課はその後も「こどもの本講座」「幼年文学講座」「児童文学講座」「子ども

をはぐくむ講座」などを企画した。

● 箕面市立図書館の取り組み ―図書館増設による事業拡大―

　中央図書館が建設されてから 20 年後の 1986 年に、2 館目の東図書館が生涯学習センターとの併設で開設した。以後 1994 年までの 8 年間に中央図書館の建て替えも含めて 4 館 1 コーナーが、さらに 2013 年までのあいだに 2 館開設した。

　1986 年から 2000 年代にかけて「子どもと本のまつり」「おはなし入門講座」「幼年文学講座」「児童文学講座」「読み聞かせ入門講座」などが、生涯学習センターや箕面子ども文庫連絡会との共催事業や図書館主催事業として企画された。(巻末年表参照)

　さらに 1990 年代後半からは、学校図書館へのサービスも始まった。1996 年に図書館協議会から「箕面市立図書館による学校図書館へのサービスについて(建議)」が出され、学校図書館への貸出、予約、配本サービスが進んだ。

　また 1998 年からブックリスト「赤ちゃんといっしょに絵本をたのしみましょう 0 〜 3 歳児まで」を作成して、乳幼児健診で配布する取り組みを始めた。

● 市民の活動のひろがり

〈みのお図書館を考える会〉

　1985 年 9 月に「みのお図書館を考える会」が発足した。会報『わたしたちの図書館――暮らしの中に図書館を』第 1 号[13]には、「本は子どもの心の世界を広げ豊かな心を育てます」と題して、次のような巻頭文が掲載されている。

　　私たちは、子どもたちの読書環境の充実を願って箕面市のそれぞれの地域で、文庫やおはなし会の活動をしている仲間です。その活動を通して図書館と関わって参りました。お話しを聞いている子どもたちのキラキラした目、お気に入りの本をみつけた時の子どもの笑顔に出会うたびに私たちは、もっともっと多くの子どもたちに本の世界の楽しさを伝えたいと思うのです。箕面市では来春、待望の東部図書館分館が開館しますが、図書館を身近に利用できる市民は、まだまだ限られています。図書館は私たちの知る権利・学ぶ権利・生涯教育の機会を保障してくれる大切なところです。これからの情報化

社会になくてはならない施設です。箕面市の文化・教育の基盤となる図書館をよりよいものにと願って、私たちは『みのお図書館を考える会』を発足しました。多くの市民の皆様のご参加をお待ちしております。

　会報を繰っていくと、講演会の開催、新しく開設した図書館の紹介、他市の図書館見学や要望書提出などが報告されており、1980年代後半から1990年代にかけて精力的な活動を展開していたことが分かる。

〈箕面子ども文庫連絡会〉

　1984年には2つのおはなしグループがすでに活動を始めていたが、「こどもの本入門講座」をきっかけにおはなしグループは増え、子どもたちへの読み聞かせの活動が始まった。『みのこれん　10周年記念誌』の「箕子連のあゆみ」に、1985年10月図書館に文庫・おはなしグループ（9団体）から「団体貸出についてのお願い」を提出したとある。[14]

　これらのおはなしグループが翌年4月に「箕面子ども文庫連絡会」（以下：箕子連）を立ち上げて活動を始める。5月には大阪府子ども文庫連絡会にも加入し、他の自治体の文庫の人たちとの交流や学習も始まった。その後も文庫やおはなし会は増え、市内ほぼ全域に箕子連の活動の拠点が広がった。

　1986年6月東図書館がオープンし、図書館との共催事業「子どもと本のまつり」が始まる。以後図書館増設が進んでいくが、各館で共催事業「子どもと本のまつり」を毎年おこなっていく。

　「箕子連のあゆみ」（1984.6-1996.2）[15]を見ると、市民の自主的な活動や学習会、図書館主催事業や箕子連との共催事業、青少年課や公民館・学習センター等における「絵本」「児童文学」「おはなし」「紙芝居」などの講座が徐々に増えていくのがわかる。

○大阪における文庫連絡会の発足

　日本図書館協会は『子どもの豊かさを求めて―全国子ども文庫調査報告書―』（全国子ども文庫調査実行委員会）を1984年、1989年、1995年の3回刊行しており、「文庫」の現状や年代調査報告、分析等が報告されている。

1984年版の「全国の文庫設立年〔地域別比較〕表」[16]は、設立年を5年ごとにまとめて全国を17ブロックに分けて設立状況をグラフに示している。それによると、1971年〜1975年は東京23区の43.8％、東京都下の40.9％を抜いて、大阪が45.8％とトップである。

1989年版では全国の子ども文庫連絡会等の調査が報告されている。大阪は11団体の発足年や会員数が記載されている。ちなみに箕面市に隣接している自治体の文庫連絡会発足年を見てみると、1971年「豊中子ども文庫連絡会」（豊中市）、1975年「吹田子どもの本連絡会」（吹田市）、「茨木文庫連絡会」（茨木市）、1983年「池田子ども文庫連絡会」（池田市）が結成している。また、1976年には「大阪府子ども文庫連絡会」が結成している。1986年に「箕面子ども文庫連絡会」を発足させた箕面市は、後発の自治体だということが分かる。(p138)

〈保育グループ あそぼ〉

1986年5月、東図書館が開設されたのをきっかけに子育て中の母親も安心して講座に参加できるように、保育ボランティアの会が立ち上がった。1991年からは「保育グループ あそぼ」と名称を改め活動することになった。会立ち上げ人の一人である大森佐記子から、保育グループのあゆみについて次のような文書（2017.3）をもらった。

1984年青少年課のもとで実施された「こどもの本入門講座」は、箕面市では初めての保育付き講座でした。大勢の受講生と子どもたちを受け入れたため、保育室は部長さん達も対応に借り出されることになりました。その後も講座は4年間続きました。受講生であるお母さんは学びに対してとても熱心でした。けれども預けられる子どもたちは苦痛を感じ一緒に行くことをいやがり、それが講座への足かせとなることが表面化してきました。

それをきっかけに、1986年、「保育ボランティア（有志）」として子育て中の母親も安心して講座に参加できるように、保育を受けていくようになりました。保育について主催者である青少年課だけでなく、受ける側からも参加して話し合いがもたれ、ただ預かるだけ、母親に便利なだけの託児には限界があることが問題とされました。お母さんが学び続けるには、子どもにとってもお母

さんと同様に豊かな時間が過ごせる事を目標に保育を考えることになり、箕面子ども文庫連絡会からも有志が出て保育にあたることになりました。

　当初、有志たちは「保育ボランティア」として、資格の有る保母さん（有給）と一緒にはいりました。ボランティアなので終了後に団体に活動費が支払われました。その後、教育委員会だけでなく箕面市婦人政策課（後の男女共同参画課）でも保育付き講座が持たれるようになり、1991 年「保育グループあそぼ」という名称でボランティアから有償（資格の有無で時間給の差有り）の団体として活動することになりました。しかし、資格が有る人しか保育にあたる事ができないということを払拭したい、自分の子ども以外の子どもと接することが子育ての大きな助けになると感じ、保育を受けた方に保育者として活動することへの参加を積極的にすすめました。時給については後にルールも作り、保育資格の有無を問わず同額が支給されることが実現できました。保育内容についてはアンケートをとり入れ保護者の方の声を参考に保育に活かしていきました。（中略）

　2001 年に箕面市 NPO 登録をして活動していきましたが、2014 年に初めて委託に伴う条件が提示されました。発足から 20 余年を経て保育者が減少し体制が整わず、このまま NPO 団体として活動することはむつかしいと判断して、2016 年 1 月に会を閉じました。この間、保育を担当したのは延べ80 余人に及びました。「おわりの会」を開きこれまで関わった方の参加のもと、感謝と共に関わってきたことで得られたものや現在の活動などについて語りあいました（多くの方が子どもの成長後、保育士として仕事に就いています）。

　大森は、「この会の活動は子どもの目線に立って保育を考えることが第一で、第二は母親の自立でした。」 とメールのやりとりのなかで語っていた。単なる「母親が講座を受けている間の預かり場所」というよりも、子どもも母親も保育者も、ともに育ちあう場にしたいという意思が、この会を立ち上げたメンバーにあったことが伺える。

〈紙芝居まつり・手作り紙芝居コンクール〉

　1989 年 5 月「箕面紙芝居まつり」が開催された。1991 年 6 月には市立図書館との共催で「第一回箕面手づくり紙芝居コンクール」[17]も始まり、それ以後「まつり」と「コンクール」はセットとなり毎年開催されるようになった。

　1997 年 8 月号の『子どもの文化』に箕面市立図書館が「人と本・人と人との出会いの場　紙芝居まつりや紙芝居コレクションもあるユニークな図書館」と題して「まつり」や「コンクール」を次のように紹介している。[18]

　　　第一回目は、1989 年 5 月 14 日に実施された。当日 16 のグループ・個人の出演者により、中央図書館と隣接する公園の数か所で、同時に実演が行われ、終日、大勢の人でにぎわった。当日のアンケートを見ると、子どもたちが夢中になって紙芝居を見てくれた様子がわかる。まつりが実現できたのは、子ども文庫関係者を中心とした、市民による実行委員会の自発的で自主的な運営によってであった。当日集まった出演者による手づくりの紙芝居は、それまで抱いていた紙芝居のイメージをぬりかえるものであった。図書館では以前から印刷紙芝居を収集し、子どもたちに貸し出してきた。利用は多く、子どもは本当に紙芝居が好きだ。しかし、自信を持って手渡せる紙芝居がどれだけあっただろうか。図書館は紙芝居の評価や研究を怠ってきたという反省を促される紙芝居、演じ方との出会いであった。紙芝居の質の向上と、新しい紙芝居の創造を願って、図書館としてもまつりに関わっていくこととなった。第三回からまつりとあわせて、手づくり紙芝居コンクールも同時開催することとなり、図書館はこの回より共催している。市民の活動として始まった紙芝居まつりに行政が参加し、まさにともに創りあげる催しとなった。

　2000 年から NPO「人と本を紡ぐ会」が委託事業として引き継ぎ、現在も毎年全国から参加者が集い、紙芝居の情報交換と交流の場となっている。また、この会はコンクールを機会に箕面市内の民話を掘り起こし、手づくり紙芝居を作成する取り組みも行なっている。そのなかから「箕面むかしむかしシリーズ」として現在 5 作品を印刷紙芝居にしている。[19]

〈人と本を紡ぐ会（箕面市非営利公益活動団体）〉

　「2000 年 5 月に発足。市民の中から運動として、図書館と主体的に関わり活動をしていく箕面市非営利公益活動団体として産声をあげました。」とホームページにある。“産声”をあげるに至った経緯について 2003 年に開かれた秋田県民文化政策課地域フォーラム「NPO と行政の協働に向けて」で次のように報告している。[20]

　　箕面市では 1997 年市民参加のまちづくりをめざして市民参加条例、まちづくり理念条例、非営利公益市民活動促進条例の 3 つの条例がつくられました。この条例の基となる提言書作りの懇話会に参画しこれからの市民活動の在り方（NPO）や市の施策づくりについて学習しました。そして、「箕面紙芝居まつり実行委員会」「みのお図書館を考える会」「箕面子ども文庫連絡会」の有志で箕面市 NPO 法人「人と本を紡ぐ会」を結成しましたが、「図書館を考える会」が基本計画の時から関わっていました。6 館目の西南図書館が箕面市で初めて集会施設のある図書館が実現することになり、かねてから八日市図書館の 2 階の“風倒木”（居場所）のようなスペースを箕面の図書館にも実現したいと思っていた私たちは「人と本、人と人の出会いの場、地域文化の基盤としての図書館の可能性を拡げ、豊かなまちづくりをめざす活動に図書館と共にとりくみたい」と考えて事業委託を受けました。[21]

　「人と本を紡ぐ会」ホームページには、多岐にわたる委託事業・自主事業が紹介されている。箕面市立西南図書館 2 階にある読書室「モモ」で展示、リサイクルを継続しておこなっているが、中学生が美術の授業で制作した作品の展示、学校図書館にリサイクル本の提供、授業で手づくり紙芝居制作の指導など、学校や学校図書館支援等もおこなっている。

〈学校図書館づくり運動〉

　1980 年後半から 1990 年代は、学校図書館が子どもたちの読書や学習に活かされることを願った市民の学校図書館づくり運動が全国で始まり大きく展開した。箕面でも文庫活動に携わっていた市民が中心になって活発にはたらきかけをおこ

なった。箕面市の学校図書館施策に大きな影響を与えた市民の活動を紹介する。

○学校図書館実態調査

1989年から箕面市の学校図書館施策が始まったが、これは大阪府子ども文庫連絡会（以後：大子連）が1987年に大阪府下の自治体における学校図書館の実態を知ろうという目的でおこなった学校図書館実態調査がきっかけだった。

この大子連の実態調査を箕面市は、箕子連と「みのお図書館を考える会」（以下：「図書館を考える会」）が担当した。[22] 箕子連は教育委員会に調査をさせてもらうように依頼したが、それを受けたのは当時教育委員事務局にいた重松剛だった。重松は「調査の内容自体に関心もあったので、校長会にお願いし全校調査をいたしました。[23]」と述べている。市教委の協力を得たことにより、箕面市は全小中学校を調査することができた。

新井せい子は学校図書館調査について次のように記している。

> 学校を訪問して学校長と図書担当の先生と話し合ったことで学校図書館の状況がみえてきた。調査結果を教育委員会に報告し、学校図書館に専任の司書を配置してほしいとお願いした。これが箕面で学校図書館充実にむけて取り組む第一歩になった。学校長会からも蔵書充実の要望が出された。翌年、市教組幹部と学校図書館について話し合い図書館は読書教育だけでなく、教科の学習にも大切な施設であることを話した。[24]

箕子連や「図書館を考える会」の人たちが調査をきっかけに学校図書館の実態を知り、整備充実のために動き出したのがわかる。

では市民は、学校図書館に何を期待したのか。

新井せい子は前述の論文のなかで、自分が主催している文庫で出会った子どもが、“本の力”や“図書館の力”を得て幅広い資料に目を輝かせ、活き活きと学習を深めていくようすを紹介して、「このような学習の方法を学校教育のなかで経験させたい」と述べ、次のように記している。

> 文庫を利用する子どもは限られている。子どもの一番身近にある学校図書館に子どもと本を結ぶ「司書」がいて充実していればと思った。一冊の教科書だけでなく幅広い資料を使った授業がなされることで子ども達の知的好奇心

を満たし、自ら学ぶ楽しさや、知る楽しさを体験させる。それが生涯にわたっ
て主体的に学ぶ意欲を育み子ども達の生きる力になるのではないだろうかと
思った。こうして財団委託問題から「生涯学習」について学習するなかで、
生涯学習に必要な自己教育力を身につけるには学校教育のあり方を問い直さ
なければならないと考えるようになった。学ぶ過程より結果を重視する経済
効率優先の画一おしえこみの学校教育のなかで、子どもたちは主体的に学ぶ
喜びを奪われ、無気力、無感動になっているように思う。生涯学習の基礎を
つくるのは学校教育である。義務教育の時代にこそ学ぶ喜びを体験させたい。
そのためには学校図書館の整備充実が不可欠であると考えた。[25]

　新井せい子のこの言葉は、当時の学校図書館づくり運動にかかわった市民の多
くに共通した、教育に対する願いであり、学校図書館に寄せる期待だったといえる。

○学校図書館を考える会・近畿（1991-2013）
　1991年10月に近畿地区（大阪・兵庫・奈良・京都）の文庫や学校図書館問題研
究会のメンバーを中心にして、「学校図書館を考える会・近畿」（以下：「近畿」）
が発足した。会の活動について『わがまちの学校図書館づくり』に次のように記
されている。

　　会発足には91年1月のシンポジウム「学校図書館を考える」（大阪で開催）
　　の成功が大きく影響しているが、直接のきっかけは、箕面市が大阪府特別嘱
　　託員を学校図書館の専任にしたことにありました。同市は翌年度から、自治
　　体独自で学校司書を配置する施策をスタートさせ、「図書館のはたらき」に
　　よって、管理的、閉鎖的といわれる学校教育の変革をめざすことになりまし
　　た。この施策推進について「近畿」は、「図書館のはたらき」を理解してい
　　る司書が、さらに学校図書館スタッフとしての力量を磨き、学校図書館の可
　　能性を拓いてほしいと願い、実践と学校図書館理論と併せて学習できる企画
　　を心がけてきました。[26]

　「近畿」の会員は1998年時点で「450～500名（近畿圏外は70～80名）」と
あり、学校司書や市民のほか、「教師、研究者、行政担当者や議員など多様な立場」[27]

の会員で構成されているという利点を活かして多くの学習会や講演会などを企画したが、箕面での市民企画の学習会や教育委員会主催のシンポジウムにも、共催や後援というかたちでかかわり、学校図書館施策推進を後押しした。

3 まとめ

箕面市における学校図書館の歴史的背景として、子どもの生活文化活動（読書活動中心）のあゆみをふり返ると、次のような特徴があげられる。

1960年代後半は、市立図書館の創設期であり児童へのサービスを第一に目指していた。公共図書館における重点課題として児童サービスを提起した『市民の図書館』(1970) [28] の刊行に先立って、1968年前後の時期にすでに児童へのサービスを目指そうとしていたことは注目に値する。しかし、「図書購入費府下でトップ」[29] と謳われたにもかかわらず、職員4人（司書職3人、事務職1人）とBM増による臨時雇い1人では貸出業務以外には手が回らなかったのが現実だった。役所のなかで、図書館への理解度はあまり高くなかったといえよう。

1970年代は、社会教育、学校教育、市立図書館それぞれが子どもの読書に関するはたらきかけをおこなっていたが、市民の活動は自治会こども会内でのことであり、組織化された市民同士のつながりまでには至っていなかった。

1980年代は、おはなし会や文庫活動など市民の活動が活発化し、箕子連や「図書館を考える会」を組織して自ら企画した図書館についての学習や、情報を発信することが始まった。

市立図書館も20年ぶりに2館目が東生涯学習センター内に開設（中央館も中央生涯学習センター内に移設）され、子どもの読書活動にかかわる企画も図書館主催、箕子連や生涯学習センターとの共催などのかたちで組まれるようになっていった。

また箕子庫や「図書館を考える会」のメンバーは図書館協議会にも委員として参画し、市民の立場から地域文化の基盤としての図書館づくりへ積極的にかかわっていった。

1990年代以降は、図書館はさらに増えて市内全域サービス体制も整い、貸出

冊数も伸びていった。特に団体貸出冊数は学校図書館への配本を開始してから、年を追うごとに増えていった。おはなし会や文庫活動を行なっていた市民たちは子どもたちの生活の場でもある学校に目を向け、学校図書館の存在に気づき、整備充実にむけて積極的にはたらきかけていった。

　以上のことから、箕面市の読書活動を中心とした子どもの生活文化にかかわる活動は、1980年代が転換期といえる。1984年の「こどもの本入門講座」がきっかけとなり、当初は行政側が主導であったにせよ、講座で知り合った母親たちは子ども文庫やおはなし会、図書館を考える会、保育の会など、それぞれ自分の興味関心のある活動へと発展させていった。その活動は"子どもの本と図書館"を軸としつつも、子どもの生活・文化・学びに関心が広がっていく。

　とくにNPO団体として認可された「人と本を紡ぐ会」や「保育グループ あそぼ」は、子どもの読書や図書館関連外の行政部署や、市民団体、個人ともつながりをもっていった。「人と本を紡ぐ会」初代代表になった新井せい子はNPO団体になるにあたって、「この条例の基となる提言書作りの懇話会に参画しこれからの市民活動の在り方（NPO）や市の施策づくりについて学習しました」と語っている。[31]

　当時市長だった橋本卓[32]は、のちに「住民自治へのシステム改革──大阪府箕面市の改革実践から」[33]で次のように記している。

　　分権の時代においては、単に中央と地方との間における権限の配分に終始するのではなく、身近な生活の場において市民自らが考え決定し行動することが可能となるような条件や環境を整えていくことこそが行政の大切な役割であり、まちづくりの隅々に至るまで住民自治を貫徹していくことが最も大切なことである。(p131)

　箕面市がこれまで、独自の「まちづくり理念条例」「市民参加条例」「福祉のまち総合条例」「まちづくり推進条例」「都市景観条例」「非営利公益市民活動促進条例」「子ども条例」「高齢者介護総合条例」等を制定してきたのも、分権型まちづくりにおいて市民と行政との協働によるまちづくりを共有の理

念とし、かつ、箕面市のまちづくりが福祉・人権をまちづくりのベースにしていることを明確にするためのものである。(p136)

　1980年後半から1990年代にかけて展開した市民（母親）の活動は、まさしく行政とも協働しつつ子どものよりよい生活・文化・学びを目指して、"市民自らが考え決定し行動"していった事例といえる。学校図書館づくり運動もそのひとつだった。橋本の論文を読んで、市民の活動は自らの生涯学習の場になっていっただけではなく、"まちづくり"にも深くかかわったのだと感じた。そして、橋本の目指す住民主体のまちづくり構想の実現のために尽力した職員の一人が重松剛であった。

　重松は文庫連絡会発足のきっかけとなった1984年の「こどもの本入門講座」では青少年課の職員として、学校図書館施策のきっかけとなった1987年の学校図書館実態調査の時には教育委員会総務課の職員として、市民の活動を支援した。"協働"はこの時代の箕面市の特色を示すキーワードであったといえる。

注 ─────────────────────────────
[1] 若林義孝：市長在任期間1956年12月〜1964年4月29日。1956年に発足した箕面市美術協会初代会長（〜1959年）
[2] 熊野禮助：箕面市文化財愛好会会長。箕面の民話の採集や文化活動に長年携わっている。1958年（昭和33年）から箕面市在住
[3 浜中重信：大阪市立伝法小学校長、大阪市教育委員会指導主事、大阪市立天満小学校長歴任後、箕面市社会教育指導員となる（1972〜1974年度）
　著書『読書指導四十年：読み聞かせから母子読書まで』（文理書院　1972）／『考える読書：健ちゃんと本』（さ・え・ら書房　1971）／『若き教育者に』（文理書院1970）／『幼児と本：読書指導の実際』（さ・え・ら書房　1962）他
[4]「昭和47年度社会教育指導員設置実績報告書」昭和48年4月28日
[5] 中村源一／青山恵子「箕面市立図書館運営の実際」『図書館雑誌』Vol.67　No.4　1973.4　p138-140
[6] 2016年11月　手紙等のやりとり
[7] 半町配本所：半町会館施設内に設置。土曜日13：30-16：30開館
[8] 瀬川配本所：西南公民会内に設置。水曜日13：30-16：30開館
[9] 2016年11月14日　聴き取り
[10]前掲　注5　p139-140
　将来の問題点として次のように記されている

①児童司書が本館に定着しないで配本所及び B.M ステーションを拠点とする巡回司書システムを含め、図書貸出しの機能と結びつく全域サービスとしての集会活動

②午前中の児童室を各学校の学級単位に利用提供する場合の担任教諭と司書との連繋〔ママ〕その他

③一般閲覧室と B.M の、及び配本所への一般書配置の場合の共通登録制における貸出登録に関する規定。更には奉仕網の拡充にともなう各種業務の組織化。

④47 年度貸出実績の実質的低下について、㋐本館新刊書補充の不足、㋑固定施設としての本館貸出しの限界（市人口 6 万人、半径 1km 以内人口 2.5 〜 3 万人、貸出 10 万冊うち本館 8 万冊）㋒ PR、集会活動等の不足、㋓学校図書室の充実、学級文庫の活発化、家計における図書費の増額による児童書の図書館外充足率の上昇等、 検討すべき事項が考えられるが、当館を含め中小図書館はその当面する問題について今後一層館界諸賢のご指導に俟つところ極めて大きいと思われる。

[11] 重松剛氏からの手紙（2016 年 6 月 10 日）

[12] 箕面子ども文庫連絡会 10 周年記念誌編集委員会『みのこれん 10 周年記念誌』 1996 年 2 月

[13] みのお図書館を考える会会報『わたしたちの図書館——暮らしの中に図書館を』No.1　1985 年 12 月

[14] 前掲　注 12　p26

[15] 前掲　注 12　p22-47

[16] 全国子ども文庫調査実行委員会「全国の文庫設立年〔地域別比較〕表」表〔3〕設立年〔地域別比較〕『子どもの豊かさを求めて—全国子ども文庫調査報告書—』日本図書館協会　1984　p5

[17] 手づくり紙芝居コンクールは 2021 年度をもって終了

[18]『子どもの文化』子どもの文化研究所　29（7）　1997 年 8 月号　p99-100

[19]『滝壺に落ちた刀』2010 ／『名猪乱野の大イノシシ』2010 ／『とりいのあらそい』2012 ／『泣き地蔵』2013 ／『宙にとまった行巡上人』2014

[20]「人と本を紡ぐ会　図書館をもっと楽しむために」HP　http://tsumugukai.com/　2021.3.22 検索

[21] 新井せい子、岩重敏子、大森佐記子「本が取り持つ協働のかたち」箕面市非営利公益市民活動団体「人と本を紡ぐ会」2003 年　講演レジュメ

[22] 新井せい子「2-1 市民として図書館、学校図書館づくりに関わり続けて」『学んだ、広げた、「学校図書館」—「考える会・近畿」20 年—』学校図書館を考える会・近畿 2012　p118　に、「1987 年に『大子連』で、学校図書館の実態調査を実施した。現状を知ることから始めようと、箕面市では『箕子連』と『図書館を考える会』が教育委員会を通して、市内の全小中学校を訪問した。」 とある

[23]『わがまちの学校図書館づくり——行政・教師・司書・市民で創る教育』学校図書館を考える会・近畿 1998 教育史料出版会　p25

[24]「学校図書館の充実を願って—子ども達に学ぶ喜びを—」『図書館界』Vol.47　No.3　p173

[25] 前掲　注 24　p173

[26] 前掲　注 23　p180

[27] 前掲　注 23　p180

［28］『市民の図書館』日本図書館協会　1970
［29］『広報みのお』1969 年 8 月 19 日
［30］『日本の図書館　統計と名簿』日本図書館協会　1987 ～ 1999 年版
［31］前掲　注 21
［32］橋本卓：市長在任期間 1993 年 9 月 12 日～ 2000 年 7 月 31 日
［33］『年報自治体学：市民・職員・研究者ネットワーク誌』自治体学会（15）2002.5

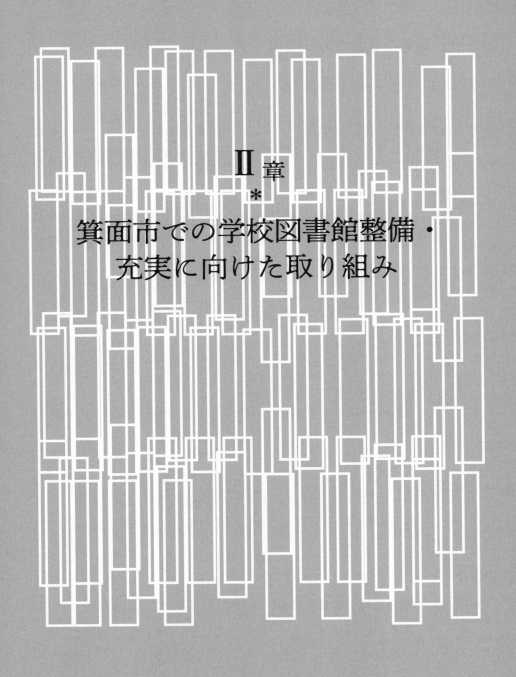

Ⅱ章
*
箕面市での学校図書館整備・充実に向けた取り組み

1 教育委員会の取り組み

　箕面市の学校図書館施策の大きなきっかけとなったのは、Ⅰ章2節の〈学校図書館づくり運動〉で記したように、1987年に「箕面子ども文庫連絡会」と「みのお図書館を考える会」が共同で行った学校図書館実態調査だった。学校図書館実態調査結果の報告を受けた教育委員会は、1989年度から学校図書館の活性化に向けて動きはじめた。

　当時教育委員会事務局を担当していた重松剛は次のように述べている。[1]

　　このような状況（実態調査結果：筆者注）、また全国的にも「鍵のかかった本の倉庫」であると揶揄されている学校図書館の鍵を打ち壊すためには、なんといっても教師の関心を集め意識を改革することこそが重要であり、そうしてこそ初めて学校図書館の場で子どもたちも生き生きとするにちがいない、このことを基本的な考えとし、そのために本市では89年7月「学校図書館運営検討委員会」を組織しました。この組織の結成こそが、学校図書館に取り組むその後の箕面の出発であったと思います。

　また、専任の人の配置についても、

　　学校の心臓部であるべき図書館を活性化すること、学校図書館が変われば教育の展開が変革され、よりいっそう充実した教育の進展が見られるはずです。そのためにも図書館に専任の人がいなければなりません。専任の人の配置については、市から国・府への要望書の項目に入れるよう依頼し、また当時箕面市が幹事市でもあったため北摂市議会議長会でとりあげていただくことを出発とし、全国市議会議長会の近畿部会での決議として要望項目として採用されもしています。

　と述べている。

● 学校図書館運営検討委員会設置

　学校図書館運営検討委員会（以下：運営検討委員会）は各校代表の教諭25名、

校長会・教頭会の代表 2 名、市教委 3 名（事務局）の計 30 名で構成された。

　1989 年 7 月から 1990 年 9 月までのあいだに 8 回会合をもち、各校の現状報告、講演会の開催、学校図書館視察^[2]などを通して、箕面市の学校図書館の現状と課題の共通認識をおこなった。最終回では学校図書館の「運営」「蔵書」「設備・備品」についてまとめ、『箕面市学校図書館の充実にむけて（提言）』^[4]（以下：『提言書』）を教育委員会に提出した。以後、この『提言書』に従って学校図書館施策が実行されていった。

● 学校図書館運営の手引作成委員会

　まず初めに着手したのは「学校図書館運営の手引き作成委員会」（以下：手引作成委員会、1991 年 1 月）の立ち上げだった。運営検討委員会メンバーに加えて全校から希望者を募り、名簿には 51 名が名を連ねている。手引作成委員会は、3 部会に分かれて検討し、「調べ学習について」「子どもたちの読書を豊かにするために」「はじめて図書委員になったら」にまとめ、1993 年 3 月に『学校図書館活性化マニュアル』^[5]（以下：『マニュアル』）を刊行した。

　1995 年 10 月号の『月刊教育ジャーナル』^[6]は「『学びの場』としての学校図書館」という特集を組んでいる。当時指導主事であった青木修一は「本があって人がいて─大阪・箕面市での取り組みから」という題で報告している。

　このなかで、『マニュアル』について次のように紹介している。

　　その内容は、①調べ学習、②適書、③運営についてより成っているが、特色は①である。各学年の各教科で適当な教材を取り上げ、指導案と実践に必要な資料リストを掲載し、だれでも実践できるようにまとめている。実践や研究が進めば適宜追録する加除式になっており、本年 5 月には調べ学習と読書指導で 24 ページ分を追録した。(p23)

図書館を活用した授業実践を目指したマニュアル書であることが強調されている。

❶『箕面市学校図書館の充実にむけて（提言）』目次

第 1 章　学校図書館の運営について

　1. 設備、図書について

　2. 専任の学校司書の設置について

　3. 学校図書館にかかわる組織体制の確立にむけて

　4. 市立図書館の活用について

　5. コンピュータシステムの導入について

第 2 章　学校図書館の蔵書について

　1. 購入図書基準　小学校・中学校　　2. 分類基準について　　3. 廃棄について

第 3 章　学校図書館の設備・備品について

　1. 学校図書館の位置　　2. 図書館設備・備品基準

＊各章に「基本的な考え方」が記されている

資料

　（1）箕面市学校図書館運営検討委員会検討経過

　（2）箕面市学校図書館運営検討委員会設置要綱

　（3）箕面市学校図書館運営検討委員会名簿

❷『学校図書館活性化マニュアル』目次

　○調べ学習について

　　　（1）調べ学習の意義　　（2）調べ学習の様々な形態

　　　（3）調べ学習の事前準備　　（4）ぜひ実践を！＊調べ学習実施例

　○子どもたちの読書を豊かにするために

　　　・小学校低学年（1・2 年生）　　・小学校中学年（3・4 年生）

　　　・小学校高学年（5・6 年生）　　・中学校

　○はじめて図書委員になったら

　　1. まず、本を購入します

　　2. 本を貸し出しできるように準備します

　　　（1）納本チェック（検収）　　（2）台帳つけ　　（3）本の分類

　　　（4）目録づくり　　（5）装備　　（6）配架

　　3. さあ開館しましょう

　　　（1）開館のしかた　　（2）貸し出し　　（3）逆ブラウン方式

　　4. 利用できなくなった本は？（廃棄・払い出し）

　　5. 蔵書点検をしましょう

　○参考資料

●『提言書』の実現にむけて

〈蔵書の充実〉

　文部省（当時）は 1993 年 3 月に「学校図書館図書標準」を作成し、6 月に地方交付税による「学校図書館図書整備新 5 か年計画」についての通知を出したが、箕面市は『提言書』を受けて 1992 年 7 月に独自の蔵書充実 5 ヵ年計画を策定し、市の学校図書館蔵書基準（全国学校図書館協議会基準に準拠）の充足率の向上を目指した。重松は次のように記している[7]。

> 計画を策定した 92 年度には、他の予算残額約 1 千万円の流用手続きを経て、結果、前年度の 9 割り増しの図書費となり、93 年度は 91 年度の 2.3 倍の 2925 万円まで措置をしました。本市は地方交付税の不交付団体であるとはいえ、文部省も力を入れはじめた学校図書館ということで、当時は予算の獲得が少しは楽になったのかもしれません。選書については、作成しましたマニュアル書の「調べ学習について」の項目の各教科での図書資料リストおよび「子どもたちの読書を豊かにするために」の項目であげられている 300 冊余りの適書群（主として読み物）を参考に実施してきました。計画策定後は単純平均 1 校当たり約 120 万円前後を目安としてきましたが、97 年度末の蔵書率が、それでも小学校 70.3％、中学校 76.4％であり、よりいっそうの充実のために、今後約 1 億 1 千万円を計上しなければなりませんが、そのための蔵書充実新 5 ヵ年計画を策定しているところです。

　市内の全小中学校図書館は、予算も増額され、教師が選定した資料リストができたことで、子どもの読書や各教科での活用に対応できる資料整備の第一歩を踏み出すことができた。

〈学校図書館の環境整備〉

　『提言書』を受け、市教委は環境整備にも着手した。重松は、

> 学校の大規模改修の際には教職員からの要望を聴きながら、図書館のリニューアルに努めています。壁面については木質にし、床はフローリング仕

上げ、要望によりじゅうたんコーナーの設置をしてきました。（略）書架や机及び椅子などの備品についても、買い替え時には木製の落ち着いたものに変更していますが、提言に触発されて速度が増したかたちになり、今では20校中1中学校の机・椅子と1小学校の書架の一部が木製に変わるのを待つだけという状態にまで整備してきました。[8]

と述べ、随時各校の学校図書館担当者の意見を取り入れながら環境整備をおこなっていった一方で、図書館内の電話の設置、空調設備を課題として挙げている。

〈学校図書館専門職員（学校司書）の配置〉

『提言書』には、学校図書館に携わる職員について次のように記している。

学校図書館が機能しているとは、児童・生徒及び教職員によって、図書館が活発に利用されていることと言ってよい。つまり、利用者にとって利用しやすい図書館、はいりやすくてわかりやすい図書館でなければならない。具体的には、「児童・生徒の利用したいときに開館している図書館」「図書の分類配列が適切であり、整理整頓されている図書館」「ほしい図書が見つからない時などに相談できる人がいる図書館」という点が考えられる。また、活字離れの傾向にある児童・生徒に図書館を利用させるためには、「読書への興味や関心をもたせるような創意・工夫を凝らした展示・掲示をしている図書館」「資料をより広く知らせるために広報紙（誌）の発行や校内放送などの広報活動を行っている図書館」など魅力ある図書館であることが大切である。しかし、現状を見ると、1日の大半が閉館されていて学習時以外では、週に数回、朝の時間や昼休みの時間などの決められたわずかな時間にしか開館されていないところが多い。それは、授業もしくは学級事務のため、頻繁に図書館に出向くことが困難であるからである。また、頻繁に足が運べないため、整理整頓が十分に行えず、図書館内の資料を十分把握することも困難となる。そのため児童・生徒の質問にも適切なアドバイスが出来きれていないことも事実である。以上のような点は、図書館の専門職員すなわち専任の学校司書の設置によってかなりの部分が解消される。したがって、学校図書館が利用されやすく十分に活用されるために、各校1名以上の専任の学校司書の設置

を早急に行うことが望まれる。それと同時に、国および大阪府教育委員会にたいして専任の司書教諭の配置を強く要求されたい。(p3)

　市教委は大阪府の特別嘱託員制度（経費は大阪府負担）を活用して、中学校1校（1990〜97年度）、小学校1校（1992〜95年度）に退職教諭を充てた。一方、1992年4月からは市独自で非常勤職員（週29時間勤務）[9]の学校司書（専任・専門）の採用を開始し、1998年度に小中学校全20校に配置[10]を完了させた。

▌2▐　研修・研究・学習会

● 教職員の研修

〈学校図書館研修会（全4回、1991-1993年度）〉

　手引作成委員会が手引を作成するにあたって研修会を開催した。市民が参加した回もあり、会報『わたしたちの図書館』（No.24）[11]に第1回目の研修会報告が次のように載っている。

> 箕面市教育委員会が全市的な検討体制をもって「学校図書館運営の充実に向けて」の提言をまとめ、その具体化を課題として研究されていく中で、今回の講演会が持たれました。当日は、先生方はもちろん一般の方々の参加も多数ありました。（参加者数90余名）　塩見先生には、問題提起を含め、これからの具体的な課題等についてお話を伺いました。(p4)

　手引作成委員会のメンバーは51名であることから、市民も40名近く参加していたと推測される。

第1回（1991.6）「学校図書館運営の充実にむけて今，何が必要か」
　　　　　　　　講師：塩見昇（大阪教育大学）　　　　　＊市民参加
第2回（1991.7）「『箕面市学校図書館の充実にむけて（提言）』の経過報告：
　　　　　　　　西尾日出子（検討委員会委員長・校長）／利用案内・ブックトーク（公共図書館員）／「絵本を楽しむ」　講師：正置友子（吹

田市・青山台文庫主宰)　　　　　　　　　　　＊市民参加

第3回（1992.6）「学校図書館運営の充実に向けて」

　　　　　講師：澤利政（元西宮市立小学校長）

第4回（1993.2）「一冊の本との出会い　おはなしとよみきかせの実践」

　　　　　講師：柴藤愛子（豊中市・そよ風文庫）

　　　参考資料：『'94 学校図書館講座』学校図書館を考える会・近畿　1995 年　p95
　　　　　　　　『みのこれん　10 周年記念誌』箕面子ども文庫連絡会　1996 年　p38-40

〈学校図書館教育研修会（1993 年度開始）〉

　1993 年 2 月に教育センターが開設され、全教職員を対象としたセンター主催の研修会が始まった。図書館活用実践を目指した研修会であることが推測できる。

1993 年度　「これからの学校図書館のあり方を考える—先進校の山王小学校
　　　　　　（大田区）、福栄小学校（市川市）視察から）」

　　　　　報告：森村康子／野本淳子（止々呂美小）

　　　　　「学習や読書に役立つ図書館活動」

　　　　　講師：鹿野恵子（岡山市・学校司書）　　　　＊市民参加

　　　　　「児童文学と学校図書館教育—読書指導の在り方を求めて」

　　　　　講師：中川正文（大阪国際児童文学館）

1994 年度　「読書好きの子どもを育てるには—文庫活動の経験から」

　　　　　講師：箕面子ども文庫連絡会

　　　　　「新しい時代の図書館施設と教育 見学と講演」

　　　　　講師：平井むつみ・古本大（同志社香里中・高）

　　　　　「読書好きの子どもを育てるには—紙芝居作りのこつとパネルシ
　　　　　アター」　講師：箕面紙芝居まつりの会

1995 年度　「図書館を利用した『調べ学習』の授業—実践報告と公開授業」

　　　　　報告：山本有子／藤井君代（豊中市立島田小）

　　　　　授業公開：梶原郁代／奥田福吉（二中）

1996 年度　「子どもの文化としての紙芝居」

講師：中川正文（大阪国際児童文学館）

1997 年度　「子どもが読みたい本・大人がすすめたい本」

　　　　　講師：赤木かん子（児童文学作家・評論家）

　　　　　　　　　　＊箕面市学校図書館司書研修会と合同。市民参加

1998 年度　「総合的学習の表現力をつけるための紙芝居づくり」

　　　　　講師：渡部洋子（六中）／堀田譲（京都文化短大）

1999 年度　「総合的な学習を視野に入れた図書館教育のあり方を考える」

　　　　　講師：堀江裕爾（兵庫教育大）

　　　　　「子どもたちのブックトーク―伝えるための工夫」

　　　　　講師：森田英嗣（大阪教育大）

　　　　　授業：南小5年生　ゲスト：おはなし会「とんとんとん」

2000 年度　「メディアを読み解く―メディアリテラシー入門」

　　　　　講師：鈴木みどり／石原純　ほか（立命館大）

　　　　　　　　　　　　　　参考資料：『箕面市学校図書館白書』2002 年　p13

● 学校図書館にかかわる職員の研修

〈箕面市教育研究会図書館部会（月 1 回、1993 年度開始）〉

『箕面市学校図書館白書』[12] に次のように紹介されている。

　　教諭と学校図書館司書が一緒になって図書館教育に関わることを研究してい
　　る。平成 4（1992）年度からは学校図書館司書が順次配置されていったので、
　　各校の実践を交流し合う中で、教諭と学校図書館司書との連携をどうするか
　　を考えたり、読書指導の工夫について司書未配置校の図書館担当教諭が学ん
　　だりしてきた。なお、平成 13（2001）年度からは、各小・中学校から、学校
　　図書館司書と一名以上の教諭とが入る部会となっている。（p28）

　2003 年度以降はおおむね司書教諭と学校司書で構成されている。白書には利
用指導の研究や箕面市独自の「学校図書館の利用指導体系表」の研究が継続して
おこなわれていることが、実践例とともに記されている。

はじめに
Ⅰ 学校のしくみ
　1. 学校のしくみ
　　（1）小学校　①学校運営組織図例　②図書館部会の仕事
　　（2）中学校　①学校運営組織図例　②校務分掌例
　　　　　　　　　③各委員会の構成メンバー例　④教育課程
　2. 諸会議
　3. 学校行事
　4. 特別活動
　　（1）委員会活動　（2）クラブ活動
　5. 物品購入
Ⅱ 学校図書館の役割
　1. 図書館活動
　　（1）資料提供　①貸出　②予約　③レファレンス　④読書相談
　　（2）図書館業務作業　①選書から発注まで　②検収から配架まで
　　　　　　　　　　　　　③図書以外の資料の収集整理
　　　　　　　　　　　　　④蔵書管理と払い出し ⑤統計処理・記録
　　（3）伸展活動　①子どもと本をつなぐいろいろなサービス　②広報活動
　　　　　　　　　　③環境整備　④図書館家具
　2. 図書館教育
　　（1）図書館教育とは
　　（2）小学校の「図書の時間」
　　（3）中学校でのとりくみ
　　（4）教育活動の展開の中で
Ⅲ 学校図書館の活動を充実させるために
Ⅳ これまでの司書配置の流れ
Ⅴ これからの課題

巻末資料
　①登録業者リスト一覧　②予算差引簿　③蔵書調査表　④学年別貸出統計
　⑤分類別貸出統計
　⑥ 1996 年度 資料・情報を活用する学び方の指導（利用指導）一覧表（小学校例）
　⑦ 1996 年度 調べ学習一覧表（小学校例）
　⑧ 1996 年度 読書指導一覧表（小学校例）
　⑨箕面市立中央図書館館長宛の要望書　⑩レファレンス依頼書（学校間）
　⑪ 3 年生公共図書館見学配布資料（市立図書館作成）
　⑫『Ｌめーる』No.8（司書連絡会作成　教師向け通信）
　⑬年表「箕面市の学校図書館をめぐる流れ」

〈学校司書の研修〉

○新任研修（年1回、1994年度開始）

　学校司書の新任研修は、市教委と司書連絡会が企画している。新任研修資料は司書連絡会が中心になって作成した。内容は「学校の仕組み」「学校図書館に関わる実務」「連携体制・研修」を柱として、学校では一人職種であるために現場で戸惑った経験などを出し合いながら、年々改良を重ねた。1997年度[13]版からは、「図書館教育」の項目が新たに付け加えられた。「学校全体で組織的、計画的にとりくむ必要がある。」（p30）ものとして、図書館教育の必要性が記されている。

○箕面市学校図書館司書研修会（年1回、1995年度開始）

　第1回研修会には、大阪府豊能地区（箕面市・豊中市・池田市・豊能町・能勢町）の学校司書配置自治体の学校司書・教師・教育委員会の職員・公共図書館職員・市民64名が参加した。[14]

1995年度　「学校に司書が入って」　講師：塩見昇（大阪教育大）

　　　　　　　　　　　　　　＊教職員、市民、府内の学校司書参加

1996年度　「いま、資料提供の在り方について」

　　　　　　講師：土居陽子（西宮市・高校司書）　　＊府内の学校司書参加

1997年度　「子どもが読みたい本・大人がすすめたい本」

　　　　　　講師：赤木かん子（児童文学作家・評論家）

　　　　　　　　　　　　　　＊学校図書館教育研修会と合同。市民参加

1999年度　「書評の書き方」　講師：土居安子（大阪国際児童文学館）

　　　　　　　　　　　　　　＊市立図書館司書研修と合同

2000年度「学校図書館における資料提供」　講師：土居陽子（西宮市・高校司書）

　　　　　　　　　　参考資料：『箕面市学校図書館白書』2002年　p113-114

● 学校図書館活用に向けた研究

〈研究推進校〉

1993 年度から 1998 年度のあいだに、大阪府や市の研究指定を受けて図書館活用の研究をおこなった学校が 3 校あった。

1993・1994 年度は、止々呂美小学校が大阪府の校内研修推進校の指定を受けている。テーマは「自ら学ぶ子どもを育てる図書館教育を目ざして」。『月刊教育ジャーナル』(1995.10)[15] に止々呂美小学校の実践が報告されており、そのなかで次のように記している。

> 今回のテーマを設定する背景には、以前から地域全体で本好きな子どもを育てるための取り組みを進めていたことや、箕面市全体の図書館教育活性化の動きがあったことが大きい。今回の研究では、「自ら課題を解決する学力の保障を目指す調べ学習」「学ぶことの楽しさを実感できる発展的な調べ学習」を中心課題とした。また、情報化社会を生きる子どもたちに図書資料をはじめとするさまざまな情報（映像なども含む）の活用能力をつけることも大切である、との視野に立って実践を進めていった。(p26)

1998・1999 年度は、豊川北小学校が大阪府の「学校図書館教育」研究委嘱を、中小学校が箕面市の「学校図書館教育」研究指定を受けている。

その他、『箕面市教育の概要「平成 16 年度（2004 年度）版」』資料編には、研究推進の指定はないが図書館を活用した授業研究、あるいは学校図書館について学ぶ研修をおこなったと思われる学校の記載がある（1992 年度 2 校、1994 年度 4 校、1995 年度 2 校）。（巻末年表参照）

〈教育センター研究員による図書館教育研究 (1993-1995 年度)〉

教育センター研究紀要に、「学校図書館研究グループ」の研究員（教師）による学校図書館教育研究の報告が掲載されている。

1993・1994 年度の研究は、『マニュアル』にある「図書館利用指導」計画をさらに充実させることを目的におこなわれた。1995 年度の研究は、子どもたち自

身が楽しみながら理解していける図書館利用の手引き（パソコン用ソフト）の開発
である。

　これらの研究に共通する主題は、「課題解決のためには、まず図書館の使い方
を知り、調べたいことの資料をさがし、それをどう使い、どうまとめていくかと
いう、一連の学習が必要とされるからである。」（1994年度報告[16]）とあるように、
子どもが主体となった授業を実践するうえで欠かせない図書館利用指導の研究と
いえる。なお、研究過程では学校司書連絡会や箕面市教育研究会図書館部会も協
力したことも記されている。[17]

> 1993年度　「国語・図書館教育に関する研究—図書館利用指導マニュアル（小
> 　　　　　　学校）の作成」　報告者：豊嶋富美枝、谷川京、盛影博子
> 1994年度　「学校図書館教育に関する研究—資料・情報を活用する学び方の
> 　　　　　　指導マニュアルづくり—」
> 　　　　　　　報告者：豊嶋富美枝、谷川京、真鍋あけみ
> 1995年度　「学校図書館教育に関する研究—子どもたち自身が図書館を情報
> 　　　　　　収集および活用できる場にすることをめざす—」
> 　　　　　　　報告者：六車徹、中泰夫、清成シズエ、笹倉恵美子

● 市民が企画した学習会

〈学校図書館を考えるつどい「『学校図書館活性化マニュアル』──できるまでとこれからの活用」（1993.7.26）〉

　1993年3月に完成した『マニュアル』は先に記載したように、市内全小中学
校から自らの希望で参加した教師たちによって作成された。この『マニュアル』
は自治体外にも知られるようになり、取り組みにかかわった当時の関係者は各地
の研修会に呼ばれたり、教育関連雑誌で報告するなど注目された。

　学校図書館づくり運動にかかわる市民も同様で、「みのお図書館を考える会」（以
下：「図書館を考える会」）と「学校図書館を考える会・近畿」（以下：「近畿」）が主
催して表記の学習会が企画された。会報『わたしたちの図書館』（No.37）に報告[18]

	日時	内容〈講師〉	会場	担当
第Ⅰ回	7/9（土）10：00-16：30	開講式 講義「学校図書館とは何か」〈塩見昇〉＊ ★ 講義「図書館活動と図書館教育」〈塩見昇〉＊＊	大阪府教育会館	企画委員会
第Ⅱ回	8/17（水）10：00-16：30	講義「確かな資料提供のために―分類・目録・配架の工夫―」〈伊藤峻〉＊ ★ 「資料提供」の実践報告討議＊ 〈土居陽子〉〈高橋朱実〉〈矢野明子〉 助言〈伊藤峻〉 司会〈二宮博行〉	大阪府教育会館	兵庫県
第Ⅲ回	8/18（木）10：00-16：30	講義「学校はどのように動いているか」〈澤利政〉 実践報告「学校図書館を利用した授業＊ 〈吉田卓司〉〈土居陽子〉 講義「授業のなかの学校図書館」〈澤利政〉＊	豊中市立岡町図書館	豊中市
第Ⅳ回	8/19（金）10：00-16：30	講義＆実践報告「ブックトーク」＊ 〈玉井邦子〉〈木村牧〉〈吉岡素子〉 シンポジウム「子ども・本・教育―大人のまなざし」＊ 〈向井克明〉〈北村幸子〉〈加藤容子〉〈石川百合子〉 コーディネーター〈塩見昇〉	豊中市立岡町図書館	奈良県
第Ⅴ回	11/12（土）10：00-16：30	実践交流「ブックトーク」 助言〈吉岡素子〉 司会〈木村眞砂美〉 講義「科学の本の楽しさと使い方」〈津田研子〉 講義「参考図書の効果的利用」〈亀尾博子〉	箕面市サンプラザ	箕面市
第Ⅵ回		講義「学校図書館と公共図書館」〈伊藤峻〉＊＊ ★ 講義「いま学校図書館がはたすべき役割」＊＊ 〈塩見昇〉 閉講式	豊中市立岡町図書館	企画委員会

・＊または＊＊印の回は、講座受講生以外にも広く呼びかけます。
　＊印は会報でお知らせし、会員にも呼びかけます（会員外の参加も可）。
　＊＊印は講演会に近い形でチラシも作成し、会員外にも広く呼びかけます。

・★印は［お楽しみタイム］……ストーリーテリング、手（指）遊び、ペープサート、
　　　　　　　　　　　　わらべ唄遊びなどの実演をします。

（『'94 学校図書館講座』報告集　学校図書館を考える会・近畿　1995.8　p4 より　髙木作成）

が載っている。

　　　学校図書館の充実にむけての動きが活発になってきました。文部省から学校
　　　図書館図書整備五か年計画や読書意欲の高揚を図る指導方法に関する研究委
　　　嘱などの施策が出されました。（略）このような動きの中で箕面市の一歩進
　　　んだ学校図書館のとりくみについて知りたいという声が学校図書館を考える
　　　会・近畿の会員や関係者からあがりました。そこで、「学校図書館活性化マニュ
　　　アル」について、できるまでの経過とこれからと題して学校図書館運営の手
　　　引作成委員として関わってこられた青木修一さん（教育センター）野本淳子
　　　さん（止々呂美小）を講師に迎え研修会を開きました。学校図書館を教育の
　　　中にどう位置づけ、どのように活用していくのか、これからの課題などを話
　　　し合いました。（p1）

とあり、学校教育のなかでの学校図書館の活用や課題なども、参加者全員が交流
し話し合ったことが記されている。会報には市内の教師の感想も寄せられている。
　　また、参加者は近畿各地（神戸・京都・奈良・西宮・伊丹・熊取・岸和田・富田林・豊中・
池田・島本町等）から約60名あったことも報告されており、学校図書館づくり運
動に携わる市民の広がりと箕面市の施策への関心の高さがうかがわれる。

〈'94 学校図書館講座（全6回）（1994.7-11）〉

　「近畿」は、1994年7月から11月にかけて「学校図書館講座」（全6回）を開催し、
翌年には『'94 学校図書館講座　報告集[19]』を刊行している。報告集には講座の開
講にあたっての趣意書が付されている。

　　　小中学校の図書館整備充実が全国各地で求められ、蔵書の充実だけでなく、
　　　肝心の「人（学校図書館職員）」配置の動きも徐々に広まっています。しかし、
　　　その「人」が専門職でなければならないことの認識はまだ充分ではありませ
　　　ん。市内全小中学校に学校司書を配置している岡山市に続いて、有資格者を
　　　専任で配置し、学校図書館の機能を教育に生かす施策を実施しつつある箕面
　　　市、豊中市（大阪府下）が、いま全国的注目をあびています。両市では着実
　　　に実践が続けられていますが、子どもの個性を尊重し、「自ら学ぶ力」を育
　　　む学校教育の実現には、当然のことながら多くの課題が山積しています。「学

校図書館を考える会・近畿」では、こうした課題解決の一つ試みとして、「学校図書館講座」を企画しました。学校に初めてはいった司書が、教師集団と協力をしながら、まずやるべきことは何か、学校教育のなかに図書館のはたらきをどうつくりだすか、目下実践中の課題を再検討し、豊かに発展させたいと思います。また、学校図書館を必要とする授業の創造にむけて、司書と教師それぞれがとりくむべき課題を明らかにしたいと考えます。さらに、生涯学習時代の学校図書館のあり方を理解し支える公共図書館員や一般市民も混じえての学校図書館の論議も深めたいと思います。現に学校図書館職員である人、この仕事をめざしている（有資格または資格取得中）人たちを主たる対象としていますが、学校図書館を理解し教育に活用したいと望む教員の参加も歓迎します。(p3)

　講座は会員でもある多彩な講師陣（研究者、公共図書館員、教師、専任・専門で経験を積んだ学校司書、文庫関係者など）によって理論・実践（報告・交流）・シンポジウムが組まれた。

　受講者は小中高校の学校司書、教師、公共図書館司書など毎回80人近い参加（スタッフは「近畿」会員のうち、市民がおもに担当）があり、箕面市からも学校司書や教師が受講した。[20]

　この講座は後援団体として、大阪府教育委員会、箕面市教育委員会、豊中市教育委員会、日本図書館協会、大阪府学校図書館協議会、兵庫県学校図書館協会、大阪公共図書館協会、学校図書館問題研究会、大阪府子ども文庫連絡会が名を連ねているのも特徴といえる。

● シンポジウム「子どもたちの豊かな育ちを願って」(1997.12.13)

　箕面市の学校図書館施策が始まって8年がたち、翌年には学校司書配置完了を控えた1997年12月に、箕面市教育委員会、箕面市PTA連絡協議会、箕面子ども文庫連絡会が共催してシンポジウムが開かれた。会報『わたしたちの図書館』(No.48)[21]に、このシンポジウムの報告が載っている。

　箕面市では学校図書館の充実にむけて、1992年から自治体独自の施策とし

て専門で専任の学校図書館司書の配置をすすめてきましたが、98年度には、小中学校全20校への司書配置が完了する予定です。この機会に市民の方や保護者の方々に司書が入った学校図書館の実践を知っていただき、いま、なぜ学校教育に「学校図書館のはたらき」が必要なのか、これからのあり方などについて共に考えたいと市教委や司書連絡会、PTA連絡協議会、箕面子ども文庫連絡会が実行委員会を結成、実施しました。西尾教育長さんのご挨拶に始まり、大阪教育大学塩見昇さんの基調講演、司書と教師からの実践報告、続いて『教育、子どもたちに輝く未来を』と題してパネルディスカッションが行われました。市長さんはじめ校長先生、保護者、中学生、教師、司書がパネラーとして参加。それぞれの立場から学校図書館についての期待や課題が述べられました。橋本市長さんからは「教育改革の一環として、今後も条件整備は考えていきたい」という力強い言葉をいただきました。学校図書館を切り口に教育の現状を問い直し、親として、地域のおとなとして何ができるのか話し合う場をもったことは、今後の学校図書館づくりをすすめていくうえで大きな成果になることでしょう。(p6)

　小中学校の子どもをもつ保護者を中心に202名（市内129名、市外73名）の参加があったと記されている。
　また、後援した「近畿」[22]の会報にも報告があり、小学校で毎週おはなし会をおこなっているという参加者が、

　　子どもたちにとって学校図書館に専任の司書がいるということはとても大切で、そのことが子どもの豊かな育ちにつながっているのだということがよく分かりました。（中略）そして、学校図書館を利用する子どものプライバシーを守るために、誰が何の本を借りたのかが他人にわからないようになっているシステムにも、とても感動しました。子どもとはいえ、一個人として大切にされているのですね。

と感想を寄せている。

┃3┃ 公共図書館との連携

● 図書館協議会の建議書（1996 年）

　学校司書が市内の全小学校（13 校）に配置になった 1996 年に、図書館協議会は『箕面市立図書館による学校図書館へのサービスについて（建議）』を提出した。「1. 市立図書館の役割と学校図書館」「2. 市立図書館の学校図書館支援の現状」「3. 市立図書館の課題」「4. 学校図書館の支援に必要な市立図書館の条件整備」という章立てで記されている。

　市立図書館が学校図書館を支援する根拠を、次のように述べている。

> 　市立図書館は、資料・情報を求めるすべての市民の要求にこたえ、その生涯学習を支援する役割を担っている。とりわけ、幼児・児童期に読書の楽しさを体験させる上で、児童へのサービスは重要である。ほとんどの児童が生涯に初めて出会う図書館が学校図書館であり、その学校図書館が未整備な現状を考えると、市立図書館の学校図書館に対する支援は、児童サービスの一環としてだけでなく、学校教育への協力の意味からも欠かせないサービスである。図書館法もその第 3 条（図書館奉仕）で、学校図書館との連携・協力、学校への援助を掲げており、市立図書館は学校図書館への協力・支援を通じて、児童への図書館サービスを積極的に拡大するよう取り組む必要がある。
> （p5-6）

　さらに、市立図書館の課題として、「団体貸出用図書の充実と貸出し冊数・期間の検討」「予約に対応するために複本の確保」「"だれがどこで質問を受けても同じ対応ができるよう"職員のレファレンス対応の徹底」「図書館および出版に関する情報の提供」「学校司書の研修および相互間の連絡・調整」「搬送体制の整備と並行して市立小・中学校図書館相互間の巡回を含む運行体制を市教委の関係部局と連携・協議」「学校図書館の購入図書の集中整理の導入」を挙げている。

　この建議書により、市立図書館から小中学校図書館への資料・情報提供サービス（配本体制も含め）が徐々に整備されていった。

● 司書連携学習会（1996 年度開始）

　学校図書館施策によって図書費の増額が 1992 年 7 月から始まっていたが、当時は市立図書館の支援なくしてはほとんど子どもたちの読書や調べ学習に対応できる資料の提供はできない状況だった。そこで市立図書館に学校図書館の実状を知ってもらおうと、学校図書館を会場にして 1993 年 11 月に公共司書と学校司書が集う「司書の会」がスタートした。

　1996 年度からは名称を「司書連携学習会」と改め、市立図書館司書（各館から 1 名参加）と全小中学校司書とがともに情報交換や資料研究をおこなう会が始まった。

　学校図書館からはおもに調べ学習の実践報告や子どもたちによく読まれている本の紹介などがあり、市立図書館からは各回のテーマにそった資料紹介があった。その後、実際に内容を確認しながらともに資料研究をおこなった。

　子どもたちの読書や興味関心等を学校司書と情報交流したことで、中高生へのサービスに課題を抱えていた市立図書館司書が自館の YA コーナーの工夫や選書を見直したこともあった。

▌4▎ まとめ

　近畿圏で学校図書館施策をいちはやくスタートさせた箕面市にとって、学校図書館の活性化や教師の学校図書館理解と活用等、多くが手探りをしながらの取り組みだった。

　市教委が教師主体の運営検討委員会を設置したことは、学校図書館活性化への第一歩として大きな意義があった。第 1 回目の会議では、「図書館を楽しい本との出会いの場にしたい」「図書館運営の How to を学びたい」「学校図書館が、学習の拠点となるようにしたい」[23] 等の意見が出た。運営検討委員会に参加した教師たちが学校図書館活性に期待を寄せていたことが分かる。これは 1989 年告示、1992 年（小学校）実施の学習指導要領で生活科の導入や子どもたちの思考力・問題解決能力を重視した授業方法が求められていたことも関係があるだろう。

年度	学習内容	連絡及び検討事項
1996 年 配本車 巡回開始 小学校司書 配置完了 （13校）	「平和登校日に紹介したい本」 ・平和学習実践報告〈学校図書館〉 ・資料紹介（ブックリスト・ビデオリスト・ 　紙芝居）〈市立図書館〉 「参考業務演習」 「ブックトーク・パネルシアター等実演」	「長期休暇にかかる本の扱い」 「配本車の検討」 「リクエストの検討」 ・市立図書館でも予約の多い本 ・授業等で利用が重なる資料 ・市立図書館が所蔵しない資料の提供 「市立図書館から学校図書館への貸出 冊数の検討」
1997 年度	「児童書の展示について」 「学校図書館の活動」 ・授業の中で資料がどのように使われてい 　るか ・調べ学習実践報告 ・利用指導について 「資料を知る」 ・「世界各地のくらし」関係資料の研究	「『日本書籍総目録』の貸出について」
1998 年 中学校司書 配置完了（7 校／1校は 小学校司書 が兼務）	「学校で人気のある本」 「資料を知る」 ・沖縄に関する資料研究 ・沖縄に関する調べ学習実践報告 ＊『よんだ？よむぞう！』（小学校中学年向き 　読書案内）を共同で作成。以降毎年夏に発行	「連携上の問題点や意見などについて 交流を深める」 ・長期貸出について ・レファレンスについて ・情報提供について
1999 年	「ヤングアダルト本」 ・ヤングアダルトコーナー設置報告 　　　　　　　　　　　　〈市立図書館〉 ・ヤングアダルト本の紹介 ・中学校図書館でよく読まれる本の紹介 　　　　　　　　　　　　〈学校司書〉 ・お薦め本紹介〈学校司書〉 「書評を書く」学習会　講師：土居安子氏	「予約・レファレンス依頼方法の検討」 「配本場所の検討」 「公借本の扱いについて」 「延滞本について」
2000 年	「資料を知る」 ・環境問題に関するリスト作り ・環境学習の実践報告 「YOMO YOMO」（ヤングアダルト向けブック リスト）を共同で作成。以後、毎年冬に作成。	
2001 年	「郷土資料の研究」 ・郷土資料を使った授業の報告 「ヤングアダルト本の紹介」	「マンガ本の貸出について」
2002 年	「ヤングアダルト研究」 ・『ヤングアダルトサービス入門』（半田雄 二、1999）の読みあい ・ヤングアダルトに関する資料のレポート （予定）	

JLA 全国大会（2002 年 10 月）第 7 分科会（児童・青少年サービス）資料　（髙木発表資料より）

市教委も運営検討委員会が提出した提言を実現すべく、蔵書充実、館内整備、学校司書配置、研修の充実等に積極的に取り組んだ。また、公共図書館も学校図書館との連携に努めた。

　しかし、1990年代の箕面市の学校図書館整備・充実に向けた取り組みの特色を挙げるとするならば、学校図書館づくり運動に携わった市民と市教委、公共図書館との協働であろう。

　例えば、教育委員会主催の「学校図書館研修会」（全4回）は学校図書館運営の手引を作成するために企画された職員研修だが、「第1回」（1991.6）と「第2回」（1991.7）には市民も参加している。

　新井せい子は岡山市で開かれた「学校図書館に司書をおこう！　全国の運動を語りあうつどい '91」（1991.12）で、次のように述べている。[24]

> 　大きな研修会には私たち文庫やPTA・市民にも呼び掛けがあり、一緒の場で勉強させていただいている。私たちの運動としては、とにかくそういう場に出ていき、その内容を一般の市民や文庫等にかかわっておられないPTAのお母さんたちに知らせていこうということである。そこで、会報にその報告や専任職員の置かれた中学校の様子のPR等を載せている。この活動が市議会議員の目にも留まり、議会で取り上げられたこともある。今は先生方・文庫・公共図書館の司書・教育委員会……等、多方面の方々へ「学校図書館って大事やなあ」というつながりを一生懸命つけているところだ。

　市教委が市民に研修会参加を "呼び掛け" たとある。学校図書館施策を広く市民に知らせようとする市の姿勢と同時に、文庫や「図書館を考える会」を中心とした市民も市の施策に対してともに推進していこうとしていることが伝わってくる。

　市民が学校図書館の充実に期待をするのは、図書館づくりで学んだ「図書館」のはたらきにある。

　「図書館を考える会」の会報『わたしたちの図書館』創刊号（1985.1）の挨拶文には、「図書館は私たちの知る権利・学ぶ権利・生涯学習の機会を保障してくれ

る大切なところです。」（p1）と書かれている。1986年に20年ぶりに2館目の市立図書館が開館されて以降、1994年までの8年間に中央図書館の建て替えも含めて4館1コーナーができるという時代のなかで、「図書館を考える会」を中心とする市民は、理想的な図書館を求めて多くの学習会を企画した（巻末年表参照）。そのなかで学んだ図書館のはたらきや専門職である司書の役割は、学校図書館にも共通するものとして大いに期待した。こうした期待は、市民主催の学習会にも表れている。

　例えば、運営の手引である『学校図書館活性化マニュアル』（1993.3刊行）が刊行されると、「図書館を考える会」と「学校図書館を考える会・近畿」（以下：「近畿」）は共催で「学校図書館を考えるつどい」（1993.7　後援：市教委）を開催した。「『学校図書館活性化マニュアル』――できるまでとこれからの活用」というテーマで、学校図書館の学校での位置づけや授業での活用、課題などを、運営の手引を担当した教師たちを交じえて話し合っている。

　さらに、「近畿」は「'94学校図書館講座」（1994）を主催した。これは学校図書館専門職員養成を目指した講座であり、「有資格者を専任で配置し、学校図書館の機能を教育に生かす施策を実施しつつある箕面市、豊中市（大阪府下）」の学校司書の研修を意識したものであった。市民団体が学校図書館の「人」を養成する講座を企画することは前例のないユニークな取り組みだった。講師陣も「近畿」の会員であり、多様な立場（市民・教師・研究者・図書館員等）の会員を有する会だからこそできた講座だった。後援には大阪府教育委員会をはじめ教育委員会や学校図書館関係団体、市民団体などが名を連ねており、当時の学校図書館活性化への関心の大きさを物語っているといえる。

　そしてこの講座は、その後の箕面市の学校司書研修にも一石を投じた。市は1995年に「第1回箕面市学校図書館司書研修会」を開催した。このころには近畿圏内で学校司書を配置する自治体も増えてきていたが、公的に学校司書のスキルアップを目指す研修はどこの自治体でも実現されていなかった。市教委は市内および近隣自治体の教職員、市民、学校司書にも参加を呼びかけ、学校司書の公的研修の保障を市内外に公表した。

　1997年12月におこなわれたシンポジウム「子どもたちの豊かな育ちを願って」

は市教委、PTA、箕面子ども文庫連絡会が主催し、「近畿」が後援した。1998年度に学校司書配置完了を控え、箕面の学校図書館づくり運動のひとつの節目であった。この時期に保護者や子どもにかかわる者たちがともに「子どもの豊かな育ち」をテーマにして教育と学校図書館の役割を考えようとした企画は、箕面市の学校図書館施策が学校教育のなかに根を張っていってほしいという市民の期待と願いが込められていたといえるだろう。パネルディスカッションに参加した橋本卓市長（当時）も「教育改革の一環として、今後も条件整備は考えていきたい」と語った。

　以上のことから、市教委と学校図書館づくり運動に携わる市民がそれぞれの立場を保ちつつ、お互いに協力・連携に努めながら学校図書館の充実に向けて推進していったことが、1990年代における箕面市の学校図書館整備・充実の特徴といえる。

注

[1] 『わがまちの学校図書館づくり──行政・教師・司書・市民で創る教育』学校図書館を考える会・近畿　教育史料出版会　1998　p25・29
[2] 講演「学校図書館の活性化」講師：尾原淳夫（金蘭短期大学教授）1989年10月19日
[3] 関西学院中等部図書館視察　1990年1月23日／西宮市立小松小学校図書館視察　1990年5月22日
[4] 『箕面市学校図書館の充実にむけて（提言）』箕面市学校図書館運営検討員会　1990年9月
[5] 『学校図書館活性化マニュアル』「学校図書館運営の手引き（仮称）」作成委員会　箕面市教育委員会　1993年3月
[6] 『月刊教育ジャーナル』1995年10月号　学研
[7] 前掲　注1　p27
[8] 前掲　注1　p27
[9] 2002年度からは制度変更により、任期付短時間勤務職員（週31時間勤務）に変更。2019年度より任期付短時間勤務職員と臨時主事（府費）の2職種
[10] 同じ校舎内に小・中学校がある小規模校1校は、小学校の学校司書が中学校も兼務
[11] 会報『わたしたちの図書館──暮らしの中に図書館を』No.24　みのお図書館を考える会　1991年6月号
[12] 『本とであう　人とであう　ふしぎとであう──箕面市学校図書館白書』箕面市教育研究会図書館部会／箕面市学校図書館司書連絡会　箕面市教育委員会　2002.2
[13] 『箕面市学校図書館司書　新任研修資料』箕面市学校図書館司書連絡会・箕面市教育

委員会発行　1997.4

[14]会報『学校図書館を考える会・近畿』No.47　学校図書館を考える会・近畿 1996.1.20
　　p3

[15]野本淳子、森村康子「『調べ学習』と自ら学ぶ場としての学校図書館」『月刊教育ジャー
　　ナル』1995 年 10 月号学研　p26-30

[16]「学校図書館教育に関する研究──資料・情報を活用する学び方の指導マニュアルづ
　　くり」『箕面市教育センター研究紀要第 30 号』1994 年度　p129

[17]「研究にあたっては〔千葉県〕市川市学校司書連絡会作成の『学校図書館利用指導資
　　料』をベースに箕面の現状にあうように工夫してみた。また、止々呂美小学校との連
　　携に努めるとともに司書連絡会の皆さんからも助言をいただいた。」(1993 年度　p1)
　　「今回のマニュアル作成にあたっては箕面市教育研究会図書館部会や止々呂美小学校の
　　協力を得た。」(1994 年度、p129)
　　「研究員の所属している学校図書館司書の丸山さん（萱野北小）と田中さん（豊川北小）
　　にも話し合いの中に入っていただいた。また、全図書館司書の方々にもアンケートを
　　配り、意見なども聴き、助言や提案もいただいた。」(1995 年度、p135)

[18]前掲　注 11　No.37　1993 年 9 月号

[19]『'94 学校図書館講座　報告集』学校図書館を考える会・近畿　1995

[20]表「受講状況」『'94 学校図書館講座　報告集』学校図書館を考える会・近畿　1995
　　p71
　　箕面市以外の参加者自治体は、大阪府（豊中市、大阪市、堺市、松原市、八尾市、池
　　田市、茨木市、高槻市、摂津市、富田林市、豊能町）、兵庫県（西宮市、伊丹市、神戸市）、
　　埼玉県、京都府、神奈川県、奈良県、岡山県、広島県。

[21]前掲　注 11　No.48　1998 年 2 月号

[22]会報『学校図書館を考える会・近畿』No.67　1998 年 1 月号　p5

[23]『箕面市学校図書館の充実にむけて（提言）』箕面市学校図書館運営検討委員会
　　1990 年 9 月　p37

[24]『─学校図書館に司書をおこう！　全国の運動を語りあうつどい '91 ─つどって語り
　　あって』学校図書館全国交流集会実行委員会　1992.2　p60　開催日時：1991 年 12 月
　　21（土）～ 22 日（日）　会場：岡山・カルチャーホテル

III章

*

教師へのインタビュー

インタビュー調査の概要

　本書は、教師の側（授業をつくる側）から学校図書館の"はたらき"を探ることで、授業実践における学校図書館の可能性と課題を追究することを目的としている。そのために学校図書館を活用した授業実践をおこなう教師にオーラルヒストリーの手法を参考にていねいなインタビューをおこない、授業にかける思いや悩み、教師という仕事をどう捉えているか、何故学校図書館を使うのかなどに迫ることを試みた。

　インタビューは 2015 年 8 月から 10 月にかけておこなった。人選には「授業に学校図書館をよく活用している」「学校図書館への理解がある」という条件のもと、当時箕面市の学校司書であった清水理恵、田中瑞穂、東谷めぐみにも協力を依頼し、小学校教諭 4 人（退職者 1 人含む）、中学校教諭 1 人の方が引き受けてくださった。結果として 5 人中 3 人が司書教諭担当の経験者であり、全員が女性であった。
　5 人の教諭には匿名にすることを条件に、子ども時代から教師時代まで幅広くお訊ねしたい旨を伝えた。事前にアンケートに回答していただき、それを資料としてインタビューに臨んだ。
　アンケートは、「教師を目指した動機」「教育実践や教育に対する考え方に影響を及ぼした人物や活動」「教師の力量」「子ども時代から現在に至るまでの（学校）図書館利用について」「学校図書館を使った授業研究の推進などについて（管理職経験者向け）」に関する質問項目を作成した。あまり時間をかけずに回答できるように、時代区分や事例を列挙して当てはまるものにチェックをしていただく方法をとった。ただし、「教師の力量」については、「対授業に関して」「対子どもに関して」「対社会的・個人的なことに関して」「その他」　と 4 項目を設定して自由記載の方式にした。
　インタビューは一人約 2 時間を予定し、私のほか人選に協力してくれた学校司書にも同席をお願いした。
　この章では匿名を遵守するために、名前はインタビューをおこなった順番に**A・**

Ｂ・Ｃ・Ｄ・Ｅ（ゴシック体）で表記した。プロフィールは2015年度現在のもの。また、会話のなかに出てくる人名も出てきた順番にＡ・Ｂ・Ｃ（明朝体）表記に、学校名や地名等は順番に**イ・ロ・ハ**（ゴシック体）表記とした。

なお、インタビューに同席した学校司書3人は、本人了承のもと実名にした。

はじめに、5人の教師の簡単な紹介も含めてなぜ話を伺いたいと思ったのか、その理由を記す。

〈Ａ氏〉

筆者が2002年4月に2校目の小学校に異動したときに教頭だった方である。学校改革に取り組みはじめて2年目というこの小学校の研究目標には、「少人数指導」「健康教育」「図書館教育」が掲げられていた。

異動してまもない時期に何度かＡ氏と図書館の整備や活用、図書館資料などについて話し合ったことがあったが、そのつど的確な返答があり、着任したばかりの身としては心強かった。そこで、学校図書館になぜこれほどまでに理解があるのか、授業を担当していたときにはどのように図書館を活用していたのかなどをお聴きしてみたいと思った。

インタビューをおこなったときは定年退職され、大学で教員養成に携わっておられた。

〈Ｂ氏〉

「生活科の授業で捕ってきた虫を、どうしたら鳴かせることができるのだろうかと子どもたちがいろいろ調べ始めたことから図鑑の利用指導にかかわったが、子どもたちの反応がおもしろかった」と言って清水理恵が推薦してくれた。高学年を担任した時のエピソードにも興味をそそられた。

司書教諭として校内での学校図書館活用の推進にも努めておられる方でもあった。そこで、Ｂ氏自身から直接お聴きしたいと思った。

〈Ｃ氏〉

箕面市で学校図書館検討委員会が立ち上がったときのメンバーのお一人だっ

た。また図書館利用指導体系表づくりや図鑑の使い方ワークシートの研究のまとめ役でもあった。

　学校司書とともに積極的に教職員に向けて図書館利用の案内や授業実践に努められ、司書教諭の経験もおもちである。

　インタビューをお願いしたときには管理職になられていたので、校内での学校図書館活用の推進や研修をどう考えておられるかなどもお聴きしたいと思った。

〈D氏〉

　私と同じ学校に勤務しておられた時期があった方である。学校図書館に関係する校務分掌に携わったことはなく、一授業者として学校図書館を使われていた。

　しかし、どの学年を受けもったときも学校図書館をよく活用された。ご自身のクラスだけではなく、学年全体で図書館利用指導を授業に組み入れたり、調べ学習のさいには学校司書の私を学年打ち合わせに呼んでくれたりと、学年を牽引して学校図書館を活用している姿が印象的であった。

　図書館活用推進の使命を負っている司書教諭とは異なる一授業者として、図書館活用についての考えや思いをお聴きしたいと思った。

〈E氏〉

　中学校は国語科と美術科で学校図書館の活用が多いと聞いていた。そのなかで、中学校勤務の経験をもつ東谷めぐみと田中瑞穂が推薦してくれた方である。

　美術科の教師であるE氏は司書教諭も担当されているが、司書教諭発令以前から図書係として長年図書委員会の生徒の指導にもあたってこられた。

　唯一の中学校教諭であり、中学校の学校図書館活用のようすもお聴きできると思った。

　インタビューをおこなった当時は教育系大学の大学院にも在籍し、美術教育の研究にも力を注いでおられた。

A氏へのインタビュー

日　時：2015 年 8 月 27 日（水）
場　所：A氏元勤務校図書館
聞き手：髙木享子・清水理恵・東谷めぐみ
A氏プロフィール：1952 年生まれ。元小学校教諭。教頭・校長歴任。
　　　　　　　　現在、大学の教員養成教員。教員歴 38 年。

● 新任のころ

A：私は 1975（昭和 50）年 4 月に**イ**小学校に赴任したのが教員生活のスタートです。
　　粟生団地ができて、**イ**小学校もこの年に開校しました。4 月 1 日に**イ**小学校へ
　　行ったのですが、家が近くだから、学校ができたことも知ってるんですよ。粟
　　生団地ができていることも知ってたんだけど、まさか自分がそこに赴任すると
　　は思っていなかった。

髙木：粟生団地ができたから、小学校が 1 校増えたのですか？

A：粟生団地をつくった日本住宅公団が学校も建てたと聞いています。公団の家
　　のカギ渡しと入学式がほぼいっしょでした。4 月に入ってからのカギ渡し。

東谷：大混乱でしょうね。

A：最初は**ロ**小学校から分離した粟生とか山之口あたりの子どもたちと、それと
　　新しく建った団地の子どもたちということでした。4 月 8 日にスタートしてか
　　らは、毎日というよりも、朝、昼、晩と転入がある。朝あるでしょ、20 分休憩、
　　お昼に引っ越ししてきはって、役所とかに行ってそれから学校に来られる。そ
　　れと放課後、「明日からお願いします」って。転入生は入った順に名簿に入れ
　　るから朝、昼、晩で出席番号をふっていくんです。

東谷：あいうえお順どころじゃないですよね

A：私が最初受けもったのは 2 年生で 3 クラス。3 年生のときには 4 クラスになっ
　　た。その次に 1 年生をもったときは、スタートは 40 人前後だったのが 3 学期
　　終わりには 47 人。あのとき、45 人学級だったけれど。50 音順っていうのはま

だ後のことです。男女別が当たり前でした。50 音順は「男女平等教育」がいわれたころからです。男の子、女の子分けるのは当たり前。そんなので**イ**小学校がスタートです。新設校で自分も初任者、新任で。

髙木：新しい学校が1つできたということは、新任の先生も多かったわけですよね？

A：8人いました。大学卒業したばっかりの人が。

髙木：いまだったら、新任の先生には指導教官がつきますよね。でも、そういう制度もない時代で、それだけ多かったら大変だったのでは？

A：そうですね。6年生はやっぱり経験のある先生がもたはるでしょ。1年生も経験のある先生が。ということは、この2年から5年の間にひしめいているわけですよ（笑）。私、2年生やった。2年生は3クラスあって、B先生って、その当時たぶん20代後半か30代やと思うんですが、その先生の横に二人初任者がついてて。3年生はC先生。勤務2年目か3年目だったと思うけど、その先生と初任者一人。この学年が途中で増えて、初任者がまた途中から一人増えて二人に。4年生がD先生。そこに初任者が二人。5年生がE先生とF先生。だから2年3年4年は、なんせ初任者二人ずつ入ってる。

東谷：すごい！

A：それと、同じく初任の保健のG先生と、事務のH先生。8人。

髙木：授業の準備や研修っていうか、授業づくりのための勉強って、どういうふうになさっていたのですか？

A：1年生はI先生と、もう一人はJ先生。この二人がとっても素敵な先生。I先生も、ね、ほんわかしてるけど厳しい！　その先生たちがいつも1年生で、それこそ、ガリ版で学級だよりを毎日出さはるんですよ、この二人は。鉛筆で書くのと違うからねぇ。それを見ながら私らもなんか、「ああこんなふうにやるんや」とか、「授業をこうするんや」とか教えてもらった。ほんとに盗んだ感じですね。教室に行って絵貼ってはるのを見て、「ああこんなん貼らなあかんのや」とか、「こうせなあかんのや」とか、係り活動の掲示も「ああこんなん作らなあかんのや」とか、もう日々そうやった。まあ初任者がそれだけいてたから、いつも職員室は夜9時10時ぐらいまでみな仕事をしてた。

校内研修とか、自主研にいっぱい連れていってもらいました。いまでいうリトミックみたいな講習会が毎年夏にあるんですね。そういうのに音楽の先生が連れて行ってくれはったり。児言研（児童言語研究会）は市教研（箕面市教育研究会）の国語部会の先生が一緒に連れて行ってくれはったり。それから、理科部会で水中植物採集に連れていってくれたり。福井県の三方五湖っていう湖に、理科が得意な先生が連れていってくれはった。そういう市教研とかのツアーがいっぱいあってね。そんなのに、いつも連れて行ってもらってて。おもしろかったですよ。それに、私、もともと数学やったから、算数の研究会の数教協（数学教育協議会）に行ったりとか。信貴山研もあったでしょ、大人教（大阪府人権教育研究協議会）のね。なんか夏休みにいっぱい行って、「さあ、9月からがんばろう！」言うて。でも全部、上手いこといかへんのです、聞いてきたとおりやっても（笑）。

　だから、イ小学校の8年間は研修にも恵まれましたね。初任者の初めの出会いって大きいですね。どんな先生にどんなふうに出会うかっていうのがね。市教研も活発でしたしね、あのころ。初任者は必ず研究授業しないとあかんかったし。私、なんぼ研究授業したかわかりません。なんでか知らんけど、音楽も算数も。私、市教研部会に入ってたのかなぁ。

髙木：教師人生のなかで土台になるっていうか基礎となったのは、新任時代の学校での日々の学びですか？

A：そうですね。そのころのことですね。教師としてもそうだし、社会人、初めて社会人になるじゃないですか。社会人としてもそうだし。大げさに言うたら、自分の生き方みたいなのを、そのときに確立したような気がします。

　なんか、「揺るがへん」みたいなものが。うん。「何かを言おう、何かをしてもらおうと思ったら自分がせなあかん」とか、「一緒にやってこそ、一緒に創れる」とかね。なんかそういうのは、そのときに教えてもらったし、さっきの研究授業じゃないけれども、「若い人がやったらいい」って言われてやらされたし（笑）。

髙木：イ小学校の次はどちらの学校へ？

A：8年イ小学校におらせてもらって、9年目でハ小学校へ。ハ小学校もニ小学

校からの分離の新設校。あのときは椿ハイツとかライオンズマンションとかができて二小学校の児童数が増えていたうえに、ルミナスという結構大きなマンションが建設されるということでハ小学校ができた。二小学校が1学年8クラスだったのですが、そのうち3クラスくらいがハ小学校に行ったと思います。そのハ小学校の開校と一緒にイ小学校から。

　イ小学校、ハ小学校が新設校でしょ。で、3校目が二小学校やったんです。二小学校は改築の年でした。

● 授業実践と図書館活用

〈校舎改築と図書館〉

A：二小学校は新設校じゃないんだけど、二小学校に行った年に校舎改築。4月1日にまだ古い校舎の古い校長室で赴任の挨拶をして、その日から引っ越し作業。私、こういうのが得意やったんかな（笑）。旧校舎をつぶすためにね、空いてるクラスに教室が移って。「万博廊下」と呼んだ長ーい坂道廊下があって、迷路みたいになってて、その向こうに新しい校舎があった。引っ越しをして、いちばん南側の校舎がつぶれて新しく建つというとき。

　そのときはまだ古い図書室で、北館3階のいちばんはしっこ、教室から最長距離にあった。イ小学校も埃っぽい部屋だったし、ハ小学校は南側が校舎で北館が特別棟。そこに図書室があったと思います。

東谷：いまは、ハ小学校は北館の真ん中にあって、しかも渡り廊下ができました。

A：そういうのでいうと、自分の授業と図書室の関係は図書の時間に図書室に行って本借りさせて、っていうぐらいの意識しかなかった。二小学校に来たときもそうだった。私が行ったときは段ボールに本がいっぱい入れられて片づけられていた。

高木：二小学校は新しい校舎になってからはオープンスペースの図書館（図書館の2面は壁があるが、残りの2面は可動式の壁で、通常は壁のない状態）ですが、それは二小学校の先生方がいろんなところを見学に行って勉強なさって、ああいう図書館にしようとなったんですよね？

A：私は設計の時は知らないんですよ。設計ができ上がって、「さあいまから校

舎をつぶす」っていう年に行ったでしょ。設計には携わってないけど、その後も岡山市の学校図書館、岬町（大阪府泉南郡）の岬中学校のラーニングセンター、同志社中・高の大きなラーニングセンター、そういう所を二小学校の先生みんなで行って図書館をどう使うかって話し合いました。

職員室の近くの、皆が通る場所にオープンスペースの図書館を置いたのは、「なぜ図書館とか情報教育を学校の中心に据えるのか」っていう学校の教育目標にそっていた。だから私がいた9年間は可動式の壁は閉めることはない、閉めたらあかん、あそこはずっと開けとくべきだってずっと思ってた。思い入れがある。

で、ちょうどそのころ、『学校図書館活性化マニュアル』[1]（以下：『マニュアル』）を作るのに3部会がありましたよね。

髙木：第1部会が「調べ学習に関すること」、第2部会が「読書指導に関すること」、第3部会が「運営・管理に関すること」。

A：その「読書指導に関すること」の部会に入るようにって言われて。「本いっぱい読めるよ」とか言われて、よく分からず入った。私は3・4年生の担当で、まあ、読みましたよ。毎月の部会までに50冊とか100冊とか読んで、選書して、推薦図書みたいなのをね、作りました。ほんと、自分の好きな本を選びました。

部会の人たちと『マニュアル』作りをやってたのと同じころ、二小学校では総合的な学習、人権総合学習がスタートしてた。校舎ができ上がるまえにスタートしてたんですね。旧校舎の扉をはずしてね、いわゆるオープンスペース。「新しい校舎ができたらこうなるんや」ってドアをはずして、廊下と教室を一体化して、古い校舎でそれをしながら、そこで人権総合学習をやってた。

生活科はハ小学校時代からやってた。で、生活科をしていこうと思うと、絶対図書館を利用しないとできないでしょう？　なので、公共図書館を利用させてもらいましたね。図書館に行ったらなんとかなると思って。

髙木：そのころ、二小学校には学校司書はまだいなかった？

A：そうね、いなかった。清水さんはいつからだっけ？

清水：95年、震災の年。

A：あっ、そうやな。だから「おはなしシャワー」「説明文シャワー」すすめるのも、

全部私たちで本集めました。「おはなしシャワー」は94年から始めた。

清水：私が学校司書として赴任したとき、先生方から、「私たちは自分の貸出券で、公共図書館から個人の貸出制限冊数いっぱいまで借りたり、自分持ちの本を集めてきてやってたんだよ」って言われた。

A：それに、このとき『マニュアル』作りの第2部会で推薦図書作成したのがすごい役に立ってる、私はね。「おはなしシャワー」はまず私が担任してた2年生で実践しはじめたから、マニュアル作りのときの担当とは学年が違ったけど絵本の選び方とかは参考になった。東図書館に本借りにいったし、中央図書館の書庫の本をあさりにいった。だからずーっと私は、図書館の本と私の実践は必要に迫られて。明日授業せなあかんから。

〈図書館の活用〉

髙木：図書館を教育活動で使いはじめたのは二小学校に行ってからですか？

A：そうですね、そういうふうに大々的に「図書館ってこんなに使えるんや」と思ったのは、これ（『マニュアル』）が大きいんですけど、ハ小学校のとき、平成元年に生活科ができたんですね。そのときも、生活科の部会が教育センターにあって、その部会に入ってて、いちばん最初の生活科の副読本を作りました。いまのような「生活科」っていう教科書がない時代だから、何をその中に盛り込むか。生活科のもともとのねらいを聞いて、図鑑やらなんやらいっぱい読んで、参考にしていちばん最初の副読本を作ったんです。

　そのときには、イ小学校とかハ小学校とかの図書館をほとんど利用しなかった。学校図書館は利用しなかったね。学校図書館にそういうものがあると思わなかったから、公共図書館を使うか自分で全部買い揃えた。あのころは、欲しい本は自分で買わんと無いと思ってた。二小学校でのこれ（『マニュアル』作り）のまえまでは。

　あのころね、児童書を毎月通信販売してくれてはった。どっからだったんやろ？　毎月10冊ずつとかね。例えば戦争平和に関する本とか……。自分で選んだのかもしれないけど、買い揃えた。

髙木：それは学級文庫として？

A：学級文庫とか、自分の持ち物として。みんな、あのころ自分の持ち物として本箱持ってはったでしょ。

東谷：先生方の予算があったのかな？

A：自費でも買ったし、図書費もあって、研修費もあった。その研修費を使って、さっき言った岡山の学校図書館とかにも行った。学校で、先生たちみんなで行くときは、その研修費もプラスして。それだけでは足りないけれども。夏休みとか、休みごとにどこかに研修行かんとあかんからね。2万円出てたでしょ、それがだんだんなくなったけれども。

　それで夏休みに必ず市教研なり、何なりで、研修を誰かが企画してくれて、その研修に参加してた。二小学校のときは「二小学校のオープンスペースの校舎でどんな授業をするか」っていうので、オープンスペースのある学校や学校図書館を見にいったり。私はいつも後ろからついていってた人なんです。

髙木：二小学校の場合は学校全体で、新しい校舎を作って新しい教育活動をしようっていう、先生たちみんなが一致団結する形で推進していってたんですか？

A：人権総合学習をしていくのでも、そう。その頃は清水さんもいてたし。清水さんが校内会議のなかで、教職員向けに学校図書館の活用の仕方を紹介してくれた「よりよい清水の使い方」というのがあったんだけれども、もともと二小学校には担任一人だけで授業をするんじゃなくて、人権教育を進めるにあたって、学年とか地域とか何もかも全部取り込んで総合学習を進めていくっていうのがあって。そういう、地域と一緒に作ってきた学習がきっとあったからやと思う。

　ちょうどそのころ学校司書が配置されたことで、そこに図書館もきっちりと位置付けてましたね。

髙木：そうなるとやっぱり資料や本っていうのは、なくてはならないものという意識が先生方のなかにも？

A：あの頃は、先生たちのなかにも「図書館に行けばなんとかなる」というのがあった。うん。

清水：予算増えたしね。箕面市に学校司書を付け始めたとき、図書購入予算も大幅に増えたから、本もたくさん買えるようになりましたもんね。

A：図書館流通センターに買いに行って、「予算はいっぱいあるから、いくらで
　も買ってもいいよ」みたいな感じで、あれもこれも好きなものを……。

高木：ありましたね、そんな時代が（笑）。

A：そんな感じで、いつも自分の必要に迫られて利用させてもらってたし、図書
　館を利用したら子どもの学びが広がったり深まったり、子どもにフィットする
　ような学びが創れたり、みたいなのは……。

高木：例えば、どんなふうに図書館を利用したとき、子どもたちの学びが変わり
　ましたか？

A：生活科は実体験が絶対いる。だからいっぱい出かけたし、いっぱいさがした
　し、いっぱい草花も見つけた。そして本でその植物の名前を調べたり。「この
　名前なんていうんかなぁ？」って言うたら子どもたちは教室にある本を開けて
　いる、ていうふうな使い方ですかね。

　　例えば、「たんぽぽのちえ」っていう単元が国語の教科書にあったでしょ。
　たんぽぽが仲間を増やしていくために、いろいろ知恵を働かせていることが書
　かれている。「じゃぁ実際のたんぽぽ見てみよう」って、探して、掘って、長ー
　い根っこ取り出して、本で調べてみる。教科書はなんかきれいって言うのかな、
　絵がね、ほんわかしていてね。挿絵っぽく、綺麗に描いてある。それが本だと
　枯れた葉っぱもあったりとか、リアルに詳しく描かれている。

　　それから、例えば「ごんぎつね」をやったときに「ひがん花」が出てくるで
　しょ。あれ、とってもきれいよね。あのきれいなひがん花の風景もそう。「じゃぁ、
　ほんとのひがん花ってどんなのやろな」って、本で調べる。そしたら根っこ
　に毒があるとか分かったり……。すいません、学年バラバラですけど、そんな
　んで調べ学習に本をよく使った。まだあのころってネット使うなんて思ってな
　かったものね。

〈コンピュータ導入〉

高木：私が学校図書館に赴任したのが1993年4月。そのときにコンピュータ室
　ができるところでした。だからまだネット検索なんて……。

A：そうそう、娘の卒業論文は手書き。でも、4歳下の姪っ子は、論文はパソコ

ンで打って出しなさいって言われた。だから、娘はようパソコン使わへんけど、姪っ子は使える。だから、あのへんが切れ目。いま、38か39歳。大学でも違うでしょうけどね。

清水：私は91年に大学に入って、そのころポケベルがやっと普及したころで、そのあいだにPHSになって、卒業するころにはすでに携帯になりつつある、っていうくらいのころ。パソコンもやっと普通の人たちに普及しはじめてきたところ。学生の時まだパソコン通信が主流の時代だったから、「みんなでインターネットで通信できるようになったら便利になるのに」って言ってたころ。

A：そう、93年。その年は私1年生の担任やってて、箕面市では最初にマック（Macintosh）が学校に導入されたんやね。K先生に「子どもたちが使うのと同じの買ってきて」って頼んで買ってきてもらってセットしてもらって、前日に「ここを押さえて、ここを押さえて」って書いてもらって、ドキドキしてコンピューターの授業した。電源入れるところから。1年生だからまだよかったかも。

髙木：大人も初体験の時代ですよね。

A：もっと言うと私、イ小学校のいちばん最初のときはガリ版だった、鉄筆ガリ版。ご存知ないでしょう？　学級だより、学年だより、鉄筆ガリ版刷りやったからね、いまのように、いま書いたのを次の時間に配られへんかった。

髙木：時代もIT社会になる頃。図書の時間も変わっていったのでしょうか。

A：いわゆる「図書」って言ったら、読書ですよね。本を読むことが図書の時間やったし、いまよく言われる「司書がいない、ほこりのかぶった暗い」図書室。ま、暗くはないけど、明るいのは明るいけど、全集がずらっと並んでるところに一時間子どもたちを入れて「好きな本を読みなさい」、というので図書の時間をしたのがスタートでしたからね。

　子どもたちにどんな本を読ませたいとか、「分類順にこう並べたら」とかいうのは、これ（『マニュアル』）のあとですね。調べ学習がどうのって言い出したのはね。

清水：図書の時間はいつごろからしてました？

A：それは初めから。私、3年目で1年生もって、最初40何人いてたクラスね。これも忘れもしない失敗話ばっかりやけど、「図書室行くよ」って1年生並べ

て、だーっと行ってしまって。図書室に着いたら後ろに10人くらいしかいなかった。途中で子どもたちがいなくなってた。迷子になった子どもたちは職員室の先生が送って来てくれた（笑）。どっかで曲がるのね、まちがえたらしい。恥ずかしかったけど、覚えてる。ハッと後ろ見たらおらへん……（笑）。あれね、校内だからよかったけどね、遠足でやったら、えらいことになるんだけどね。だから、そのころから図書室には行ってた。

　そのうちにほら、貸出カードに自分の名前も書かせるのが当たり前やったのが、逆ブラウンっていうのが出てきたでしょ。子どもたちのプライバシーを守るためにね。

髙木：たぶん『マニュアル』に書かれていたから。箕面は学校司書が入るまえに岡山市の学校図書館とかに行って学んでた先生方が多かったから、貸出し方法は変形逆ブラウン方式に変えるっていうのは、もう司書が入るまえからそのようにしてた学校もあるし、司書が入って「そうしたい」って言ったら、「ああそうですか」って言って、わりとスッと受け入れてくれる学校が多かったですね。

A：とにかく、1975年から2015年、この40年間ってすごい変化やと思う。図書館だけじゃなくてね、教育界のなかで。その波に飲まれて、転んで、おぼれながら、なんとかついてきたんやと思う。

　だから、悪いけど……、あー、なんて言うのかな……。きっと司書の先生にしたら生意気な奴やったと思うんですよ、あてにしてなかった。べつに図書館司書をあてにしてないし、自分で本は探してこんとあかんと思ったし。「おはなしシャワー」するときも子どもたちに、「この子にこの本読ませたい」って思う本をいっぱい持ってきて、その子にフィットするかどうか、その子がそれを選ぶかどうかを考えながら選んだ。子どもたちが本に浸る、本の楽しさに浸るっていうのが「おはなしシャワー」やったから、自分で本を集めてきて授業してたんですね。

　で、清水さんがきてくれて、「わっ、図書館で本集めてくれるんや」っていうのがすごく便利でした。

髙木：便利ね。

A：だから、いままで自分が東図書館なり中央図書館なりに行って集めてこなあ

かんかったんが、リクエストしたら揃えてくれる。読みたい本がこうやって並んでるなかから選べる、みたいな……。二小学校が新しい図書館になったとき、すごい嬉しかったですね。

〈「おはなしシャワー」「説明文シャワー」で目指した子どもの力〉

髙木：「おはなしシャワー」は先生方が苦労しながら本を集めて授業をしていたのが、司書が入って、「こういう本」って言ったらそれを集めてくれるようになって、ある種、ほんとに便利になったんだと思います。で、その分時間的な余裕も他のところにかけれるようになったということですか？

A：本に専門的な司書が来てくれたから、あのころから、冬シリーズとか、より多様なテーマが決められるようになった。おはなし会とタイアップして司書が来る前年から「おはなしシャワー」の取り組みを始めたけど、そのときはまだ「おはなしシャワー」もやり始めたばかりだったし、そこまでの余裕なかったですよ。例えば「Aちゃんは乗り物の本ばっかりいつも借りてるなぁ」ってわかってたから、じゃあこの子を図鑑から物語の本も手に取ってもらえるように、乗り物を主人公にしたおはなしの本も盛り込むとかをしてた。

髙木：『きかんしゃやえもん』[2]とか？

A：そうそうそう。だから、司書がいるいまなら「秋の本」とか、例えば「クリスマスの関係の本」とか、より多くの子どもが興味をもちそうなテーマでやったりするけど、そういうのはなかったですよね。「本を通して言語活動」ってよく言われてるけども、あのときは言語活動っていうよりも子どもたちの語彙を増やしてやって、自分の気持ちをちゃんと言葉で伝えることができるようになることを目指してた。語彙を増やすためにどんなことをしたらいいかっていうので、「おはなしシャワー」も「説明文シャワー」もそのための取り組み。

　自分の思いをきちっと相手にも伝える、例えば嫌なことがあったら、相手をパンチしてしまうんじゃなくて、ちゃんと言葉で「嫌」って伝える力をどうつけていったらいいかっていう。それまで二小学校が取り組んできたことを改めて見直すなかで、算数の指導は一定の成果が見られた。だけど、高学年のようすを見ても語彙力の方はまだまだ課題が多かった。

それで、「家での本の読み聞かせは大切です」とか言って家庭だけに任せるんじゃなくて、学校で低学年からもっとしっかり実践しようって言って「おはなしシャワー」を始めた。シャワーのようにおはなしの世界に浸る。「説明文シャワー」っていうのもそう。1つの学年の教科書に説明文というのは2個ぐらいしか入ってないんですよね。上巻で1個、下巻で1個。

清水：教科書のなかで？

A：そう。そのたった2つしかない説明文のなかで、例えば「たんぽぽのちえ」のなかで「こそあどことば」もやれば、起承転結の説明文の話もする。けれども、子どもたちがそれでほんとに、いわゆる文法力というか、文章構成の力がついていくのかというとそうじゃない。説明文っていう形式を、物語ではない論理的な説明文っていう形式、つまり事実というか説明した文章をいっぱい感じることでね、とくに低学年は「あ、こういう事実というか、説明した文章というのがある」と感じること。それが、読解力につながるだろうということで、たくさんの説明文に触れさそうとした。

　10時間かけて「たんぽぽのちえ」をするのも大事だけれども、「たんぽぽのちえ」を1時間にして、じゃあ、たんぽぽってこんなふうに順番に、根が伸びて、花が咲いて、綿毛になって、それからどうなっていくのかという一連のことを1時間、2時間のなかで大まかにつかむことをしていこうって、ワークシートを作っていったのが「説明文シャワー」。そうすると「たんぽぽのちえ」と同じような他の説明文を探さなあかんね。そういう絵本をね。科学の絵本とかいっぱいあるじゃないですか。それをプリントにして使ったりね。自分たちで説明文教科書を作るとか。そうしてやったのが「説明文シャワー」やから、そこで使ったたくさんの説明文はすごい財産です。

〈たんぽぽ文庫のお母さんたち〉

高木：司書が入るまえから、地域のおはなし会の方とのつながりがあったんですね。

清水：たんぽぽ文庫があったから。たんぽぽ文庫のお母さんたちのなかに、二小学校の教育でわが子が変わっていったことを実感した人がいたり、「おはなし

シャワー」について先生方と話しをするなかで、二小学校が取り組んでいる教育も理解してくれている人がいたりして、たんぽぽ文庫のおかあさんたちに二小学校のすばらしさを聞いた。私は、たんぽぽ文庫よりあとから二小学校に入ったから。

A：そう１学年と２学年でたんぽぽ文庫さんと「おはなしシャワー」をしてて、たまたまたんぽぽ文庫のお母さんのなかに、その学年の子どもの保護者がいたしね。「おはなしシャワー」の時のたんぽぽ文庫さんのかかわり方はとてもよかったなぁと思った。むりやり子どもたちを本のなかに、「はい、いまから読むから座りなさい」っていうやり方じゃなくって、子どもたちが読みたい本と出会うのを、ほんまに見守ってくれるっていうスタンスで授業に入ってくれはったんですね。

　私がホ小学校に転勤して、ホ小学校のおはなし会を聞いたときもそうでした。ホ小学校は毎週放課後におはなし会してたから、聞きにくる子が１人、２人しかいてないときもあるからとっても恐縮する。もっとたくさん子ども集めなあかんと思うねんけど、そうじゃなくって、１人でも２人でも来てくれた子どもたちにさりげなく読んでくれはる……。二小学校のおはなし会のお母さんたちと同じスタンスやなぁと思った。

　どうしても教師って、「せっかくこんないいものがあるんやから、こんな機会があるのになんで外で遊んでんの？　なんで図書館に行かへんの？」って言ってしまう。子どもに「行かへんねん」と言われたときの、あの悔しさね。引っ張ってでも来させたいような……ってのが、どうしてもありますでしょ。「こんないいものやねんから、こんな大事な話やねんから、みんな聞いて当たり前やろ」という思い。そういうやっぱり上から目線みたいな。それを取ってくれたのは、二小学校のお話し会の人たちやし、ホ小学校のお話し会の人たちやしね。私のなかのそんな思いを、ちょっとずつ崩してくれはった。

　ある企業の社宅が校区内にあるんだけど、たんぽぽ文庫さんはもともと、そこの本好きな人たちが個人宅のリビングに集まることからスタートして、そのうち公共図書館から団体貸出しで本を借りられるようになって、社宅内の集会所で文庫をするようになったそうなんやね。それからは、社宅の子どもたちに

本を貸したり、おはなし会をされたりしてたんですね。そのうちに、だんだんに社宅の子の友だちとかも来るようになっていったそうやけど。

　「おはなしシャワー」を初めてした94年の1学期に2年生で初めて校区探検をやって、そのときにたんぽぽ文庫にも行った。そこから、たんぽぽ文庫さんとの繋がりができたんです。

髙木：そうなんですか。それで授業のなかに？

A：最初は、「学校でもおはなし会やりませんか」って声かけて、月1回、放課後におはなし会が始まって。そのうち「おはなしシャワー」をすることになって、授業のなかにも入ってもらおうってことで。

　でも、そこはいろんな考え方がありますよね、箕面市内にいくつかある文庫のなかでも。授業には入るべきではないと思ってる方もいらっしゃる。それも、どちらもやと思います。ただ、たんぽぽ文庫の方は授業には入ってくださるけれども、「どうあるべき」みたいなことは初めは全然おっしゃらない。で、「おはなしシャワー」してる最中に寝そべってる子もいれば、後ろ向いてる子もいる、と言う状態だったんですね。私たちはその寝そべってる子を起こして三角座りさせて、後ろ向いてる子は「こっち向き！」って、どうしてもしたくなるんだけども、文庫の方は「でも先生、あの子は聞いてる。後ろ向いてるけど、寝そべってるけど話は聞いてるよ。なんかのときフッとこっち見るやろ。」て言うてくれはったら、「あ、そうなんや」って。そういうこともありました。

〈学校司書との協働〉

髙木：「おはなしシャワー」の取り組みは、くり返しになりますが、とにかく本を集めて、それを子どもたちが楽しむっていうやり方だったのが、本格的にテーマ別になったのは司書が入ってからのことですか？

A：入ってからですよね？

清水：まえは知らないけど、私が来たときが「おはなしシャワー」2年目なんだよねぇ。そのときにはその形になってた……と思う。でも……。

A：洗練されてきた。1年目はまだ、そんなにちゃんと部屋ごとに本のテーマを分けたりしてなかった。課題となる子どもが好きそうな本は盛り込んだりして

たけど。「おはなしシャワー」が二小学校に定着していって、毎年取り組みながらだんだんいまの形になっていった。ちょうどそれに平行して司書も配置されて。司書さんにも一緒に「おはなしシャワー」の打ち合わせに入ってもらって話し合うなかで、部屋ごとにテーマを決めて本を置いたりするようになったりと、洗練されていった。

清水：「ワクワクの本」、そんなテーマのときもあった。「乗り物の本」「動物の本」みたいな具体的なテーマのときもあれば、「冒険の本」「ふしぎな本」とかっていうような、ざくっとしたテーマのときもあった。

髙木：そういった授業のなかで、子どもの反応や変化はどうでしたか。

A：えっと、ブックトーク。ブックトークっていう手法は清水さんに教えてもらった。いま言ってるワクワクの本とか何とか、まえもって部屋ごとに本のテーマに分けて置いて、子どもたちが自分の興味があるテーマの部屋に分かれたとき、すぐに自由に読み始めるんじゃなくて、それぞれの部屋を担当してる大人が最初にブックトークしたよね。

　最初に学年全部の子どもを集めて「今日はこんなコーナーがあります」とかって言って、そのあと子どもが自由に4つぐらいのテーマから選ぶ。テーマ（教室）ごとに分かれて読むときは、学年全部でクラスを解体してするから、例えば「1組の部屋にはこんな種類の本があって、2組の部屋にはこんな種類の本があって」というように言って、「じゃあ分かれましょう」って。部屋ごとに分かれたときにしたブックトークは、司書の人に教えてもらった。

髙木：ブックトークを聞いて、子どもたちは「自分はそこに行ってみよう」という興味関心が出た？

A：ブックトークを入れるまえの「おはなしシャワー」はどんな流れだったかというと、まず最初に学年全体で集まって座らせる。そこで今日は何のテーマがあるか、例えば「1組には乗り物の本があるよ」とか紹介して、子どもたちはそれぞれ自分の好きなテーマの本が置かれてる4つくらいの教室のどこかへ行く。

　そこに行くと、それぞれの部屋には教師とか司書とかたんぽぽ文庫さんとかがいて、そこのテーマの絵本を1冊読んでくれる。そのあとは、子どもたちが自由に読む。大人は、子どもが読んでほしいって持ってきた本を読んでやった

り、一緒に選んでやったり、そんな感じがまあ基本の形で、そのときどきの先生たちが、毎回いろいろ工夫したりして、少しずつやり方を変えてやってる。

その自由読みのとき、子どもに自分で選ぶ力もつけさせたかったから、1冊絵本を読んでやったあとは、「さぁ、自分で選んで読みなさい」ってやってた。そしたら子どもは、読んでもらった本をもう一度自分で読み直したい子と、読んでもらった本はもういいから次に行く子といるでしょ。そういうのも分かった。

でも、「自分で探しなさい」って言うまえに、まず具体的に例示してやらないと、「好きな本のところに行きなさい」って言うても、どの本が好きなのかがわからない子らがいて、それでブックトークでどんな本があるのか紹介することにした。その手法とかは、清水さんに、司書の人に、きっと教えてもらったんだと思う。

清水：あのころはまだ学校司書が配置されたばかりだったから、先生方に図書館がどんなサービスを提供できるのか積極的にアピールしてたし、それが「おはなしシャワー」にも活かされたんだよね。あ、ちなみに、ブックトークって言っても、たぶん髙木さんが想像してるような、司書がするようなちゃんとした形のものじゃないよ。「こんな本や、こんな本や、こんな本がありますよ、読んでみてね。」って、ごく簡単に紹介するだけだからね。「おはなしシャワー」で集めた本は、ほぼ絵本だし、相手は低学年だし。時間的なこともあるしね。だから、厳密にはブックトークとはいえないかもしれないけど、まあ、本の紹介。

でも司書がいるようになったことでむしろ反対に、新たに課題が生まれた部分もあるように思う。例えば「おはなしシャワー」用に本を集めたさいに、それまでは先生たち自身がざっと本の中身も確認してただろうけど、たぶん私が入ってからは、先生たちが集まった本の中身までていねいに目を通すなんてことは減っていったように思う。

A：司書の人が集めてくれるから。

清水：うん。先生からその回のテーマを聞いて、学校も過密スケジュールだから毎回大急ぎで本を集めて渡すことをくり返すうちに、私のほうが逆に、「えー、まてよ」って、「これでいいのかな」って思った。二小学校が「おはなしシャワー」をするようになってから20年以上になるけど、つい先日も二小学校から「お

はなしシャワー」のための資料依頼があったよね。

東谷：先日依頼のあったテーマは、「夏の本」と「山の本」だったね。

清水：未だに、「おはなしシャワー」の本は、夏の本とか、山の本とか……。なんかそう言われたときに、テーマに合わせようとするあまり、1年生や2年生の子どもが対象やのに、ある程度の冊数を揃えようと思ったらどうしても、「この学年の子たちには難しすぎるよなぁ」「ちょっと内容イマイチだよなぁ」っていうのでも、無理矢理でも、なんか入れないと足りなくて……。

　以前、船の本っていうテーマで依頼されたときにも、冊数が全然足りなくて「うーん、必ずテーマありきっていう考え方だけじゃ難しいよな」って思った。こんなんだったら、むしろテーマ設けずに、物語の作りがしっかりしてる本で「この学年の子たちにいい、ピッタリな本」てした方がよっぽどいいのにって思ったりはしてた。

A：だから、なんて言うのかなぁ……。例えば、今年2年生で「夏」っていうのをテーマにして10冊の本を探しました。それで子どもたちと一緒に共有しました。でも来年またその年の2年生で、同じ夏のテーマで、この同じ10冊がフィットしてるかどうかっていうことは、やっぱり確かめなあかんと思うのね。

清水：そうですね。でもそうしたことまでは、あんまりなされなかったかな。たぶん、「おはなしシャワー」に限らず調べ学習の本も一緒やと思うけど、テーマを伝えて司書に集めてもらっても、それが子どもたちにとって調べやすくて最適やったんかどうかとか、どんなことが載ってるかって……。

　ま、司書も毎回そこまできっちりチェックできるわけじゃないけど、先生方も、どんな本集めてもらったかをあんまり内容知らないまま……。まあ、信頼されてるといえば聞こえはいいけれども、必要な内容を打ち合わせたら、数だけ揃えてもらって内容は司書におまかせみたいなときもある。

東谷：そう。だから、担うものがいたら、その部分の意識はどんどん弱くなりますよね。

A：そうですよね。それと、便利になった一つになるかもしれへんけど、例えばどこかの学年で総合学習するときに、清水さんに、「今度こんな内容で学習しますということを、図書館にも先に教えておいてくださいね」って言われてね。

でないと、子どもたちが突然、「平和の本」って言っていきなり図書館に探しにきても、どういう目的で、どういう趣旨で学年が授業しようと思ってるかわからへんかったら、やりすぎ、出しすぎたり、学習したい方向性と違うことを言うたりということになるからというので、そこはだいぶ変化がありましたね。

　それをしようと思うと、やっぱり学年のねらいを先に伝えとかないとね。それは学校図書館からだけじゃなくて、萱野南図書館でも言われたし、らいとぴあの図書館^[3]でも言われたんだけども、総合学習してて、突然子どもたちがわ～っと来て、平和の本とか探しに来てるねんけども、もう本が出払ってしまうくらい来るわけね。司書の人は目的がわからへんから、どう対応していいか、ね。子どもが大挙して来るわけでしょ。

　そこで、どこまで伝えられるかは別でも学校図書館司書とは、そのへんはやっぱりきちっと共通理解しておきたいと思った。それの続きで、学図研（学校図書館問題研究会）でしゃべったら……（笑）。

〈学図研岐阜大会（1995年）^[4]〉

A：私、あの学図研、ほんと衝撃やった。みんなが、そこで言わはったことと全く違うことを私言うたと思う。

高木：どういうことを？

A：いや、だから、そのとき高校の司書さんかな、「図書館司書は、子どもたち（依頼者）のリクエストに関してはどこまでも調べてその資料を提供する」「東京の国立国会図書館までも」……みたいな話をしはって。あとで思ったら高校やからそうなんやろなぁと分かるねんけども、そのときの私はそれ聞いたときに、自分は小学校の教師やから、そうじゃなくて図書館に行っても本がないってこともあるし、あっても「いま、わからへんわ。一緒にさがそうか」っていうふうに言ってもらいたい、というようなことをそこで言ったと思うんです。

　そしたら、それは司書としては許されへんことや、と。そういうね、「ない」とか「わからへん」とかっていうふうに子どもに返すことは許されへん、みたいなことを言われた。そこが合わへんなぁと思ったのが、すごいショックで。

　司書と担任とが「こんなふうにしようね」って話をして、「子どもたちが探

せるように、資料があるのがわかってても置いとこね」、みたいなのが当たり前やと思ってたのに。で、その話やったから……、わかります？　そのズレっていうの。

髙木：カルチャーショックでしたね。

A：だからきっとその高校の司書の先生も、「私らの仕事を何やと思てるねん！」て思わはったと思うんですよね。

清水：でもそのころって、いまも無いとは言えないけど、そのころはもっと教師批判みたいなのが、ともすればなんぼでも会話のなかに出てくるムードってまだまだあったから、たぶん出てくると思った。だから、そういうちょっと勘に触るような発言は出てくるかもしれないけどそこは勘弁してねって言って、なんか念を押して、学図研大会に誘った。

A：でもそれにね、もうはまりこんだんよね、私らが。ぽーんと石を投げ込んだというか（笑）。

清水：お互い、その感覚が全然わからなかったと思う。

A：だから、それこそ、清水さんの「よりよい清水の使い方」みたいな感じで聞いてたから、そういう話で言ったけども、そうじゃなかったんやんね。だから、「わからない」とかっていう応えは、子どもっていうか利用者にしてはいけないんやね？　「探してみるねー」とか、「調べとくねー」とかっていうのはあるかも分からへんけども。だからそのときにそう言わはった、なんせもう「どこまででも探す」と。

髙木：確かに、図書館の司書は利用者が求める資料を提供するのが仕事なので、草の根分けてもその資料を探し出して提供する、探し出すっていうのが専門的な力量だと自負しているところがあるんですね。でも、たぶんその当時、公立の小・中学校で学校司書がいて図書館が機能しているところっていうのが本当に少なかった。高校だったらその資料を提供しても、それを使って学生がいろいろ調べてったりすると思うけれども、まだ小学校のうちは「探す」っていうことが一つの学びであったり、それから、「じゃあ、この本のどこに書いてあるかな」っていうのを、子どもが学ぶことが……。

A：「あそこを探してごらん」とかね。そんな感じでしょ。

髙木：ええ。それが、教師の子どもに対しての期待でもあると思うんですが。そこが、たぶんまだまだその時代は、小・中・高校の司書のあいだでも共通理解ができてなかったところだと思う。

A：そうですね。その後、同志社（中・高）の図書館（ラーニングセンター）に行ったとき、同じ話をその図書館の司書の方がしはったんですよ。あぁ、なるほどなーと。高校とかになったらそうなんやなーって、そのときは思ったんだけれども、岐阜では思わなかった、っていうか……。

　　学校図書館司書と公共図書館司書とは、役割が一緒なん？　違うんとちがう？　っていうのがあったから、ですね……。

清水：でも私たち小学校の学校司書も、仕事しているなかで、それがすごく強まっていったっていうのもあるかな。私なんかも、学生時代、それこそ利用者に対して求める資料を渡すっていうふうに学んでくるじゃない。資料提供するって。でも実際、総合学習がわーっと活発になって、資料を渡すときに、どこまで渡すのが教育なんだろうっていうのを、レファレンス対応をくり返すなかで、自分自身も思うようになっていった。

A：岐阜に行った1995年は、「おはなしシャワー」を始めたころやな。それこそ図書館を使って、「おはなしシャワー」にしろ総合学習にしろ、なんか司書と一緒にやっていって、子どもの調べる、問題解決していく力を…、その方法やね、答えじゃなくって、「どうやったら問題解決していけるか」っていう方法、いわゆる総合的な学習とか生活科を必死で進めてるときやった。

　　だから、そこに答えをポンと置いてね、子どもに「何でも提供しますよ」じゃない、「それは違うやろ」っていうのがすごい強かったですよね。

髙木：そこがやっぱり、教師の求める学校図書館への対応……。

A：そうそう。逆言うたらね、「そこは言わんとって」っていうところもあるかもしれないですよね。でもそれは許されへんよね、いわゆる司書さんの仕事としては……。

髙木：っていうか、箕面の場合、その当時の司書たちは皆「学校図書館を考える会・近畿」に所属していて、教育のなかの図書館のはたらきについて学ぶ機会が身近にくり返しあったので、わりに授業を支援する図書館であらねばならな

いなっていう意識は年々強くなっていってたと思う。

東谷：勉強していったよね、私たちが。

髙木：授業とのかかわり方とか……。

A：ありましたよね。学校とか箕面とかでは全然違和感なかったけども、他所に行ったときに「ああ違うんだ」と思ってね。だから、その、小・中学校っていう、いわゆる調べ方を学ぶっていう時期には、そういうことも必要なんやろうなあと思うんですよね。

　でもね、成人になって、自分がほんとに調べたいことを図書館に行って、「このテーマについて資料集めてくださいって」言うたときに、「そんなん知りません」って司書が言うのは違うと思うんですよ。だから、そこは違うと思うから、学校図書館のなかにいる司書っていうのと、公共図書館の司書の役割りは90％一緒でも、あとの10％はなんか違うっていうか……。

髙木：私も公共図書館で少し仕事してた時期があるんですが、司書の人はレファレンスがあると何冊か用意して、そこに付箋を貼って「ここに載ってます。これにも載ってます。」って。まあ、1冊じゃなく、複数の本。だいたいそうやって渡すのが、司書の仕事っていうか、やり方なんですね。でも、先生はやっぱり、それじゃあ困るときがあるということですよね。

A：うん。そんなときは、例えば資料を渡して「ここで、自分で調べてごらん」ぐらいのね。それとか、もっと言うたら、「そういうことが載っている本はどこにあるんやろう」っていう図書館利用の仕方とかね、それも含めてがイメージとしてあった。

　ただ、平和学習とか環境学習でいっせいに調べるときには「このテーマの本を探して」って、ブックトラックに集めてもらったりしたから、勝手なんかもわかりませんけどね。……うん、そういうふうなことが、私のなかの図書館のずーっと一貫した使い方でした。

● 学校司書の専門性

髙木：いまの流れでお尋ねしたいのですが、学校司書という専門職であるためには、どんな知識、力、それから例えば、大学でその資格をとろうとしたら、ど

んな科目がいると思いますか？

A：あの私、自分自身がね、司書の免許ももってないし、どんな科目があるかっていうのをはっきり知らないなかで言うからまちがっているかもわからないんですけれども、図書館司書としての専門性は要ると思うんですね。それと、配属された学校の教育目標なりがしっかり理解できてたら、そのなかの職員の一人なんだからそれでいいんだけれども、やっぱり学校教育っていうのかな、「どんな子どもを育てたいのか」っていうふうなことが、とくに小・中学校の教育にはあるということを知ってほしいと思う。だから、司書としての専門科目と、そこに、やっぱり…学校教育の……。

高木：教育学？

A：教育学？　うーん……。教育の中身じゃなくて、何て言うかな……。

高木：授業方法とかそんなのではなくって…。

A：なくって。学校、とくに義務教育の学校、小・中学校の教育のなかには、「子どもをどんなふうに、どんな子どもに育てたいのかっていうことを加味されての図書館であり、担任の先生たちの授業であり」っていうのがあるっていうこと。

　そこが共有されてたら、そんなに違和感なく、先生たちも図書館を使って授業しようと思うし、図書館司書の先生も「こんな本があるよ」っていうふうな対応になると思うねんね。そこ、両方がいまはどうなんでしょうね。それを二小学校ではすごい強調してたように思うんですよ。そこを、「せなあかん」と思ってたと思うんだけれども。とくに「調べ学習」が入ったときにね、読書活動だけじゃなくってね。

高木：ええ。清水さんが言われたように、どういう目的がその調べ学習にあるのかっていうことなども、しっかりと把握したうえで子どもへの対応ができる。まあ、学びを損なうような、先生がしようとしていることを損なうようなやり方は避けなきゃいけない……。

A：というか、どっちもそうだし、良かれと思ってしてるわけでしょう？　司書の人も、その、とことん、まあ言うたら「資料を提供する」っていうね。自分の仕事として、子どもたちにそういう提供をするっていうことは、なんかその、阻害してやろうとかじゃなくって、「これはいいことだ」と思ってしてる

ことやと思うし。だからそこが、両方が理解できなかったらいけないと思うから……。清水さん、学年と必ず打ち合わせをしたよね。総合的な学習のとき。

清水：二小学校のときは、かなりしましたね。

A：ねえ、「学習の流れ、今年はこうするよ」とか。少なくとも「1学期はこんなふうに」と。

清水：それも、たぶん、L先生とかが、「学年の打ち合わせに司書にも入ってもらったらいいんちがう？」って言ってくれたんかな。総合学習をするときに。

A：「要るよね」っていうのをね。うん。

清水：で、いつぐらいからか、全部の学年じゃないけど、「入って」って声をかけてもらってけっこう入らせてもらった。けど、あれをほんまに全部の学年がきっちりやったら、司書はもう絶対にオーバーワークすぎてまるでお手上げ状態。まあ過渡期やったし、全部じゃなかったから。それでも他の学校の司書に比べたらかなり時間とられることだったと思う。でもお互い手探りのときだったから。「総合」そのものも手探りだし、司書の活動も手探りだし、かかわり方も手探りだったから。それこそ私は教育学の部分は空っぽなわけやから、「あ、こういう学びをしてるんや」っていうのを分かりつつかかわっていけるっていうのは、学校司書として育っていくときにもすごく役にたったかなぁ。

　なんか子どもに聞かれても学校に本がなかったら、どっか博物館やら資料館に問い合わせて答えを聞いて答えを渡すこともできたわけよね。で、そういうもんかなって最初思ってたときに、あれ？　違うなぁって、自分で。これ渡したらあかんよなぁって。博物館の電話番号を言うとこまでにしようか、いや電話番号の調べ方を教えようかっていうふうに、自分も気づきながら仕事をしていけたっていう感じかなぁ。

髙木：じゃあ、先生からご覧なったら学校司書の専門性っていうのは、司書の専門性がメインで、それにその学校が目指している子どもの育ちっていうものに添うような形でサービスをする。図書館としていかに取り組めるかっていうことを判断できる、そういう力のある人が求められるということですか。

A：ただ合ってるかどうか別として、いま、現状ね、見てたら、それを全部図書館司書にだけ担わすということは……。どう言うんかな、「図書館司書はこう

いう風な資質をもってほしい、専門性をもってほしい」っていうのは、とっても言いづらいんですね。

　というのは、逆に教師のほうがそこまで、「図書館司書の活用の仕方」というたら悪いけれども、図書館司書の役割りというのをきちっと理解してるのかな。配置されて何年もたって、そこにいることが当たり前になって、「これしといてもらったらいいやろ」みたいなことになってないかなぁというのは思うから。

　いま、図書館司書の先生にこれだけ自分の専門性プラス子どもの育ちみたいなところを把握してくださいっていうのだったら、先生たちは子どもの育ちというか、自分の専門性プラス図書館の専門性も把握せなあかんねんね。知らなあかんねんけども。

　その両方が、双方ができてるのかなぁ、というのは……思いますが。自分もできていたかどうかは、わかりませんけど。

●『学校図書館活性化マニュアル』作成にかかわって

東谷：私たちは公共の司書の資格で入ったので、教育のなかにいることとか、どんな子を育てるのかということを考えていかなきゃいけないと、だんだんわかってきた。先生は最初、岐阜に行かれたときから学校図書館観が揺らいでないなというのが感想です。

A：でも箕面がそうやったでしょ、きっと。

清水：『マニュアル』があったからかなぁ。これが大きいかな、やっぱり。

東谷：これを先生方が作られてた。すごい考えられたあとに司書が来ましたでしょ。

高木：先生方がその『マニュアル』の前の「提言書」[5]のときから学んできて、ある程度学校図書館の共通するイメージが、この委員会の人たちのあいだで作られつつあったっていうことは、あとから入った司書としてはすごく有難かったんです。何言っても、「ああそうやねぇ」っていって受け入れてもらえたっていうことが。ただ、先生はこの『マニュアル』にかかわったけれども、これの問題もインタビュー前に言われてましたよね。これは、なんで加除式になってるのかって……。

A：だから、ね。毎年付け加えていったらいい、総合的な学習でも何でも、やったことを付け加えていけるように加除式になったんでしょ？　冊子体にしないで。

髙木：ええ、そういうふうに私は聞いてます。

清水：指導書と同じ扱いっていうふうに。教科書と一緒。

A：だから、そう、1回か2回か、なんか足したような気がするんですよ。

髙木：ありましたね、はい。付け足しました。

A：ね。だけども、それ以降これは、私のなかで、悪いけども、この辺に置いたままになってて使ってない。

髙木：うん。それはなぜなのか。

A：とくにこの最後のここね。図書館の使い方のところ、運営に関するところ。[6]総合的な学習、いわゆる調べ学習と読書活動のところは、まぁ、いいじゃないですか。ここを元にしてみんな、たぶん自分のなかで発展していってるから、ここに入れる入れへんは別としていいねんけども、この運営に関するところ。ここはどうなんやろ。

東谷：作ったあとに司書がついたっていうことで、この部分を随分司書が担っていった。

A：うーん。教員がまあいうたら、逆にしなくてもいいということに。これも司書の人の役割りやみたいな感じになっちゃったていうことか。

東谷：それはやっぱり、そういう職種として入れられたんだから、そこでおこなわれる教育の中身じゃなく、管理運営的な部分、ほんとに管理したり運営したりする部分は、そこは司書が「こんな仕事を担ってますよ」っていうのをお伝えするのでよかったのかなと。

A：でその、あれかな、利用のいちばん最初にオリエンテーションするようになったのも司書が入ってからやね。それで、図書館の使い方は教員は、担任はしなくてもいい、司書がしてくれたらいいと思うようになったということ……。

東谷：うん、しなくていいと…。

髙木：ちょっと戻りますが、この『マニュアル』が授業の指導書と同じような扱いとされ、加除式にもなっていたのに、それが深められなかったっていうのは

……。

A：このときはプロジェクトが立ち上がったんだよね。この『マニュアル』作る
　　ときはね。で、これが次、どこに引き継がれてる？　市教研の図書館部会に引
　　き継がれてる？

髙木：うーん、引き継がれてないんじゃないでしょうかねぇ。（注：この認識は誤り。
　　巻末注参照のこと）[7]

A：じゃあ、誰もこれをあとで見直さへん。

東谷：やっぱり、作るときの力と、それを同じ思いをもって継続していけるかど
　　うかっていうのは……。

A：だから、この実践をしてこれに載せた先生とか、その学年の人たちはすごい
　　思いがあるんよ。「図書館を使って、図書を使って総合的な学習をこうしてい
　　きましょう」っていうので、すごく思いがある。きっと。でも、わかれへんけ
　　ども、これをやったその年度の2年生の担任の先生たちの思いが、次の2年生
　　にどう繋がってるかいうと、繋がってないねんね。

　　　それか、もうちょっといいように思ったら、この「生き物を育てよう」って
　　いう単元は、これを見なくても生活科のなかで、だいたいこういうふうにやっ
　　てる。で、「図書館に行ったら、こういうふうな本があって使えるよ」ってい
　　うことを知ってるから、もう別にこれを読んで、これをマニュアルにして授業
　　しなくても生活科なり総合的な学習はやれてる。でもこれ見たらもっと深まる
　　んだけども、ま、「見なくても、図書館に行ったら、調べ学習室に行ったら本
　　があるやん」、ていうふうになってるの"かも"しれないですね、もういまは。

髙木：先生は、『マニュアル』の「読書指導に関すること」にかかわって、すご
　　くそのことで役に立ったっておっしゃってましたが。

A：私は本が好きな子どもではなかったので、新しく読んだ本がいっぱいあって
　　おもしろかったですけどね。でも、それもやっぱり、私のなかにあるだけで、
　　それをどう広げたかいうたら、私のなかっていうか……。そのときやった「お
　　はなしシャワー」のメンバーは、まあ読みあさりましたけれどもね。でも、そ
　　れだけであって、それを『マニュアル』に入れてまでっていうふうには思わへ
　　んかった。

● 教師への道

〈子どものころのこと〉

髙木：ちょっと図書館から外れて、先生の新任のころのことをお尋ねしたいんですが。

A：後ろに10人しかおらんかったころの（笑）。それが象徴しているように、ガチャガチャでした。

髙木：アンケートに、「小学校の担任にあこがれて、教育実習に行って確かなものになりました。」と、書いてくださっているんですけれども。

A：はい。私ね、小学校のね、1年生と2年生のときの担任の先生がM先生っていう、もうその当時で、私の母よりも年上やったと思うんですよ。とってもね、穏やかーな先生やったんですよ。で、穏やかーな先生なんだけど、とっても厳しかったんです。それこそ、文字の「跳ねる」「止める」を間違えたら絶対マルくれへんかった、とっても厳しい先生だったんだけれども、いつも表情が穏やかーな先生やって。私はあんまり自分のなかで記憶がないんだけれども、うちの母や父は、「おっきくなったら、M先生みたいな先生になんねんって、あんたずっと言うてたで」って言うんですよ。

　いまも私覚えてるんだけれども、私は長女やから、わりになんていうのかなぁ、期待されるというか。その……、できて当たり前じゃないけど、ね。妹らは好きなこと言うて許されてても、「姉ちゃんでしょ」っていうような感じで。

東谷：「長女はこうできてほしい」って思われてますよね。

A：そうそうそうそう。だからいまも一緒だと思いますけれども、喧嘩してもお姉ちゃんが怒られるっていうあのタイプ。で、妹から言わせるとまた違うと思うんですよね。「姉ちゃん、得してる」って言うんですけれどもね。それ両方の言い分があると思うんだけれども、そんなふうに育ってたから、M先生が丸ごと、なんか受け止めてくれはったって言うんかなぁ。あの、べつにお姉ちゃんやとか妹関係なく、一人の自分のクラスの子どもとして接してくれてはったみたいな感じで、自分も穏やかでおれたんですよ。で、なんかそんなこと言うてたらしいんですけどね。だから、それがまあ一つかなぁ。影響があった先生っ

ていうのは、M先生がいちばん大きいですね。

髙木：それが教育実習に行って確かなものになった。

A：小学校の教育実習に行ったときは３年生に行かせてもらったんだけど、その
　　ときの担任のN先生が、M先生とすごく被ったんですよ。厳しいんだけど、とっ
　　ても穏やかーな先生でね。で、小学校と中学校と両方教育実習行ったんだけれ
　　ども、小学校が先で中学校が後に行ったと思うんですけども、小学校行ったと
　　きからもう「小学校の先生になろう」と思ったんですよ。だから、そのM先生
　　とN先生、その二人の先生。

髙木：穏やかだけれど、厳しい。

A：そう。感情で叱らはらへんのですよね。

髙木：じゃあ、そこの学級の雰囲気っていうのも？

A：ガチャガチャでした（笑）。だからその、さっきの「寝転んでるけれども聞
　　いてるよ」っていう、そのね、たんぽぽ文庫のお話会の人がそんなふうに言わ
　　はること。M先生もN先生も叱らはったけれども、その子たちをこう、なんて
　　言うの、排斥せーへんっていうの。「あかーん」って言うて怒ってはるんだけ
　　れども、叱ってはんねんけれども、こうしてはる（抱きしめている）っていう
　　のは自分のなかであるから。

東谷：それ伝わってるって、すごいですね、子どもにちゃんと、それが。

A：うーん、いや、だからそれは、そのときに思ったんか、私がずっと大人になっ
　　てから自分がどんな先生になりたいかと思ったときにそういうふうになったん
　　か、どっちかわかんないんです。自分はそういうふうにできなくて、もう感情
　　でずーっと怒ってるけれども、なんかのときに「ああそうやなぁ」って。で、
　　そのたんぽぽ文庫さんの話聞いたときも、「ああそうやなぁ」って。「そうある
　　べきなんやなぁ」とかいうのを、いつも、その、戻してもらう。

髙木：ああ、じゃあ本当に原点ですね。

A：だから、それ……ですね。まあこれはもう余談ですけども、まあ、姉妹も多
　　かったし、大学行きたいいうとき、まだそのころって大学行く人って少なかっ
　　たじゃないですか。

髙木：そうですね。

A：ね。みんなが、いまみたいに行く時代じゃない。だから親は学費のこともあって、「受けてもいいけれども、まず国立やないとあかん」と。「浪人は、許さん」と。許さんっていうか……。だから、もう一発勝負で受けるしかなかったんですよね。そやから、あのころ、一期校、二期校あってね。

東谷：国立一期、国立二期。

A：そうそう。で、一期校落ちたから、二期校のなかから探して受けて、まあ通ったから、それもあるんですよね。教育大を通ったっていうのもひとつあると思うんですよ。で、実習行ったからN先生っていう、より具体的な先生に出会った。

〈父のこと〉

髙木：それと先生は、アンケートの「その他」のところで、「続けたい仕事であったから」って書いてくださってますが、同じ位の年の者として、けっこうその時代、私のまわりは結婚したら仕事を辞めて専業主婦になる人が多かったんですね。そのなかで、教師を目指す方っていうのは、一生の仕事にしたいっていう思いが強い方が多いのかなと思うんですけど、やっぱり……。

A：続けたいっていうのはずーっとありました。辞めるっていう選択はなかった。思ったよりきっとおもしろかったんやと思うんですよね。だからいまもずーっとそれがあるから、なんか私からこれを取ってしもうたら何にもないなと思うぐらい、なんかその…。ま、そのころって、みんなほら、いま言うてるみたいに結婚で辞めることはあっても、転職することって考えなかったでしょ。

東谷：なかったですね。

A：いまの若者のようにね、「こっち嫌やから、もう辞めます」みたいに。

東谷：もう会社入ったら、その会社。

A：そうですよね。それはありますよね。それは…。それに私、父の影響もあるかもわからないんですけれどもね。さっき言うたけど長女やったでしょ。四人姉妹の長女。父親は何にも言わないけども、何にも期待してるような言葉は言わないんだけれども、自分が一生懸命仕事してるでしょ。うちの父はもともと、九人兄弟のいちばん末っ子なんですよ。で、いちばん上のお兄さんが、それこそ昔でいう跡取り。だから自分はいちばん末っ子やし、自分の好きなことしようと思って、

工業関係が好きやったから工業学校に行ってたんですよ、高校のとき。そのときに、いちばん上のお兄さんに赤紙が来たんですって。それで戦死したんですよね。で、自分が男一人になったんですよ。それで、急遽、跡取りになった。家は農家やったからね、跡取りっていうか、農業を継ぐことになって。

　で、自分は電車かな、そういう機械類がずっと好きでしたわ。だから、車も自分でなんかいろいろ触ってましたからねぇ。まあ好きやったけれども、でも結局農業した。で、私たちが育つなかで、いろんなことさせてくれましたねぇ。で、なんせ「勉強せい」っていうのは、よう言うてましたわ。「やりたいことやれ」って。

髙木：あ、自分の果たせなかった夢を子どもたちには……。

A：うんうんうん、なんか、そうなのかもしれませんね。中学入ったときに英語の辞書っているんよね、中学から英語が始まって。そのころはね本屋さんて、隣の市まで行かないとなかったんですよ。虎谷書店っていう、忘れもしない、そこまで行かないと本屋さんなかったんですよ。そのころ父は軽トラックに乗ってたんですけれども、そこまでね、辞書を買いに連れていってくれたんですよ、私が「要る」って言うたら。暗ーくなってましたけどね。その英語の辞書は、私も妹たちも皆使いました。そういう父やったんですよ。

　だから、勉強することとか、学ぶこととか、やりたいことは……。ピアノも習わせてくれた。送っていってくれるんですよ、日曜日にね。そのかわり、「行かへん」って言うたら、枕蹴とばされました。「起きろ」って言うて。うん。そういう父やったんですよ。で、自分は農業しながら、それこそ畑仕事ばっかりしてました。だから、そういうなかで育ってるから、したい仕事を辞めるという選択はなかった。で、教師になったらまたおもしろいじゃないですか。後ろに 10 人しかついて来ないけどね（笑）。

髙木：言葉ではあんまり表さないけど、お父さんの気持ちとか……。

A：きっと、そうなんでしょうねぇ。「こう思てんやろなぁ」っていうのは、うん。

〈自立について〉

髙木：そうですか……。いやぁ、私は、「続けたい仕事」って書いてあったから、

もう、自立した女性を目指してたのかなぁと思ったんですが。

A：ああ、自立した女性を目指す、それはありましたよ。勤めてからですねぇ。それまで、そんなこと思わへんかったけれども。はじめは全然そんな思わへんかった。そう思うようになったのは、自分のなかで意識としてあるのは、担任外れてから。

清水・東谷：えー‼　そうなんですか。

A：担任をしているあいだは同僚としてずーっと一緒にやってるから、全然、「男」や「女」や思わないでいけるじゃないですか。それが担任外れて、いわゆる、なんていうの、いろいろな会合とかに出るようになったら、「男」「女」でこれだけあるんやっていうのを、直に感じましたね。

髙木：学校の先生はわりに、「男」「女」っていう意識なく同等なのだと思ってました。

A：でしょ。そんな意識なく、やりたいことできるし。

髙木：外に出てったときに、すごく感じたんですか？

A：うん。だから、その、いまでいう人権担当や同和担当をやって、箕面市以外のいろいろな会合に出ていったときに、みんな男の人やねんね。ほとんどが男の人。だから、「えー？」っと思って。例えば、いろいろな大会で舞台に上がる人って男の人。たまに女の人がポツポツいてはって。

　私、イ小学校でも後半は女の教頭先生やったしね。ハ小学校もそうだったし。で、ニ小学校に来たら、もうなんか女性パワーすごかった。そう、あのメンバーはもともとイ小学校にいたメンバーだからね。そこで鍛えられたんですけどね。だから、「なんでぇ⁉」ってすっごく感じたところはありましたね。ちょっと何回か悔しい思いもしたし（笑）。

髙木：はぁ……。そうですか。

A：担任しているときは、主任制闘争だとか、混合名簿のことだとかがあって。そのまあ言うたら、さっきの「あいうえお順」とかっていう時代があって。で、それを反対する人がいてて。こっちは男女混合で並んでて、こっちは男女別に並んでて。まだいまも一部あるけどね。そんなこととかも、まああった。

　だから自立はいっこもしてないんですよ。いつも誰かに寄りすがってて。寄

りすがってるっていうか、逆に「一人じゃ何もできないな」というのを痛感したのもそうやしね。いろいろです。

●子ども観

髙木：さっきからちょっと出ている子ども観ですが、どんな子どもに育ってほしいかっていうこととか、子どもに対する思いとか、考え方とか、教師としての子どもへの指導とか、そういうものは、あの……変化はあったんですか？

A：変化ねぇ……。子ども観ねぇ。子ども観が大きく自分のなかで、「こんな子どもでないとあかん」っていうか、「こういう子どもになってほしい」と思ったんは……、それぞれですね。（少し沈黙）やっぱり、「個人」があるんですよ。「この学年」とか、「この年代」とかじゃなくって、いろいろな事情を抱えた「この子」との出会いなんですよ。その子どもを担任したときに、「生き抜く力をもってほしい」とか、「仲間と楽しい学校生活を送れる子になってほしい」とかを、「この子」に強く願ったときかな。それから二小学校に来て、いろんな立場のある子どもたちや保護者の方と出会ったとき。

　そりゃ算数できたほうがいいですよ、国語できたほうがいいですよ。けれども、「この子たちが将来きちっと自分の道をつくれるようになってほしい」と思った。だから、さっきの「おはなしシャワー」にしろ、「説明文シャワー」にしろ、読解力がないとか、家庭で読み聞かせが十分でないというなら、「じゃあ学校でしよう」という発想から始まった。勉強はやらなあかんから、とことんやらせましたよ。同窓会したとき、「先生、給食食べさせてくれへんかったなぁ」て言われたんですよ。「え、そんなことあった？」って言ったら、「誰かが宿題やってこなかったから、これできるまではみんな食べさせへんて。みんな待たされたやん」と。「え、そんなことしてへんやろ」て言ったら、「したー！」って言われた（笑）。

　二小学校で、「総合」じゃなくて「人権総合」の話が出たとき、この結果が出るのは20年後やと言われた。今日勉強したからといって明日テストの点数がよくなるとか、その子がため口もきかずいい子になるとか、さっきの「おはなしシャワー」で寝転がってた子がお行儀よくなって先生の話を聞くとかでは

ないと。けれども 20 年後、どう育つかを見ながらの学習やと言われて。

　梶田叡一[8]先生だったかな、教科の勉強はいわゆる野球でたとえたら、キャッチボールとか、バッティングの練習とか、そういう基礎練習やと。総合的な学習は練習試合やと。例えばキャッチするとか、投げるとか、打つとか、という基礎練習をしたことをどう生かすか。総合学習や生活科というのはそれの練習試合。で、社会に出たときに試合をする。その梶田先生の話もストンと入ったんですけどね。だから教科の学習もきちっとしていなければ練習試合はできないでしょ。でも、教科の学習だけしていても、社会に出たときに、練習試合をしていなければこれをどう使っていったらいいかわからない。

　「ゆとり、ゆとり」ってゆとりが悪の巣みたいに言われてるでしょ。ちょうどいま、私がかかわっている大学生が実習に行ったらそこの先生に「いろんなこと知らへん」「あんたら、ゆとり世代の子どもやもんな」て、言われるて。そう言って帰ってくるんですね。私は、「ゆとり世代ってどんな世代なん？　ゆとり教育ってどんな教育なん？　ゆとり教育っていうのは生きる力やで。」て言うんです。自ら考え、自ら行動し、自ら判断して問題解決していく。それをゆっくりつけていくために、いわゆる教科の中身を減らしたりして時間の余裕をもたせて、総合学習とか選択授業とかが生まれてきたはずでしょ。そこをきちっとみないで「ゆとりが悪い。学力低い」とか、「教えてもらってへん」とか言われる。いまの若者の姿を見てそう思うから、私たちの責任なんだけどもね。「それは違うで」って言うんですけどね。そしたら、「先生、それ実習先の先生方の前で言うて」って言うから、「あんたたちがその姿を見せてへんからちゃうか」と言うんですけどね（笑）。

　人権総合学習で目指したそういう子どもっていうか、若者が育ってほしいなと思うから、いまも気になりますね。自分が担任してた子たちがどうしてるかなぁって。いいんです、ため口聞いても、やんちゃやっても。いっぱいやってたから。けど、やっぱり、「ここ」というところで、「あかんことはあかん」って言ってほしいなと思うし、行動してほしいなと思っているんですけどね。だから、自分のなかでは図書館を使った授業もその一つだった。「便利」と言ったら言葉は悪いですけど、すべてのものを駆使して子どもたちにそんなものを

目指せたらいいなと。

髙木：そういう思いをもって図書館を活用してほしいから、だから、なんでもかんでも親切にではなく、学ぶ力が子どもたちにつくような図書館の対応を小学校図書館としては……。

Ａ：小・中学校、とくにいわゆる義務教育というところではそういう力をつけてほしい。だって、いま、至れり尽くせりというとことがあるでしょ。させてしまうんですけれどね。

● 教師の力量

〈子どもをどう見てどう育てるか〉

髙木：教師の力量として、どのようなものが重要だとお考えですか？

Ａ：私はやっぱり「子ども理解」。子どもをどう観てどう育てるかが、全部当てはまる。

　誰にとって分かりやすい授業か。研修に行って思うことなんだけど、一読総合法とか、タイルを使った足し引き算とか、いろいろな指導方法はあるんですよね。でも、それが教師の自己満足になっていないか。例えば、３たす３は６とするときに、３と２を合わせて５のかたまりができる。で、５のかたまりと１で６になると考える方法がある。みんなにこの教え方をするのか。例えば「３とそれから４・５・６」と数える子もいる。でも、先生は「５のかたまりをつくる」と教える。一つの方法を教えるのは先生にとっては整理できるんですよ。だから５のかたまりと３で８になるとか。でも、次の「引き算」の学習につながるのかどうか。子どもの思考にあっているのかどうか。そんなことを確かめず、「学校として同じ教え方をしないと、子どもたちはクラスが変わったり学年があがったりしたとき迷うから」と言う。それは分かるし、それでいいのだけれど、じゃあこれが一番いいのかどうかという論議をしないと。先生には分かりやすいと思っているんだけど、子どもにとって、ほんまに分かりやすいかどうか考えないと。

　いま、「自分で考えて、少人数でグループ討論して、全体で練りあげる」授業にどの教科もなっているでしょ。それにピタッと当てはまって、子どもが「あ

あ、なるほどなあ。Aちゃんの考えよかったなあ」と思うものもある一方で、むりやり先生がその手法だけ真似て、いったい「何を共有することが大事なのか」にいかないで、「この順番でいけば子どもたちの理解が深まるとか表現力がつくんや」というのになってしまっている場合もある。それは、「先生にとって分かりやすい授業」になっているんです。本当に難しいことだけど、ほんまに「子どもにとってどうなのか」というのを考えて授業を創って欲しい。難しいですが。

　自分がやった授業のなかで思うからね。さっき言ったように、研修会で知った方法をそのときは「これいい、やってみよう」、先生たちとも「やろうな！」と言うんだけど、長続きしない。うまくいかない。いま思うとそうなんだけどね。そのときはそれが一番いいと思うでしょ。だから教師としての力量は、子ども理解だと思う。子どもを理解したうえでの指導力だと思う。

　さっき言ったように、この同じ10冊の本が今年の2年生にはフィットしたけど、来年の子どもにもフィットするだろうというのではない。結果としてフィットすることはあるけど。

● 管理職の立場

高木：私の場合、前任校でも先生方は図書館は活用してくれていたんだけれど、学校全体で図書館の活用を研究してみようというふうにはなりませんでした。10年くらいまえのことですが前任校で図書館研修を組んでも、情報教育の話を大学の先生にしていただいたときにはあまり反応がなかったのが、朗読の先生に来ていただいたときは「おもしろかった」と言われ、思うような図書館活用研究の雰囲気にならなかった。

　でも、A先生が教頭であった**ホ**小学校に異動になった2002年は、総合的な学習、翌年は司書教諭の発令があるという時期でした。それで、先生たちが新しい教育課程に向けて改革をしていこうという一致団結した雰囲気のなかに入らせていただいて、すごい勉強になりました。その辺のところを、管理職としての先生にとくにお聞きしたいと思っていたところです。

A：私が**ホ**小学校に来るまえの年に、箕面市で総合的な学習のプロジェクトがあ

りましたよね。ニ小学校は人権総合がすでに形になって8年くらいになっていたんだけど。……怒られるかな……。そのときにホ小学校からプロジェクトに出ていたO先生の話を聞いていて、どうも話があわへん。O先生も専科担当だったので、自分で実際に総合学習をしていなかったからだと思うけれど、「それ総合じゃないでしょ」と思ってました。

翌年、ホ小学校に来たけれど、本当は総合的な学習はどこの学校も動いていたはずなのにホ小学校ではそうではなかった。私がホ小学校に行くことが決まったとき、O先生が「ホ小学校は一周遅れの先頭やろ？」と、そういう言い方をしたんですよ。何もしていないから一番だったんですよ。そうやなあと思った。5日制も含め、学校自己診断もしていなかった。そこからの始まりでした。「学校自己診断しなさいと言われる年にするのは嫌やろ。来年したら言われてすることになるから、今年したらそのほうがいいやろ」て言って、私の「人に言われてするのは嫌！　自分の意志で進みたい」気持ちで1年前にしたんですよ。一単位45分なので割り切れへん時間数が出てくる教科に関してはモジュール組んで、一周遅れを、ボルトさんじゃないけど、ピヤーッと飛びこした。

だから、学校自己診断は結果、箕面市内で一番にしたと思います。何にもしていなかったから、5日制に向けて、新しい教育課程に向けて「これせなあかん、総合せなあかん」て、全員がいくつかのチームに分かれてしましたよね。私、べつに何にもしていないんですよ。ただ、せなあかんけど、人に言われてするのは嫌だった。同じことするのでも、学校教育に関係なく自分の進む道（人生）も含めて、人に言われたからするという答え方するのがいちばん嫌いなんですね。自分の私生活を決めるのも自分で決めた。管理職も。管理職を受けることも上昇志向だと、あまりいい感情をもたない人がいたでしょ。「何で管理職になったんか？」とストレートに言われました。いろんな理由はあったにしろ、「自分で決めた」としか言わなかった。「人に言われてした」というのは受けいれられへんのね。

そのときのホ小学校の校長にも「学校ができてないことについて何も言わないように。職員室は誰でも入りやすいように、いつでも開けておくように。地域の人が来たらいつでもまず相手をするように。縁の下の仕事をしなければい

けない。」と、言われました。「そうか」と思いながらも私は黙ってられへんタイプやから、皆に「どう思う？」なんて聞きながら。当時、教頭は学校運営にかかわっていなかったんですね。だからしゃあないなと思いつつも、そのときは事務にP先生がいて、また専科の先生方がすごかったんよね……。O先生がいて、Q先生がいて、R先生がいて、このへんの人たちと時間割のこと、時間数の合わないところをどうするか、総合的な学習をどうするか、教科研究をどうするかなどいろいろ話しました。

　一周遅れの先頭やから、とにかく教職員も反対している時間がなかったんです。他の学校は2年くらいかけてやっていたけど、この1年で決めなかったら来年動かへんという状況だった。対案を出す時間もなかった。3つの部会にわかれて、提案は部会の先生方がみんなしてくれた。いちばん嫌がるトップを、総合学習はS先生、教科は少人数担当のT先生、学校運営のところはO先生がとってくれて、一目散に走った。みんなが持っているものを声に出していく。だから、私は何も言わなかった。

　あのころは何だかんだ言っても形になりましたよね。おもしろかった。それから、学校教育自己診断をして、それの結果を公表するための保護者説明会をしようということになったんだけど、PTAの委員さんに話したら、「昼なら私行けない」と一言われたので、説明会を昼と夜開くことにした。

髙木：私は体制が整った2002年にホ小学校に異動になったんですが、すでに始まっていた健康教育の研究授業もすごくおもしろかった。だから授業を見学している先生方も、「うちの学年でもやりたい」と思ったんだと思います。毎年、年度始めにどこの学年が何の研究授業をするかを決めるときも、健康教育は人気がありましたよね。

　教頭と校長の立場は違うと思いますが、同僚ではなく管理職になったから推進できたことってありますか？

A：ニ小学校で同和教育担当をしていたときは、担任してないし管理職でもないのに「推進担当だから言わなあかん」て言われたけど、先生方とは同僚の立場だったから「これしてください」「これ提案しなくてはいけないけど……」などとは言いづらいときもあった。でも管理職だったら、「せなあかん」と言わ

なければあかん立場。同じするんだったら、言われる前に「うちはこうします」と言いたい。モジュール、15分の研究授業もしましたよね。「15分で何をするんだ」ではなくて、「15分でできる授業をせなあかん」ということも共有することができた。

　嫌やけど言わなければならないこともある。「本意ではないが」とは言いたくないから、自分のなかで納得も含めて、学校にあうような形で。同じ形にするんじゃなくて、「こうやから、やろう！」というようになったらいいなと思っていました。

　子どもとの関係のなかでやりきれなかったことや、つらいことがいっぱいあったからね。「ここで、もうちょっと言っておいたらこんなことにならへんかったんとちゃうやろか」とか、「この一言で傷つけたんやろな」とか、「忙しいから」とか「あとでね」という言葉で無視したとか……。

　初めて話したこともある。63年の生きざまをいろいろ話させてもらいました。

髙木：長時間、ありがとうございました。

注 ────────────────────────

[1]「学校図書館運営の手引き（仮称）」作成委員会　箕面市教育委員会　1993年3月
[2] 阿川弘之／文　岡部冬彦／絵『きかんしゃやえもん』岩波書店　1959
[3] 箕面市立萱野中央人権文化センター「らいとぴあ21」内にある図書コーナー
[4] 学校図書館問題研究会第11回全国大会（岐阜）　1995年8月
[5] 箕面市学校図書館運営検討委員会『箕面市学校図書館の充実にむけて（提言）』
　　1990年9月
[6]「はじめて図書委員になったら」。図書担当になった教師のための図書館運営マニュアル。本の購入、受け入れ（原簿、分類、目録作成、装備）、貸出方式（逆ブラウン）、廃棄・払い出し、蔵書点検について書かれている。岡山市教育委員会発行の「学校図書館の運営の手引」を参考にしたと記されている。
[7]『学校図書館活性化マニュアル』は市教研の図書館部会に引き継がれてることが、後のC教諭へのインタビューであきらかになった。
[8] 梶田叡一：自己意識心理学、教育研究をはじめとする人間学の諸領域が専門分野。桃山学院教育大学学長。1989年8月〜1996年7月箕面市教育委員会委員・委員長。2001年2月〜2011年1月中央教育審議会委員、2011年2月〜2017年1月、2019年4月〜中央教育審議会臨時委員

B氏へのインタビュー

日　時：2015年10月15日（木）
場　所：B氏勤務校図書館
聞き手：髙木享子・清水理恵
B氏プロフィール：1963年生まれ。小学校教諭。司書教諭担当。
　　　　　　　　教員歴30年。

● 教師への道

髙木：よろしくお願いします。先生は以前、他市で勤務しておられたのですね。

B：はい、何年になりますかね……。16か17年講師していました。受からなくて、採用試験にね。11、12校は行ったと思います。だから、1つの学校にいちばん長くて3、4年ですかね。ちょっと行ってまた戻ってくるとか。箕面市に正規採用になって11年目です。

髙木：講師の先生っていうのは大変ですよね。

B：でもね、いま思えばクラスのことしかしていませんでしたからね。勉強しなくてはあかんと思いました。おかげでいろんな先生に出会いました。そのなかで学校図書館も誘われて。

髙木：司書教諭の資格をおもちになっておられますが、教員になってから取られたのですか？

B：他市で勤めていたときに。学校図書館のことを教えてくれた先輩の先生方も司書教諭の資格もってたし、市教研（市の教育研究会）の図書館部会に入っているあいだにもっと勉強したいなと思って。もってたらいいよと言われて、通信教育でとりました。またそこで、受けにきていた先生と交流して、「学校図書館見せてほしい」とか言われて。私、講師やのに3人来てくださった、図書館に。「人（学校司書）がいる図書館」をまったく知らないから見せてほしいって。奈良と堺の先生かな。そのときの司書の先生にびっくりされたんですけど、おもしろかったです（笑）。

〈教師への憧れ〉

高木：アンケートによると、教師という職に就こうと思われたのは小学校時代だとのことですが。

B：そうですね。

高木：「子ども時代、学生時代の先生にあこがれて」「子どもを教える仕事へのあこがれ」「教師以外の職業は考えられなかった」にチェックしてくださってる。小学校のときから、あこがれる先生がいらしたんですか？

B：1、2年の先生がとってもいい先生、いま思えば。優しい先生で。私けっこうね、変わった子どもやったと思うんですよね。いまも変わってますけど（笑）。2年生のときにね、なんか……、「やじろべえをつくりなさい」って言われたときに、私できなくて。多分、ねじるのがうまくいかなくてね。自分のなかでもう駄目だと思って、教室飛び出して家に帰ったりとか。お母さんに「あら、どうしたのかしら？　班でなにかあったの？」って聞かれても、私は泣いてて。で、先生が迎えにきてくださったり。

　　それから、男の子と大喧嘩して、授業中にバーンってその子を机のままグーンと後ろまでもってって。そしたら、後ろに先生が立ってて「何かあったの？」って。「2回言ってもきかないので、『もうやめて』っていうのをしました。うしろに押しました」って言いながら、ギャーって泣いてるんですけど。

高木：なんかその子が、ちょっかいを出したんですか？

B：私が「やめて、やめて」って2回言うてもその子がやめないから、もう実力行使やと思った。いま思えば、ちょっとそんな子って大変やなって思うんやけど（笑）。その先生は、絶対まず最初に「どうしてそうなったのかな？」って聞いてくださる。ダメなときは怒ってくださるんやけど、それはね、なんか受け入れてもらえてる感みたいなのが、子どもながらに。ほめてくださるところは、すごくほめてくださったりとか……。

　　だから、授業中に家に帰ったときもうちの母にもそんな厳しくは言わず、「突然でびっくりされませんでした？　実はこうで。焦ったんでしょうねえ」っていう感じのやわらかい先生。で、産休で違う先生が来たときに「違うな」って。

いま思い返すとああおもしろいなっていうのと、それにね私世話焼きやった
んですよね、ちょっと。ハーモニカできない子には教えたりとかね。

髙木：その時から教師の素質があった（笑）。

Ｂ：そうそう。「あなたはこうしないと」って教える。で、「自分のことしなさい」
的な感じの子どもやったんです。ケンカはするは、ハーモニカは教えるみたい
な。そんな子やった（笑）。

　中１のときのクラスが人生のなかでいちばん楽しかったです。私、あの思春
期で、学校生活でこんなに楽しいことがあるんだと身をもって体験したから、
私はそういう体験を子どもらにもしてもらいたいと。でも、中学校の先生は担
任といっても朝とＨＲと帰りしかない。ずっと見れるのは小学校。だからそこ
はもう絶対、中学生のときには教師になろうと思っていましたね。

髙木：中学１年のときのクラスっていうのは、どんな感じだったんですか？

Ｂ：いわゆる、変わった子が多いクラスでした。不登校の子もいる。たぶんです
けど、小学校で「大変やで」って言われて申し送りのあるような子が３人ぐら
い（笑）。お勉強もほんまにみんなできない。私は、**イ**（市）の南部に住んでい
ましたが、ごちゃごちゃ商店街があってね、下町のとこの子らが集まる中学校
やったんです。私も「こんな子見たことない」っていう子がいっぱいいました
から。そんなクラスやったけど、まず不登校の子が、はじめ休んでたのが来る
ようになった。で、いまでいう場面緘黙ですね。まったくものを言わない女の
子もいた。それで、やんちゃして走りまわっている子もいたけど、なんかね、
いたずらするときにその場面緘黙の子にも不登校の子にも、ちゃんと「おれら
が今からすること」っていうのを説明する（笑）。「守れよ」と。場面緘黙の子
が言うわけないのに、いま思えばですよ。その子はずっとうつむいているんで
すけど。不登校の子にも「お前はこういうことやれよ」とか。

　怒られもしたけど、いたずらをいっぱいしました。でもそのとき、全員でや
る。怒られるのも全員で怒られるようなクラスでしたね。ま、迷惑をかけたこ
ともいっぱいあったと思います。国語の授業に若い女の先生に甘えていたこと
もあったと思います。傷つけたかもしれないけど。１ℓのペットボトルに満タ
ン毛虫を捕まえてきて、何日もかけて。で、その先生が授業する前にふたをあ

けると毛虫がモソモソモソモソ出てきて……（笑）。「これはなんですか！」って言って、そのそばで泣かれて。で、みんな「えー！」って、割りばしで毛虫をもどしたりとか（笑）。先生が泣いたら、全員シーンとなったりとかして、「ちょっとやりすぎたかも」という感じになんねんけど……。

高木：エネルギーありますね（笑）。そのときに担任の先生の対応はどうだったんですか？

B：体育の先生でね、まあ笑ってましたね。で、「頼むからこれ以上してくれるな」と。なぜか私たちのクラスだけ教頭先生が社会科を教えてて。その教頭先生は担任の先生の恩師なんですよ、中学校の時代の。だから、「頼むからお前らも社会だけはちゃんと聞いてくれ」とか言って……。でも聞かなかったですよね(笑)。

　なんか、友だちを傷つけたりとか馬鹿にするようなことはいっさいなかったと思います。勉強ができなくても、「オレ、こんなんわからんしー」とか言うたら、「だからさぁ……」とかいうて世話をみんながやいてたかな。分からないとか、できないとか、変わってるとかは、全然……。なんか「みんな受け入れる」というのは、私は小学校時代にはなかった感じです。不思議なクラスでした。

　でもいま思えば、やっぱり担任の先生やと思います。卒業してからこの仕事について、そのときの先生が講師として呼ばれはったんですね。生指（生徒指導）の研修かなんかで。で、そのときに「先生覚えてはりますか」て言ったら、「あのクラスはなあ……」って、めっちゃ覚えてるって言ってはった。「なかなかバラエティーショーでしたね」って言ったら、笑ってはった。で、「不登校のやつおったやろ。あいつ、なんで学校に来れてたか分かるか？」「いや知りません」て言うたら、めっちゃ頭まっ金金の男の子が毎日……。私はそれ大人になるまで知らなかった。

高木：誘いに行ってたんですか！

B：そう。2年生もその子とクラスを離したくなかったそうなんだけど、離れたらじつは彼は学校に来れなかった。だから、「あいつのおかげや」って。でもそのこと、まっ金金の子は私たちに言わなかったからね。楽しそうにしてたし、「おれ、勉強わからへん」てずっと言ってた。けど、「かわいいな」ってみんなで言ってた。すごいしっかりした勉強がよくできる女の子が、放課後残って

教えたりとか。いろんな子がいることで、私はたぶん今この仕事に就いて、飛び出したりする子がいたり、悪そうな子がいても、わりとひるまずいけるかなというのはある。その中学、ありがたかったですね。

　　中1のときに、うちのクラスの野球部の子が喫煙してね、本当に怒られやってバリカンで丸坊主にさせられたら、担任の先生も丸坊主にしてた。やっぱりそういうことした子は、「先生にあんなことさしたらあかんな」てたぶん思ったと思う。一緒に丸坊主に……。ただ、その子の反省日記は私が書いたという……（笑）。「何を書いたらいいかわかりません」て言うから、「もう煙草はいっさいすいません」て言ったら、「もう煙草はいっさいすいません」て書く。「クラブ活動がんばります」て言うたら、「クラブ活動がんばります」て書く（笑）。……ていうお世話もしましたけど。おもしろかったです。

髙木：じゃあ、その担任の先生は子どもたちに寄り添ってたって感じなんでしょうかね。

B：怒ったらものすごく怖かったです。でもその怒っている視点は……。ま、あまりにも逸脱したら怒りはるけど、クラスに多分疎外されがちな子を仲間に入れてやってることに関しては、「お前らいいかげんにせいよ」というけど、すごい怒ったりはしなかったから……。いまでもその子らとは仲がいいです。うん、中1のときの友だち……。

髙木：その中1のときの一年間というのが、学校っていうものの……。

B：うん、なんかね、それはね、そのあといろんなしんどいクラスに出会っても、あんなクラスにいたってことはね、自分の支えになっているんですよ。そんなクラスにしたいというのもあるし。ときどき残念なクラスにやっぱりどうしたってなったときでも、自分たちが楽しかったという思いをもって大人になるのと、まったく無しで大人になるっていうのは、私は絶対違うと思ったから。うーん、たった一年かもしれないけど、人生のなかでそれはすごくおっきいかな。人と接するとか、ましていろんな人と出会っていくっていうのでは……。

髙木：学校時代っていろんな教科を勉強するけれども、振り返ってみると勉強のことよりも、友だちとの付き合いとか、先生の「あの一言」とか、そういうのがやっぱり心のなかに残ってる。

B：だから、例えばどんなにしんどいことがあっても、「自分はそういう一年を過ごした」ということはけっこう大きいと思うんですよね。思春期とか小学校時代に「楽しかったぁ！」っていう体験をもってると。私、小学校の時も4年生まで楽しかった。5年のクラスがいわゆるあんまりよくなくて。6年もね、ちょっとあまりよくないクラスだったけど、貯金でいけましたね。1年から4年のクラスで。

〈講師時代〉

高木：先生になりたてのころ、しかも講師という立場ではいろいろ大変だったと思うのですが。

B：私が教師になったときって、大阪府は教員採用試験の競争率は100何倍だった。[1] 2000何人受けて20人しか採ってもらえない。大学の先生も、本当に「かわいそうや、かわいそうや」って言うてくれはって。忘れもしない、初めて採用試験を受けたときも、テストの監督の方が「3教室で1人」て言わはった、受かるのがね。「3教室で1人やな」って。だからそんななかですから、講師で行くことも珍しいし。いま退職されている先生方が現場でバリバリやってる時やったから、私がポコッと2年生の教室に講師で、私がすでにその教室にいくのは3人目という荒れ荒れの2年生をもたしてもらったときに、もうみんなが「職員室にある出欠の札を返してくれるだけで嬉しい」って言ってくれて。本当にありがたいです。みんなが「大丈夫？大丈夫？」って世話を、世話はおかしい、教えてくださって。私、それこそ1000人規模の学校にポーンと1人で講師で行ったんですけれど、あらゆる先生が声をかけてくださって。もちろん教頭先生も。で、若い先生がいないなかで講師してるから、保護者の方も「元気があっていいです！」とか言って、まあプラスにとってくださって。確かに1対1の指導教官がついた覚えはないですけど、ことあるごとに「私の授業見においで」とか声をかけてくれて。低学年の担任でしたが6年生の先生に「授業見においで」って言われて、ひょこひょこ出かけたりしていたのね。

高木：じゃあ同じ世代、同じ年の先生はほとんどいらっしゃらない。いちばん近くて？

116

B：その時でね、7つか8つ上の先生がいて、「20代は1人」て言うてはりました。

髙木：そんな時代ありましたね！

B：そう。だから手取り足取り教えてもらいましたね。また学校が変わるといろんな先生と出会って、次の学校では図工のものすごい先生に出会って、図工部会（市の教育研究会図工部会）に行くって感じで。だから考えてみたら、積み上げていったのはあんまりないかもしれないけど、行くさきざきではものすごくいい先生に出会いましたね。

髙木：いまは逆に若いフレッシュな先生方が増えてますね。

B：まさしく。いまの若い先生は大変やと思う。私ね、連絡帳のことがわからなかった。「連絡帳って何書くんですか？」って。「これよ。私の書いた、これを書いたらいいよ」とか教えてもらった。

髙木：そうですか……。なんかすごーい講師時代。じゃあ、市教研以外にもいろんな研究会に？

B：えっとね、大人教（大阪府人権教育研究協議会）には行ってみました。「行ってみない？」て言われたら、私はひょこひょこ行ってました。で、市教研の学校図書部会に行って。それから府美研（大阪府公立小・中学校美術研究会）にも行ってました。算数とかも……。ただ系統立てて行けてないので、抜けてるところはいっぱいあるかもしれないです。

髙木：それと、先生はアンケートの「教育実践上の経験」で、「ご自分の実践や教育に対する考え方に影響を及ぼした」っていうところに印をつけてくださっているんですけれども、そういう意味では講師時代いろんな経験をなさったのでは？　どちらかというと、ま、ちょっと問題のあるというクラス、といったら言い方が悪いですが……。

B：そのとおりやと思います。大きな課題のある……。

髙木：そうですね、大きな課題のあるクラスでやっぱり子どもに対する考え方も。先生があの……、アンケートの「教師の力量としてどのような」っていうところで、対子どもに関しては「子どもを尊敬する」って書いておられた。やっぱりそういう姿勢っていうのは子どもに伝わると思うんですけれど、そういう大きな課題をかかえたクラスの子どもたちと対峙するとき、そういうところで学

び取ったというか、身に着けていかれたのですか？

B：うーん、そうですね、なんか……。（少し沈黙）うん、そう、そうやと思います。最初の、3人目の講師として行ったクラスも「前に倣え」ができなかったとか、「ひまわりの観察行くよ」っていったら学校中どこへ行ったかわからなくなるとか、そんな好き勝手なことをする人たちで。そのときは教頭先生が飛んできて、「先生、あかん、あかん。そんな自由にさせるようなことをやったらいかん」て言われて。6年1組の教室から引っ張ってきて、4年1組から引っ張ってきて……とか。ほんとに、前の先生がまったく教えずに1、2年きてた子たちやったから……。でもね、だんだん、どういったらいいんでしょう、クラスとしてまとまっていく感じというのは、うーん、すっごい嬉しかったですね。それで、ちょっとインプットされちゃったというか。ま、でも講師時代は6年には行ってなかったですから。2年から5年ばっかりやったから。

髙木：「どうしてそんなことするの！」みたいな叱り方はしなかったんですか？

B：若いときは、たぶんそうやったと思いますわ。そんな厳しくぎゃーとは言わないにしても、やっぱりわからないからしゃべってしゃべってやってたことはいっぱいあるけど、いろんな先生が教室のぞいて「喉は大丈夫？　そんなにしゃべらなくても子どもは聞くよ」って。「いや、聞きません！」て言うたら、「あなたが大きな声を出す。子どもが大きな声を出す。お互いに出す、出す、で教室が騒がしくなるから一度だまって立ってごらん」て。で、立ったら静かになるとかね。なんかその、小さいスキルをたくさん教えてもらいましたね。

髙木：試行錯誤しながら関係を作っていくということ。

B：ですね。うーん、そうやと思います。だから、やっぱり子どものことをいっぱいいっぱい傷つけたりとかしてたと思います。さすがに体罰みたいなことは絶対したことはないんですけど、言葉の暴力みたいなことを言ってたなって、思えば。若いときなんかは勢いで言ってたこともあったと思います。でも、その瞬間瞬間で「ああ、いまのは良くなかったなあ」とか思いますね。

〈正規採用になって〉

B：だからここでいうとね、私、いろんなクラスをもってきたのに、正規採用に

なって箕面で最初にもたせてもらった5年生が、もうすさまじいクラスやったんです。まったく指導が入らない。いわゆる、もうほんとに大変な子がたくさんいるなかで、クラスがしんどくなりますよね。クラスがしんどくなったときに、A先生にも入ってもらったり、C先生にも入ってもらったりしてやったときに、やっぱりA先生なんかが授業したら瞬間とはいえパッと子どもが変わる。「えっ、なんで！」と思って。

「Bさん、見てたでしょ。グループワークができないってのが、いまのあなたのクラスなんだよ」って言われたときに愕然として。そのときは、「そんなことない、そんなことない」って言う自分もいたり、「なんでかな、なんでかな」って言う自分もいたんやけど、やっぱりクラスがうまくいかないなと思って。いまのやり方じゃ絶対だめだと思って、自分がいちばん経験のある中学年をさせてくださいって校長先生にも言って、翌年は2年におろしてもらって。

もう一回、自分の授業スタイルとかクラスのなかで大事なことを確認して……。で、この2年で上手くいかなかったら私は仕事、ほんまに辞めようと思ってました。

髙木：まぁ！　講師の時代に課題の多いクラスをたくさん経験なさってて、箕面に来られて正規採用になって、それで「これがダメだったら辞めよう」と思われたっていうのは？

B：辞めるというよか、「してていいのかな」と思ったりしました。やっぱり、そのときの5年は衝撃でしたね。自分のなかでも、変な言い方、逃げ場がない。講師やったら、例えば上手くいかなくてもべつにもう「辞めます」って言えば、市教委の先生はよい印象持たないにしても次に移れますよね、移ろうと思えば。したことはなかったですけど。そういうこともできたけど、今度正規採用になって失敗は許されないのに「これどうなんやろう」て、自分のなかでもう頭いっぱいになるし。

ゆったって、隣の市から来てまったくやり方が違うんですよ、いままでのと。10何年やってきたことなのに、給食の準備ひとつにしてもまったく違いました。一つ一つの行事もまったく違うから。それにまず自分が順応しないで、クラスはもう不登校の子はいるは、いわゆる発達障害の子が2、3人いてたりとか。

で、児童が37、8人いましたわ。そのうえ、昼からは全部初任者研修に行かな
あかんていうので、なんか自分がリズムがとれないなかでちょっとしんどかっ
たですね。

　そのとき、私はすごくしんどくて、そこまで思ってて。でもね、私また何年
か後にそのクラスの妹や弟をもつことがあって家庭訪問行ったときに、おう
ちの方に「お兄ちゃんのときはすみませんでした。私もクラスうまくいかなく
て」って言ったら、お母さんが「いちばん楽しいクラスだったと子どもらが言
うてます」て。何人にも言われて。私の価値観と子どもは違うんやなとびっく
りしました。ようわかりません、だから……。うーん。

高木：子どもたちのエネルギーをこうやって（手を広げ）受けてたから。子ども
にとっては、ほんとに「受け入れてくれてる」っていう気持ちが感じられたん
じゃないでしょうかね。

B：やあ、どうでしょう……。当時私の指導担当のC先生が、「あんなに怒って、
よう子どもが逃げへんなあ」って言うてはった。私が始終怒ってたから。「あ
んだけ怒ってたら、ふつう子ども嫌になるで」て。「そんなに怒っていませ
ん！」って言ってたけど（笑）。……だから、振り返ったらそうで。

　で、その次の年2年生をもったときに、一人の男の子と出会って。初めはよ
う飛び出してたのが、ちょっとずつ教室に入ってくるようになって、ある時
ちょっと宿題をやったのに、彼を私は怒ったんですよ。「まだこんだけしかで
きてへん」て。で、彼が泣きながら「ちょっとやったこと、先生がほめてくれ
ると思ったのに！」って言って泣いて帰ったときに、「あ……、あ、またやった」
と。やっぱり、その……、自分の基準で子どもを見るから。例えばドリルは7
番まであるのに彼にとったら3番までは必死でやってるはずやのに。「まだこ
んだけしかしてへん！」って私がいうたことで、彼が泣きながら「ほめてくれ
ると思ったのに」って言って帰ったのを見て、その子その子を見なあかんのに、
「ああ、やってしまったなあ」と思って。うーん、だからそれからは絶対にちょっ
とでも増えたらほめて、その頑張りを認めてやらんとあかんなって思ったりは
しましたね。

● 教師の力量

〈一人ひとりの持ち味を大事にする〉

高木：この教師の力量に関するアンケートで、「対子どもに関して」のところで「一人ひとりの持ち味を大事にする」って書いてあるのがそういうところなんでしょうか。

B：だから、教えてもらうことが多いですよね、なんか。「ごめんね」っていうことがいっぱい……、うーん……、ありますね。

高木：それから「子どもを尊敬する。一人の人間として見る。教師だからといって、偉そうにしない」ってここに書かれてるのはね……。いやー、なんかこの表現ってすごいなって思って。教師だから、子どもがちゃんと育ってほしいっていう思いはすごくあると思うんだけど。「子どもを理解する」っていう言葉もあると思うんですけど、「子どもを尊敬する」って。

清水：普通書くとしたら、「子どもを尊重する」だと思う。

B：まちがってるんかな。

高木：いや。それは講師の時代からも含めて、やっぱり教師になったときから？

B：いやいやいや、最初の若いあいだは「自分が子どもたちをきっちりしないと」って、ちょっとあったと思うんですけど、それも箕面に来てAさん（教師）とかいろんな先生に出会って、子どものことを話していくなかでやっぱり一人の人間として尊重しないとだめやんねーって。うーん、べつに教えたとはAさんは思ってないかもしれないけど。私はやっぱりAさんの言葉とか、子どもの見方とかで教えられた。「あ、この子は一人の人間としていまはまだ8歳かもしれないけど、いろんな力をもっている」とか。ほーんとに、私より数倍そらすごい子はいっぱいいます。

　私の教務必携に「子どもは、高いものにあこがれ、自分をそこまで成長させよう、前進させようとひたむきに願っています。身の程を忘れてと言いたいほど、伸びよう、伸びたいと思っています。[2]」とか、「『この子たちは自分をはるかに乗り越えて、未来の国をつくっていってくれる人なんだ』そういう敬意をもって、子どもという宝物に接していかなくてはならないと思います。[3]」って

いう大村はまさんの言葉がのっている文章を貼っています。これはA先生から教えてもらって、常に教務必携につけているんです。

　だから、あの、なんか「小さい」とか「子ども」だからっていう見方じゃなく、人間として。そら、私より正しいことを貫く子はほんといるし。強いものに向かっていくっていうのは。私、自分が子どもやったらよう言わんな、ていうことを言う子もいるし。

高木：ご自分の教育観とか、教育観の土台を作ったのはいつの時代ですか？

B：それはやっぱり、箕面の初任校が大きいと思います。

高木：そうですか。ということは40代ですか？

B：はい。そうだと思います。

高木：やっぱり講師ではなく、正規になったということがあるんでしょうか。それともA先生とか先輩の先生との出会いのなかで？

〈全学年を経験して成長過程が分かる〉

B：多分20代に教師になったとき、講師時代はぼんやりしてたと思います。子どもの見方がガラッと変わったってことはないと思うんですね。いつも本気で子どもとも向き合ってきたんだけど、ぼんやりしてたものが明確になったのは、明確というか「あ、こうだな」って思えたのは箕面での初任校の7年間やと思います。よくないところも分かったし、逆に絶対揺るがずにもっとかなあかんことも明確になったのは、私はあの学校やったと思います。うん。

　それは子どもの出会いも。私、絶対6年生はもちたくないと思ってたんですね。絶対高学年は自分には向かないと思ってたから。それを後押ししてくれたんも、初任校です。だから私はあそこで初めて6年生をもって、「ああ、高学年てほんまに楽しいし、いろんなことが私も学べる」っていうのをあの学校で学びましたね。だから、私まだ1年生はもったことないですけどね、1年間は。講師のときに半年ぐらいもったぐらいで。でも6年をもったことで、全部並んで子どもが観れました。

高木：あー、そうですか。

B：だから、「2年生の子がきちっと積み上げてくるからここ（6年）にくる。で

も、いまの6年生の姿はどっかで必ず何かにつまずいている」っていうの。「あ、この子は大人を信用していないな。きっとたぶん、低学年か中学年のときに押さえつけられてる」とか。「自分たちがしたいっていうこと全部つぶされてきてるから、あたしの言ったことに、そんなん絶対したくない！ って全部反発してくるんやな」とかっていうのは、6年をもたしてもらったときに全部見えた気がしました。うーん。だから今度2年に降りたときに、「いまこの子はきっちり受け止めてあげないと、こっちにいくなあ」とかっていうのは分かったかなあと思います。はい。

高木：だいたい高学年をもつ先生は決まっているように思います。5年6年、5年6年、ときどき4年ぐらいな形でね。

B：絶対それよくないと思います。6年のそこになるのに「なんでこうなんねん」っていうのは、低・中学年にあります。集団だったり、友だちだったり、先生との出会いがあるから。いまの6年も多分そういう歴史でできてきて、積み上がってきたことだから。だから、男の先生こそ私は低学年に行くべきやと思います。なんか、高学年ばかりもっている先生は悪いとは言わないですけど、とってもザックリです。細かいことを見たりとか指示が、やっぱりなんかこう……。だから逆にいうたら、私はものすごく細かいとみられていると思います。何するにも「あれはした？ これはした？」って子どもに確認する。できる子はいいんですけど、やっぱ抜け落ちてる子がいるんちゃうかなって思う。「そりゃ、しゃあないやん。聞いてないから」って言わはるけど……。

　子どもってね、なんか、失敗をずっと積み重ねてきてる子はずっと失敗するから。できたらそれはこっちが救えるなら救ってやりたいとかって思うけど……。

高木：小学校の6年間の成長って……。

B：おっきいですよね。だから、せっかくそんな6年間も幅のある教師になったんやったら、私は1年をもってみたり、3年をもってみたり、6年をもつ。全部経験して、そのときどきの学年で楽しんだらいいのに。なんか若い先生がね、6年をもつことがステイタスやと思ってる人がいるんですよね。誰が早く同期で6年をもつか、みたいな……。

だから、そんなんじゃないねんね。やっぱりそれには、中学年でいろんなクラスで楽しむことをやった子（若い先生）が６年に上がればいいけど。逆に言ったら１年の手のかかる、また２年の大変なことをした人が６年をもてばいいと思うけど。なんか、「あ、４年なんですよね」なんてみたいなことを聞いたら、「いや４年、おもしろいやん！」て私なんか思うけど（笑）。

髙木：いまのお話を伺っていて、図書館教育でも感じますね。やっぱり縦の流れ、１年生から６年生までの流れのなかで図書館の使い方とか、情報活用能力をつけていくっていうことがなかなか学校のなかでね、提案しても「そうだね！」っていうふうな理解や共感の手ごたえが感じられないのは何でかなぁと思ってたんですけど、いまの先生のお話伺ってて、その辺にも課題があるっていうか……。

B：絶対あると思います。絶対そうですよ。だから図書館教育もそうだし、人権教育もそうだし、国語の系統性にしたってそうだし。

髙木：うーん。すべてがそうなんですね。

B：５・６年ばかり見てたら、「この子ら、分かってへんねん」って言うけど、そらそうや、３・４年をどう過ごしてきたかが分からない先生が、それは５・６年ばっかりじゃ見えないから。で、低学年ばっかりもっておられる先生は、「あのときは可愛いかったのに」みたいなことをおっしゃるけど。いや、子どもの歴史ですから。１年のときはかわいくても、３・４年で揉まれりゃ、ひねくれてもくるし。「言うこと聞かないのよね」て。いや、11歳ですよと。低学年の怒り方はもうきかない。直球で投げたら絶対直球で返してきますから。

　私なんか、ほんと、スローカーブですよ。今日も陸上競技会の競技中に６年生が立ってるから、「座りなさい！」じゃなくて「立ち率が上がりましたよー。はい、ちょっと率下げましょうか」（笑）、っていうたら「いやー、立ち率上げてもうた」って。ほんとにカーブでしないと（笑）。「そこ座りなさい！」なんて言ったら「うっさい！」って。ほんとに直球で返ってきて、向こうも私も傷つくけど。「はーい、ちょっと立ち率上がってきました。はい、みなさん。膝立ちくらいまでにしましょう」って言うと、わりとスーっといって。しばらくするとちっちゃぁい声で、「立ち率上がってきた。立ち率上がってきた」って

子ども同士も、なんかこうやわらかい感じになるから。

　でも低学年では、それは通じないんです。そこはもう、「はい、立ちません
よ」「しっかり観ますよ」って言い方を変えていかんとあかんけど。往々にして、
低学年ばっかりもっておられる先生は、6年が掃除手伝いに行ったときの注意
のしかたもね、直球なげられるから子どもたちがやっぱり「なんやねん！」っ
て帰ってくる。それは言い方ひとつでいけるのになあって。だから、いまの新
任の子には「機会があったら低学年ももって、高学年ももって、一人前やと思っ
たほうがいいと思うなあ」とは言ってますわね。

髙木：ほんとですね。せっかく小学校の先生なんだから。

B：うん。だから「できません」は、まずダメですよね。1年から6年までもて
るとして大学では免許もらってるのに、平気で言うてはる人いますよね、「私
は高学年はできない」とかね。逆に「低学年には行きたくない」とかね。私
も言うてましたけど、初任校では。「6年はできませんー」って（笑）。もう泣
き叫けびましたから、校長室で（笑）。でもそのときもA先生とかD先生とか、
そのときの校長先生とか教頭先生も、「絶対にあなたができるようにします」と。
学校としてバックアップするからって。その時も、A先生に「1か6かって言
われたら、6よ」って言われて。「ひゃー、それはどうしてかな」って思った
んだけど。以前勤めていた市の先生にも相談したら、「高学年もつんやったら
早いほうがいい。体力的にも追いつけないからって。流れがそうなってるんや
で」って言われてもちましたけど……ね。まあ、いま思えばよかったです。

● **図書館利用**

髙木：図書館の利用についてお尋ねしたいんですけれども、まず先生になるまえ
　　　に公共図書館と大学図書館を利用されてたとのことですが、近くに公共図書館
　　　があったんですか？

B：小学校、中学校のときには、自転車で10分くらいのところに公共図書館があっ
　　　たので。

髙木：よく行ってたんですか？

B：中学校時代ですね、いちばん行ったのは。

高木：珍しいですね。普通、中学校になるとクラブ活動があったりして、図書館
　　　から離れてしまうのに。

B：私ね、じつは小学校のときは本嫌いやったんです。ペラペラってめくって終
　　わりって感じやったんですけど……。中学校のときね、それも中1のときのクラ
　　スです。すごく仲良くなった子が、それこそ大学へ行って司書の免許を取っ
　　た子やったんですけど、その子とすごい気があって。その子がね、「本っておも
　　しろいよ」っていうから、「私、あんまり本読まない」っていったら、「ああそ
　　うなんだ」って言われて。それで、まあ私も読もうかなと思って読んだら、考
　　えられないんですけどＳＦからスタートしてなんかすごくおもしろくなって。

〈本との出会い〉

高木：どんな本を？

B：えっとね、星新一はほぼ読破した。ＳＦから入っていって。……で、なんと
　　ね、遠藤周作の本を読んでました。

高木：おー。中学校でですか？

清水：めちゃ読んでるじゃないですか。

B：そのころは視力もかなり低下しましたけど（笑）。ほんと比例するように
　　……。だから、いかに何もしてなかったかていうくらい、中2でドンと目が悪
　　くなったんですけど。遠藤周作の本を読んで、その子と、いやべつに暗いとか
　　そんなんじゃなくって、帰りに「あの本よかったねぇ」とか言って……。
　　　だからね、私はね小学校6年でマンガ卒業しました。おもしろくないんです
　　よ、マンガは。絵がついてて、自分で想像できないでしょ。絵はもうちゃんと
　　主人公の顔があってこんな服着てっていうのが、もうじゃまでしかたないんで
　　すよ。漫画家の人には悪いんですけど。本は字面を読んで、自分のなかで全部
　　好きなように動かせるっていうのにハマったから……。

高木：いやー、いいお友だちにめぐりあったんですねー（笑）。

B：そうですよね。彼女が「おもしろいよ」っていうから。で、エッセーにハマ
　　りました。エッセーは読みまくりましたね。佐藤愛子さんとか北杜夫さんはほ
　　ぼ読んでましたね。で、中学校でハマって、高校は通学に1時間半くらいかか

りましたらから、遠い学校やったんで、もう文庫本ずーっと読んでましたね。

高木：ジャンル的には？

B：エッセーが好きでしたね。小説も読んでましたかね。うーん。女流作家にハマったときもありました、林真理子さんとか……。でまあ、公共図書館でその子が言ってた本を借りて。その子とよく行ってました。

高木：一人じゃなくて、お友だちとそういう本の話ができるっていうのもね……。

B：クラスでもけっこう何人か増えましたね。ま、基本こんな感じですからね。「この本おもしろいよ。おもしろいよ」って言えば、何人かが「いやぁ、そんなおもしろいかよ」って感じになって、「じゃ読んでみる」ってなって、「これは読んだ？」とか「あの本読んだ？」になって。ちょっと知らない本のことはね、中学時代って「ああ……、読んだかなぁ……」とか言って陰でブワーって読んで、「確かにおもしろかったよねー」なんて話してましたね（笑）。

高木：学校のよさっていうのは、そのクラスのなかで本の話がバーって広がると、ほんとにみんながね……。

B：ほんとにそうです。なんか、友だちからのつながりで本は好きになったんだけど、そのときの自分は「自分が好きになった」みたいな軽い錯覚を起こすから。「本はおもしろい」って。でも、よくよく考えてみたら、彼女が「おもしろい」って言ってくれた本が私もやっぱおもしろいって思ったから。「じゃ、次なに読んでんの？」とか、「あたし、同じ作家でこの本見つけたんやけど」って言ったら、「あ、あたしもそれ読んだ」って話になるから。うん、それ、そうやと思います。学校という同じ生活しているなかで。

高木：そのときに、公共図書館に行って司書の人と話をしたりとか、司書の人との交流はありましたか？

B：うーん、なんか怖いイメージがありましたね。私たちがしゃべると「シー」って言われて、「はい、すみません」っていう感じがあって、あんまり聞くってことはなかった。むしろ大学図書館で資料探しはじめたときには、もう自分では探しきれないから、「いま、こういう研究してるんですけど、そんな本はどのあたりにありますか？」「あそこ曲がって、ここにね」っていわれて行って、「い

や、もっと具体的に教えて」って思って。なんかそんな感じで行ったことがあります。ま、大学はどこの教室に行くにも真ん中に図書館があったんで、よく暇つぶしに行ってました。ちょっと空きがあったりとかしたら……。

〈授業準備と学校図書館〉

高木：小学校は図書の時間とかは？

B：ありました。でも本は廊下に置いてありました。

高木：廊下でしたか。いや、アンケートにチェックがないから、あまり学校図書館は利用なさらなかったのかなと。

B：授業としては位置づいていたと思います。

高木：でも印象としてはなかったんですか？

B：暗ーい廊下にあって、本がバーッと並んでいて、自分で選んで教室で読むみたいな。でも、先生によっては行ったり行かなかったりやった気いしますね。

高木：いま、先生になってからも公共図書館はよく使われてますか？

B：講師時代はよく行ってました。それはいま思えば、まだ司書の先生が学校のなかにいらっしゃらなくって、なんか自分で絵本を探したりに行ってましたね。学校のなかで探したり、公共の図書館に行ったりとかして探してましたね。

高木：司書の人がいないときは、どのような感じで使われていたんですか？

B：E先生が図書担当やったと思うんで、こんなすごい図書館はなかったにしても、図書館としてはあったような気いしますね。E先生が「授業でこんなんやるから、こんな本見つけてきたよ」みたいな感じはなんかうっすら……。でも、私がそこへ行った覚えはあまりないですね……。

高木：やっぱり、公共図書館に？　じゃあ、どちらかいうと授業に使う本なんかは公共図書館で借りて？

B：そうですね。で、講師の時代の後半になったらわりといろんな学校に司書の先生がいてくださるようになって、私が市教研図書部会に行ってるということで図書館担当させてもらって、そこからは一緒に本選んだりとかしてました。

高木：本の購入なんかにも行かれたんですか？

B：ええ、行きました。先生方にアンケートとったり、書店の人に来てもらって

並べて、とかはしましたね。

高木：司書のいる学校でのことになるかもしれませんが、アンケートの「学校図
書館利用の目的」っていう項目では「読書指導のため」「子どもたちの調べ学
習のため」、それから「授業準備とか下調べのため」にチェックしてくださっ
ているんですけども。何か授業の下調べとかで、「資料、もうちょっとこんな
んのがあったらいいのになあ」とか感じたことありますか？　公共図書館から
みたらスペースもあまりないところで、本の冊数もそう多くないところでの何
か課題っていうか……。

　　　先生方は「司書の人がいて取り寄せてくれて助かっている」とか「ありがた
い」とか言ってくださるんですが、本音のところでは100％じゃないだろうっ
て私はいつも思っているんですね。一つは、箕面市の学校の図書費は子どもが
使う本になっているから、教師用の資料が買いにくい。だからそのぶん、教育
センターの資料室にそういう本があるんですけど。課題というのを教えていた
だけると嬉しいんですけれども。正直なところでの（笑）。

B：いま聞いてちょっと思ったのは、センターに指導案の書き方であるとかいろ
んな教科の本はあるんですけど、古いのが多いんですよ。授業研究するとき
にはセンターの資料室に行って探すんですが、人権に関する本なんてもう絶版
とかですよ。ま、ある意味絶版ありがたいんですけど（笑）。うーん、なんか、
授業を作るときの指導案というか、「こんな教え方もある」とかっていう本は、
「あ、この本もない。じゃもうネットで買おう」ってしてしまいますね……。

高木：結局、先生方は自分で買ってしまってるんでしょうかね。

B：そうですね……。ただ、一ついいなと思ったのは、やっぱりいろんな会社の
教科書がね、あるのは。だから、それがここにあれば私はもっと研究授業が深
まると思います。

高木：ああ、学校図書館に？

B：例えば6年生でも、東京書籍だけじゃなくて光村（光村図書）も日文（日本文
教出版）も全部あると、その子どもにあった教材を渡せるんですよ。私、去
年の5年生の研究授業でものすごくむつかしいところをとりあげなあかんとき
に、東京書籍はむつかしいんです。やってて思いますわ。「あ、こんなむつか

しいのやらなあかんねんな」て。でも、「子どもの理解はここまできてないよ
ね」って思ったときに、教育センターに行って他の教科書の関係あるところを
全部カラーコピーしたんです。で、「この資料と、この資料と、この資料とで
は子どもたちにはどれがいいか」って考えたときに、「この教科書会社の提示
の仕方がいい」と。そこから段階を追っていまの東京書籍にいけばスムーズに
いくとか。

　社会科もそうでした。使っている教科書の資料を電子黒板に写すと、「あ、
それ何ページにのってる」って子どもらは分かる。けど、違う教科書会社のも
のを「はい、これは何してるとこかな？」って見せたら、「え、なに？」って
なって見る。例えば違う会社の教科書が学校にあれば、指導案作るときに、「光
村はどんな教材やってんのやろ」「じゃあ子どもらにはこの教材がいいよね」っ
て、多分ここ（学校図書館）で学年会ができると思う。

髙木：あー、それいいですね。

B：私がいつも行ってる関西のユニバーサルデザイン（日本授業UD学会関西支部）
の村田辰明[4]先生も、「違う教科書を見てください。あなたたちが見ている教科
書がすべてじゃないです。資料は使えるものはどんどん使いましょう」って言
われて、「あ、そうなんや」って思って。私も去年くらいから始めたんですけど、
そのときの子どもにはあってたと思います。

　社会科の教科書も資料を提示したときに、「え、それは何？　それは何？」っ
て。沖縄でも、サトウキビが映ってるのがいま使っている教科書だとしたら、
なんか違う植物を。「これ、何県の畑やと思う？」って言ったら、「え、なに？
なに？　なに？」って。で、サトウキビともう一つ沖縄の違う作物を提示する。
「あ、それも沖縄なんや」って、やっぱ入るんですよね。グラフも教科書によっ
て微妙に違うし。教科書はいろんな出版社のがあったほうがいいなと。

　だから先生たちに「別会社の教科書がここに1年から6年まであります。ご
自由に御覧ください」って言えば、絶対ここで研究授業の話し合いをすると思
う。見たいですもの。私らの学年の子やったら、「むつかしいけどできるよ」っ
て別の会社の教科書の問題を解かしたらいいと思うし。なんかせめてそれぐ
らいは欲しいかなって気はする。

高木：先生が授業研究するための資料っていうものが、なかなか学校図書館の現場にはないですね……。古い教科書は置いてるんですが。すると、先生も「何年か前の教科書見せて」って来られるから、先生方はやっぱり教科書っていうのはいちばん基本的なものなんですね。教科書のほかに何か、「これはあったほうが」っていうのは？

B：うーん。なんかいいか悪いか、電子黒板が入ってきて。このあいだも、詩をやったとき、ダリアの花がでてきた。前だったら図書館にきて図鑑で調べてやってたのが、いまネットで「ダリアの花の画像」とすればバーンと出てくるようになった。でも、さっきも言ったみたいに、授業をどう組み立てるとかっていう本は、こんだけ若い先生が多くなったら、あればいいんじゃないかな。ま、うちの学校でいえば下の職員室の後ろの棚には少しはあるけど……。うーん。

高木：そのへんが……まあ、箕面の学校図書館の蔵書での課題の一つでもあるのかなあと思うんだけど。先生方そんなに感じないかな……。

清水：いや、感じてるかもしれないけど逆にそういうのが学校図書館に充実してる自治体ってあるんですか？

B：どうなってるんでしょうね。いろんな自治体のその教師用の研究図書みたいなものは。教育センターってどこの自治体にもあると思うけど、どのくらいどうなんですかね。

高木：いや私が言いたいのは、「学校図書館の可能性」っていうもの。私が現役のときも、完全に「これが図書館の力です！」って示せるものはなかったと思うんですよ。ここまで先生が活用してくれると、「あ、そうか」と思って、「じゃあこういう可能性もあるね」って次の世界が見えてくるっていうようなね。

　あの、私がよく言うのはね、学校図書館に赴任してすぐのころ、廊下に埴輪のレプリカがあったんですよ。あれを図書館に置いたんですよ。そしたら、「あ、そんなら資料室に勾玉とかのレプリカもあるよ」って先生が言って、それも図書館に置いた。そしたらある先生が、「ああ、図書館にこんなのも置いていいんや」って言われた。それからは先生たちが海外旅行に行ったときなどに「こんなのも資料になるんと違う？」って言ってどんどん本以外の資料、教育課程の展開に寄与する資料っていうのが図書館に集められるようになった。先生方

の意識も変わってきた。そのなかで私も「あ、そうなんだ。先生方くれたけど、こんなのも授業に使うんだ」って思ったりして。

　だからやっぱり、なんか思ったときにはちょっと形にしたいと。先生たちのなかでも「図書館て子どもが使うものだから、子どもの資料があったらいい」っていうだけのイメージがまだまだ強いと思うんですよね。そこを打破していかなきゃ、先生方の学校図書館理解も深まらないし、「予算を増やしてほしい」っていう要求も理解してもらえないだろうと思うんです。

〈ネット時代と教師〉

B：それって大事かもしれないです。いまの若い先生はすぐネットで調べはります。指導案も……、全部……。「どこからこれを持ってきました？」っていうようなのも、ネットに出てますからね。たとえば有名な「ごんぎつね」とか、そういうものを授業でするに至っては、まあそら何十個……。また、若い人同士もあげてはるから。「どこのサイト？」っていうぐらい。

　研究するときに私たちはネットで育ってないから、まず「本」てなりますよね。「どんなふうになってんのかなあ」とか。だけどいまの若い人はまずネットでみるから、あの……、ちょっと私は怖いなと思いますね。それは塩谷京子[5]先生もおっしゃってたけど、「読む」っていうのは「指導案だけを読む」ことではないですね。「これはどういうために、どう書いてある本なんやろ」、から見ていって行き当たるんやけど。ネットは「ごんぎつね」「指導案」って入れればザーって、もうそれこそあらゆる場面が出てくるけど、なんかちょっと怖いなあって。だからなおさら、学校図書館でも職員室でもセンターでもいいと思うんですけど、「本ではこうだよ」っていうのも彼らが体験しないと、そりゃ子どもに本の大事さは伝えられないと思います。

髙木：そうですね。

B：だから、私がしつこく（笑）、「いや、本で調べましょう」って言ったら、「本、要ります？」って返ってきますもの。いや悪気まったくないんですよ。でも、「本、要ります？」って言うから、「まずは本からとちがう？」って。「本での調べ方が基本になって、ネットになるって私も塩谷先生からも言われてるし、大事だ

と思うよ」と言ったら、「あ、そうですかね」って……。だからなおさら、先生方が「本で資料を調べる」「本で指導案を立てていく」「本で比べて」っていう体験をすると、絶対その体験したことで、「自分の調べてることって一つやけど、こっちの本ではどうなんやろな」っていう返しが子どもたちにできる。けれどもいまの先生方は、「ああ、よかったなぁ。あったなぁ」ってサッササッサ進めていく。いまお話聞いてて確かにそこまでやる必要あるんかなって思うのもあるけど、本で「あ、これ分かった」とか、「こんな体験をした」っていう素地がない先生方が増えてきてる。学校図書館の使い方なんて言ってたら、ポッカーンとしてはります。

　だから私なんかと学年組んだら、「本、要ります?」っていうなかで一緒に本開いて、「いや、でもこう載ってるし、コピーするわ」って言うことからしてかないと。「あ、本て分かりますよね」っていう感覚にはなかなか……。いやいまの大学生がどうしてるか知らないけど、ネットのコピペがどうとかっていうような世代の子らがふつうに教師になってますから。だから、「本でこういう風に調べ学習して、統計でこういうふうに比べたらいいよ」って言ったら、「は～」って。

髙木:そうすると、例えば校内研修のなかで図書部がそういったことをしていくっていうのは、いままで以上に……。

B:大事やと思います。それが、子どもに返るんですよね。だから、うちの学校では最初に転任者と新任者の人にオリエンテーリングして、ここ（学校図書館）でポプラディアの見方や統計の見方とかを全部やるんですよね。ほんなら、「百科事典初めて開きました」って言う先生いっぱいいます。新任の先生は「おもしろーい!」って言ってます。「これめっちゃ便利ですね」って言ってはります。

　ま、全部じゃないにしても、そんなに必死で本を読んできたとは思われない人たちが先生に……。雑誌とかは読んでいると思いますけど、なんか資料を比べるだとか……。だから私がさっき言ったように、教科書を集めてきて、「どの教材がいい?」なんていうことをしたことがない人たちがいっぱいいて、「へー、めっちゃやる気ありますね」って言われましたからね、私（笑）。「もういいじゃないですか、いまので」っていう感覚なんですよ。「1個ありゃい

いじゃないですか」と。「何でこんなに持ってくるんですかって」いう感じ。
だから、「でも、こっちはこんなふうな数字になってるよ、こっちはこうだよ」っ
て、どっちのほうがすぐ計算できる？」「こっちですわ」。「じゃ、今もってる
子たちはこんな小数点ついてる数字の計算をさせるのと、整数の計算させたる
のとどっちがいいと思う？」「整数っすねぇ」て言って。「そしたら、こっから入っ
て、それからこっちじゃないの？」って言ったら、「はぁ……」言うて。だか
ら資料を集めてきて比べるとかっていうことは、もうほとんど……。

高木：うーん。

B：でも、1回くらいじゃ身についてるかどうか知りませんけど。うーん、なん
かねぇ、ちょっとそれは。いま聞いてて……。あぁそうかぁ、彼らはねぇ、ほ
んとにボタンを押せば電子辞書出てくる世界で育ってきた。まして、今度電子
黒板が入ってきたら、思う壺ですからね。

高木：若い方はねぇ。

B：うん。も、すでに子どもらもそうなりつつあります。だけど、辞書引ける子
の方が絶対強いです。

高木：とくに小学校のときは、そっちに力いれておくほうがいいのではないかと
思うんですけど。

B：いや、絶対にそうだと思いますよ。 塩谷先生も何回も言うてはりますよね。
本の調べ方のわかる子がネットにいけば比べるとかはできると思うけど、ネッ
トからいく子はそこだけ見て終わってしまうから、まわりを見ないから、視野
の狭い子ができるって。だから、若い先生たちに本で調べることを教えながら、
子どもにもしてかないと。「学校図書館は自由読書の場」みたいな先生がいっ
ぱいおられますからね。

高木：たぶんいまの時代、ちょっと前のね、総合的な学習が始まったころとはま
た変わってきているのでは？　いま、「子どもの読書活動推進計画」が策定さ
れてたりして、図書館も「読書する所」というイメージが強くなってきてるん
じゃないかなぁと思うんです。だからその辺はもうほんと、先生方に頑張って
いただきたいなと期待するところです。

B：いや、私は非力ですので、もう。なかなか。

● 図書館を活用した授業、活動

〈生活科「虫を鳴かせたい」〉

髙木：先生はアンケートの「図書館資料を利用すると子どもの反応や授業の進め方におもしろい展開があると感じた授業実践がある」っていうところにもチェックしてくださったんですけれども、具体的には？

B：清水さんと一緒に生活科で2年生の子たちとやった、「虫を鳴かそう、鳴くようにさせよう」みたいなのは、ほーんと楽しかった。

髙木：どんな授業だったんですか？

B：生活科で、虫捕りをしようって言って、虫かごを各班に1個ずつ渡してコオロギだとかバッタとか捕まえてきた。でも、ある班は鳴く、ある班は鳴かない。で、「俺らも鳴かしたい」「私も鳴いてほしい」「けど、なぜ鳴かないんだろう」って言ったので、「や、それはなんでやろねー」って言ったら、図書館で調べようとなった。そしたら、どうも雄が鳴くということだけはわかる。すると、子どもらはひたすら雄を捕りにいく。で、雄ばっかりの密集した虫かごができるのにウンともスンとも鳴かない。雄が鳴くのに！　ところがあるときもう一度本を見ると、雌に「ここにいますよ」と交尾するまえに鳴くっていうことがわかって「おー、雌だ！」ってことになって、雌を放り込む。でも昼間は鳴かない。居残りしてる子だけがリーンリリリリリーと聞く。朝早く登校してきた子だけリーリーリーと聞く。「鳴いた、俺は聞いた」「俺も聞いた」と言うけど、昼間みんなが25分間（休憩時間）眺めてても鳴かない。「なんでかな？」って言ったら、気温であるとか湿気があるとか、住みかのこととかを全部図書館で調べて。

　それで、「鳴く」っていうことを目当てにしたんです。そのときに子どもたちはただ図鑑をね、図や体のしくみを見るだけじゃなくって、後半部分の字ばっかりがすごい載ってる説明文のところとかも必死で読んでました。鳴かしたいから。

清水：「虫を捕まえてきたから、ここで図鑑の使い方入れて」って依頼が来て。で、どうせだったらもう実際に飼っているから、その飼い方のところにポイントを合わせようっていうワークシートをわざわざ作ったんですよね。

B：そうやったかなぁ？　ごめんごめん、清水さんのほうがよく覚えてるわ。

清水：生態の説明があるカラーのページって、名前とか大きさとか、なんかそんな程度しか載ってなくて。詳しいことは後半の「昆虫の飼い方」という、全然カラーではないページに書いてあった。しかも字が多い。

高木：『学研の図鑑　昆虫[6]』？

清水：そう。で、2年生だったから「このページはちょっと難しいね」って言いながらも、「じゃあもう意図的にでもここを見させるようにしよう」ということになって、実際にいま飼育していることに役立つような問いをワークシートで作ってそこを見るようにしようって言って。

B：そうやったね、うん。

清水：一緒に作って。だから子どもたちは、大きさがどうだの名前がどうだのってそんなのはもうわかっているから、「鳴かせるには？」「食べものは？」「住むところの状態はどうしたらいいのか？」っていうところを必死に、細かい字のなかから、しかもカラーでもないようなところから読み取って、ていうのがこの学習活動だったと。

B：そうです。

高木：2年生がねぇ。

B：2年生が。でも、読んでましたよね。

清水：一生懸命ねぇ。必死。いま飼ってるから。もう「これをなんとかしたい」っていう欲求が強いからがんばって読んでたよね。

B：「なぜ俺の班は鳴かない？」「なぜ誰々の班は鳴く？」みたいなとこから、ほんーとに調べてやったし。それこそ、「羽がこう、こすりあって音がなります」とかっていうのも説明しにきてくれる子も。「鳴き方もわかった！」とか。

清水：「先生、ここにこんなん書いてあるー！」って。

B：そうそうそうそう。でも、それがこんなことになるなんてね。あの水族館の絵を描いたときに、魚の絵がね、清水さんにも見てもらったけど、もーのすごく細かく描いてびっくり。

〈図工の絵が変わった〉

髙木：虫のことで図鑑を調べた、そのことが今度は水族館に行ったあとの絵に？

B：そうやと思います。細かいとこまで「読む」。また「観る」っていう力がついてたんやと思うんですけど。

清水：水族館に行くまえも、なんか理科の植物の観察とか必死で、シーンとしながら書くようになったみたいなことを先生から聞いた。

B：そうです、そうです。トマトかなぁ、観察記録を書いてるときに。も、ほんとに茎とかにあるトゲトゲみたいなんも書くようになってた。うん、「トゲトゲが増えた」とか、「何センチになった」とか。

清水：「2年生にしてはすごく観察力が高まった！」っていう話をしてて。その後水族館に遠足に行ったあと、見てきた魚の絵を描くっていう図工の単元が必ず入ってて。で、いつも「見てきたのだけじゃ覚えてないので、図書館で魚の絵が載ってる本を貸して」って。それを見ながら描くのが毎年恒例のものだったんだけど、描いて飾る段階になったら先生が私に「見にきて！　すごいねーん」って言って。いまの子たちあんまり絵ね、みんな上手でない。どんどん絵の力も落ちてきてるから上手でないんだけど、この子たちはすごくこだわって描いてた。真正面から描いた魚とか。

B：そうそうそうそう！

髙木：真正面！（笑）

清水：考えられないじゃないですか。水族館に魚見に行ってきたらねぇ、普通は真横から見たものを描くのが一般的には考えられると思うけど、真上だか、真正面だか。「どうした？　なぜこれを選んだ？」と思うような難しい……。

B：構図やねぇ。

清水：奥にいるのと手前にいるのとの、この重なりあってる具合までを描いて。私は、2年生の描く絵がどの程度なのかっていうのはわからないけれども、すごいことだと思った。先生も「2年生でここまで意識して描くのはすごい」って言って。で、しかも子どもたちに、こう、逆さまかなんかにして見せたら、「先生逆です、それは！」とか言われて。

B：もう上か下かもわからへんぐらい（笑）。

清水：「わからないような絵を描いてるけど、だからそれだけこだわりをもって本人は描いてるっていうのがわかった」って。

B：先に水玉を描いて、その水玉の後ろに魚がいるように描きましょうって、「重なり」を勉強したんやけど。もちろん水玉の部分は飛ばして描くんやけど、魚のしっぽが、こう、泳いでるのが重なってたりとか。で、普通子どもって、きっちり魚描きたいですよね、見た魚。それが途中で切れてる。画用紙のこの辺(端)に顔だけ描いてるとか、しっぽだけこう描いて「これは何だかわかりますか？」とか言って。「それは、なんの魚かな？」っていうような。

髙木：でも、たくさん泳いでるから。

B：そう。でもね、いままでの子やったらきっちりこう左側に顔があって、こんな魚を3匹か4匹描くと思うんですけど、しっぽだけのがあれば、こっちからこう下向いて泳いでいく魚がいたりとか。おもしろかったです。

清水：「まさか図鑑の使い方の学習をして、図工の絵が変わるなんて思ってもみなかった。びっくりしたわー」って。

B：うん、ほんとに、あれは意外でした。うーん。彼らはなんもそんな思ってないかもしれないけど。親御さんもびっくりしてはったと思う。「いい絵ですねー」って、みんな言ってはったし。おもしろかったです。

〈国語「本のつながり探し」〉

B：あとねぇ、やっぱりこれも2年生。5年生でちょっとしんどくなった翌年、2年生を担任したときに国語の研究授業で図書館を使って「本のつながり探し」をしたんですよ。

髙木：つながり探し？

B：「主人公つながり」だったら、例えばウサギが主人公の本を読んだ子は次も主人公がウサギのつながり探しの本をずーっとつなげて読んでいこう、っていうようなのを研究授業でしたんですよ。で、それは国語の教材の「あまんきみこつながり」とか「主人公が女の子つながり」とかっていうことで教材を読んでいくっていう研究授業をしたんです。けどいま振り返ってみたら2学期の研究授業だったけど、1学期から子どもたちにはたらきかけてたから、徐々に子

138

どもはものすごい量の本を読んでたんですね。結局私その子らをまた6年で
もったんやけど、清水先生もねぇ、ご存知だけど、もーのすごく本読んでまし
たよね。半端ないですよね、あの子らの読む量。

清水：半端ない（笑）。

B：私ねぇ、いま思ったら、あの2年のときの研究授業やったなって思うんです
よ

清水：そうですかねぇ。わかんないけど、たぶん通年、1年から6年までじゃな
いけど、ダントツ読む学年だった。並みの量じゃない。

髙木：うーん。じゃ、もともと読む素質が…。

B：うんうん。

清水：も、あったのかもしれない。

髙木：「つながり探し」は教科書の単元？

B：チラッとありました。チラッとあったんだけど、私が前に行った研究会の
先生が「このつながりで子どもがこんなふうに発表しますよ」っていうのを聞
いて、じゃそれをしましょうかと。で、そのときの教頭先生が「おもしろいか
らぜひやって」って言って。子どもたち、最初ね、浅いつながりなんですよ。「キ
ツネが出てくるつながりの本を読みましょう」って言うと、「キツネつながり
です」って言って本を持ってくる。「あ、そうか、『きいろいばけつ』[7]読んだん
だねー」とか。で、だんだんつながりを深くしていく。それが徐々に、キツネ
はでてこないので「なんでこれはつながってるんですか？」って言ったら、「悲
しいつながり」って。だからテーマにせまってくるんですよ。最後が悲しいこ
とで終わるつながりとか。子どもは、「あ、そうか」と。悲しい終わり方をす
るつながり。じゃあそれを読むためにいくつか読まないとそれが悲しく終わる
なんてことがわからない。

髙木：そうですね。

B：そのときの司書の先生に難儀させた（笑）。なんでかっていうと、「最後が笑
うおはなしはありますか？」とか「長者どんがでてきて、いじわるなことを言
うお話はありますか」って。「こんなことを言ってくるー」って。よい長者ど
んもいるけど、その子は長者どんがいじわるをしてやられるお話をずっと読み

たいのだと、なんかそんなことも言ってて「どうしたもんかしら」って。「この辺だと思うよ」とか言ったら、「うーん、この2冊のうち1冊はそうだったけど、これは違いました」とか。ファンタジーつながりで「現実にはないお話が読みたいです」とか。図書館にこう言ってくるとかっていって（笑）。

　最終的にはそれを子どもが発表するんですよ。「私はこのつながりで」ってね。しんどい子は主人公つながりだったり、作者つながりでも「OKだよ」っていったんだけど。読める子はやっぱりテーマにつながることで、ずーっと本を読み続けてるっていうのが、すごく……。

　その子たちは私3年ももったんですけど、「モチモチの木」のときのマメ太の読み取りは全然違いました。いままでやった3年生とは。

髙木：どんなふうに？

B：弱虫マメ太がお医者を呼びにいくとき、マメ太が霜柱を踏んでいくときに「痛いだろうに、すごく。おじいさんを助けたいから、マメ太は弱虫じゃない」とか。Fさんとか覚えています？　彼女はもうすごく深い。その研究授業がシーンとするようなことを言ってました。

清水：全然不思議じゃない。

B：「これは6年が言うようなことじゃないですか？」みたいな。もちろん、素地はね、読める素地はあったのだと思うけど。あの2年のときに、あの1年間でグッと子どもたちは本が好きになったと思います。

髙木：また、その教室のなかで友だちが発表するのを聞いたこともすごく刺激になって、つながりっていうものがどんどん深いものに？

B：なっていったと思います。「これってわかる」って。テーマでつながっているっていうのは。やっぱ読めてる子は、「あ、そうか。最後が悲しい感じで自分が感じとれる話ってあるよね」て。だからもう、物語にはまっていけてる子もたくさんいたと思います。国語科で研究はしたんだけれども、あそこまでさせたことは後にも先にもなかったですね。

〈児童会まつり〉

B：児童会まつりの出し物の「フェニックス」もおもしろかったしね。私が清水

先生に教えてもらった『チョコレート・アンダーグラウンド』[8]っていう本を、「これおもしろい、おもしろいよ」って紹介した。そのとき、6年のクラスやったんですけど、みんなが「ほんまや、ほんまや！」って。それが一時期流行って。で、児童会まつりで「何する？」て言ったときに、子どもたちが『チョコレート・アンダーグラウンド』みたいなことしたいと。で、カジノやって。また、「カジノもどんなのや？」っていうから、私も「そんなんわからへんわ」っていったら、もうバーッと清水さんのところに行ってね。

清水：図書館に来て、「カジノの本ありませんか！」って。私、「えーーー！」って。

B：「カジノについて分かる本ありますか」って（笑）。

清水：市立図書館からガイドブックとか取り寄せて。ちっちゃーくしか載ってないけど、ラスベガスとかそういうところのカジノが載ってて。「こ、こんなんでいい？」っていったら、「いいでーす！　あった、あった、あった」って帰っていって。

B：そう。ね、みんな蝶ネクタイしてね、本番は。

清水：服装も。カジノはどんな服装かっていって、「カジノをやってる人の服の載ってる本ありませんか？」ってまた来て。「えーー！」って言いながらまた探して。なんか、ちっちゃーいような絵のを渡して……。

B：うーん、ほんとにもとはそういうなんか、自分が読んだ本をほぼみんなも読んで「こらおもしろい！」ってなって。ほんでまた、それを「児童会祭りでしたい！」ってなったから、読んでない子も「どんな本？」ってなったと思うし。

清水：誰もが読める長さじゃないもんね。

B：そうです。

清水：でも、ま、たまたまほんとに読める学年、クラスだったから、けっこう何人かが読んだために、もちろん読めなかった子もたくさんいると思うけど、その世界観にクラスみんなが一緒に浸れた、ね。

B：おもしろかったですね。だから、瓢箪から駒みたいなことはいっぱいありますね。私も夢にも思ってないし、その、教えてもらって私も読んですごいおもしろいから、男の子がたぶん喜ぶやろなぁっと思って「よかったらチャレンジしてみませんか」って。「だいたいこんな話」とかって紹介したら、「じゃあ読

んでみようかな」って。で、「これ、ムッチャおもしろいわ」とか言ったら、「じゃあ、おれにも貸して、貸して」ってなって。あるときバチッと合って、「じゃあ児童会まつりでそんなんしよう」ってなるからおもしろいですよね。うーん、なんかほんとに「何が飛び出してくるか」、みたいな。

清水：やっぱり、さっきの虫の飼い方のときもそうだし、『チョコレート・アンダーグラウンド』のときもそうだけど、「これおもしろいよー」って言って、「じゃあ、読んでみるわ」っていうような流れっていうのは、どのクラスの先生にもまあまああれば、起こりうることだと思うんだけど、そこを、見てきたものや学んだことをB先生が上手に子どもたちに、なんていうのかな、ずっとかかわり続けるというか、そんなふうにしていくから、それが繋がって大きくなっていってるんだと私は理解してる。

　でないと、図鑑の使い方したら、そらまあそこで「分かるようになった」って、ま、細々とは続いていくと思うけど、それが図工の絵が変わるところまで、ずーっとは。ましてや理科の観察力が高まるとかまでは。そうなりそうで、なかなかなっていかない。それがなるんだったら、どのクラスでも図鑑の使い方をやっただけでそれが起こってるんだと思うから。でも、そうではなく、きっと一人ひとり、そこで学んだことの、なんだろう、学びなのか、感激なのか、感動なのか、そういうものを上手に他の授業の、たぶん普段の学級経営のなかでずっと活かし続ける、もしくはその子どもたちの発見や喜びを上手に尊重したり、ほめたりするから、子どもたちはそれを活かしていってるんだろうなぁっていうのは、ずっと思います。

髙木：子どもが「こんなことやりたい！」って言ったとき、「えー！」って思うようなことを子どもって言ってくるじゃないですか。そういうときはどうするんですか？その、「カジノをやる」っていうのも、そのときは？

B：ほんとに許されないですよね。

清水・髙木：（笑）

B：だから、ある子が手を挙げて「学校で賭け事はよくないと思います」って。「みんな、そう言ってるよー。どうする？」って言って。「ほんとのお金じゃないから許されます」とかって。そこで議論を戦わせて。管理職にいちおう聞いて、

「いいんじゃないですか」とかって言われて、してますけど……。

　私も中学校の1年生のときの先生じゃないけど、人を傷つけることとかは、そんなことは絶対許さないけど、うーん、「なんかちょっとおもしろいかな」って私が思うことは（笑）。ま、どこまで許されるかなとか思うし。でも、わりと軽ーいところで子どもが「それでいいやん、それでいいやん」って言うたときは、「ほんとにそれでいいの？」っていうのは押さえますね。

清水：「追い詰める」って言ってましたものね。

髙木：追い詰める？

B：追い詰めますね。だから、児童会まつりで出し物するときでも、「いや、いいよ」って。「ストラックカード[9]がしたいんやったらしたらいいけど、3軒くらい店が出るだろうし、あなたたちがその程度の店をしたいのやったら、私はそれでいいけど」っていうと、子どもは「うーん」て。

　だから、子どもらがもっと考えたら出るやろなと思ってるのに、すごく浅ーいところで手を打っていくのは、ストップしますかね。ダメとは言わないけど、「ほんとにそれでいいの？」って聞くことは多いですね。そんなら、「うーん」て。だからその、スッとでてくる学年もあれば、「や、それでほんとにいいのかなあ、いいのかなあ」って言うなかで、子どもらが「もっと考えたい、考えたい」って言って生まれてきていることもありますかね。うーん。だからその、「魚釣り」って言ったときも、「どんなの？」って聞いたら、「こんな釣るやつ」っていったから、「3年生もするよ。5年でもいいの？」っていったら、「よくないかなあ」って。「やっぱりなんか違わないと、あ、5年もおんなじ魚釣りだよって言われてあなたたちがいいんやったら、それでもいいよ」って言ったら、「ちょっと待ってください、待ってください」って言って、「リアルを追及する」とって言ってアマゾン川にいるピラルクって、こんなに大っきい魚の重さや体長も調べて、ほんとにおんなじのを作りました。雨の日にスーパーに行って使用済みの傘袋をもらってきて砂詰めて「だいたい2キロから1.8キロ」って言ってきたから、じゃあリアルだったらいいかなと思って。

髙木：子どもたちは、「それでいいの？」って言われて自分で考えて、「じゃ、これしよう！だから、そのためにはこの情報がいるんだ！」っていう、もうなん

か自分のなかから出てくる……。

B・清水：欲求……。

高木：欲求で図書館に駆け込んでくるわけですか。

B：と思いますけどね。で、私もね、なんかいったら「図書館に行っといで」って言うてますわ。図工でも、「飛行機は描けないので、できません」なんて簡単に言うから。だから、図書館に行って「『失礼します、飛行機の写真ありますか?』って、借りてきてください」って言ったら、「写していいの?」って言うから、「写せるものなら写してごらん」って（笑）。「やったー!」とか言ってました（笑）。ほんならまたね、それこそG先生（司書）のときも、清水先生（司書）のときも「これでいいのかな?」なんて言って探してくれて、子どもらは「むつかしいー」とか言いながら何冊か借りて。でもまあ、写すけどもコピーとるのと違うから、「ここの模様はなしにしよう」とかって指導して。見てるようで結局子どもらの作品にもなるし。だから、「難しかったら、何かを見て描けるんやったら、見て描いたらいいと思うよ」って言います。

　でも子どものなかには、図工は絶対に見て描いてはいけないと思っている子もいっぱいいるんですよね。先生によっては「あなたが想像したことを描きなさい」とか。でも、言われてもそんなんね、難しいですよね。例えば、シャボン玉がどこかの国へ行く絵を描くときにエジプトとか宇宙とかを想像する。その時に、ピラミッドだけピューンと書いてる子がいる。「エジプトはそれだけじゃないと思うよ」と言ったときに「わからへーん」て言ったら、「図書館には写真がありますから」って。それで図書館に行ったらスフィンクスがあったり、砂漠みたいなものがあったりとか。「宇宙も星だけ描いてたらいいわけじゃないよね」って言ったら、宇宙の本を調べてきたり。虹をピヤーッと描く子もいるけど、「そんな出かた、虹するかな?」とか言ったら、本を見て「先生やっぱり違ってたわ」て。

　わりとだから、あらゆることで「図書館に行ってきてください」て。分からないときは「行っていいですか」って、子どもからも言いますね。

高木：やっぱり担任の先生の声かけ、それがまずあることが基本で。それで、子どものなかでも、なんかあると「ちょっと調べなきゃっ」っていうふうになっ

ていくのかなぁ。

B：だから、よろず相談所みたいですよ。なんでも「図書館で聞いてこよう」と
かって行ってくる感じかなぁ。

〈資料提供による学びの広がり、深まり〉

髙木：学校司書との関係なんですけど。資料依頼したときに、「ちょっと、私が
求めているのはこの資料じゃないんだけどなあ」みたいなことってありました
か？

B：私、あんまりそれはないですね。むしろ逆で、ひと言言ったことにプラス α
がついて返ってくる司書の方が多いですね。「もしかしたら、こんなのも子ど
もたち言ってくるかもしれませんね」とかって言ってくれる司書の方のほうが
多いかなぁ。

　でも、何のときかな、市教研でしゃべったときかな。ある先生は、同じ単元
で資料提供してもらっても「なんか物足りない」って。なんだろな、例えば水
産業で魚のことを調べるって言ったときに、本当に水産業に関係のある魚だけ
の資料を持ってきてくださる司書の人もいると。それはそれでいいと思うんだ
けど……。

　例えば、私は司書の人と「いま、うちの子、なんか、ダイオウイカ言うてる
わ」「食べれるイカって言ってるわ」ってしゃべってるなかで、「ああ、ダイオ
ウイカですか」って言って、こっちが思わないような寿司ネタの本を持ってき
てくださるとか、料理の本も持ってきてくださるっていう。「じゃあ、こんな
のも要るかもね」って。

　そのプラス α はすっごく助かります。それは私も広がるし、子どもも「ダイ
オウイカっていったけど、お、ダイオウイカの釣り方まで載ってる」とか。私
が「ちょっとちょっと、ダイオウイカってこんなところで捕れるねんて！」っ
て言ったら、「おお、すげえ、すげえ、すげえ！」ってなるし。「じゃあその国
はどこなんやろう」とかっていう広がりがね。

　やっぱり資料提示で広がる体験は、私はすごい多いから。なんかポロッと私
たちがしゃべってるなかで、お寿司であるとか刺身とかの料理の本まで、「こ

んなん関係ないかもしれないけど」っていうことで持ってきてくれる。それを「こんなんもあるよ」って私が言ったり、例えば司書の先生が子どもたちに言うことで、子どもは「おもしろっ！」って。新聞にまとめたり、グループでまとめる時にちょっと奥行きがでる。

髙木：奥行きね。

B：なんやろ、その、私も想像してない、子どもも想像してない。でも司書の先生がちょっとプラス α で持ってきた本で、「おもしろっ！」って。じゃあ、「おれエビ調べてんねんけど、食べれるエビの本てある？」とか、「料理本ある？」ってなっていったことはありますね。だから、なんだろ。それは、うまく言えないですが、「そんなん（関係ありそうな資料を）持ってきて」って私も言ったこともないし……。

　だから一緒におもしろがってくださる司書の先生だったら、しゃべってるなかで「こんなんも用意してみたけど」（司書）、「じゃあここまでの本は読めるかな」（教師）って感じの、いったら、やりとりですよね。担任と司書、子どもと司書の方のやりとりで、奥行きがでたり、子どもの思考が広がったりっていうのはありますね。

● 学校司書の専門性

髙木：最後に、いまのお話とのつながりで学校司書の専門性についてお伺いしたいのですが。先生も司書教諭の資格をおもちですが、学校司書の専門的な力量とか必要な科目などについてお考えを聞かせていただけますか？

B：司書の資格がなければできないと思うんですけどね。私は司書教諭の免許はもってますけど、やっぱり本の選書であるとかは、たぶんわからないかもしれないと思います。

　（少し沈黙）うーん、私もあんまりわからないですけど。ま、子どもにかかわるっていうことで、本だけ見てる人はちょっと困るかなと。やっぱり、一緒に子どもの成長なり教育に携わるという……。

　図書館て不思議なところで、いろんな思いをもってる子どもが集まってくるところやと思います。清水先生もご存じやと思うけど、やっぱり、なんかね、

クラスでうまくいってない子とか、そういう子たちはわりと図書館に来ます。その情報なんかを共有できたりとか、「あの子、最近よく来るようになったねぇ。それはいいことでもあるんやけど、なんかあったかなあ」とか。で、ぽろぽろ本音いうのも図書館やから、その時司書の先生が本だけ見てる人やったら、子どもはやっぱりつらいもんがあるやろなと。

なんか、担任でもない、でも学校のこともわかってくれて「自分らのことをわかってくれる」みたいな位置づけなので、学校図書館ということに関していえば、やっぱり子どもを一緒に育てていくというか、一緒に見守っていくということ抜きには語れない。楽しいことも、心配なことも、担任とか学校のなかで共有できるっていうことが、まあ、私は一つかなっていうのはあります。

でクラス、各教科のことも知ってくれないと困るかなぁ。ただ「読書、読書」って言って子どもが好きな本ばっかり紹介するんじゃなくて。やっぱり、「教科書には説明文もあるので、科学読み物の本も入れときましょうか?」とか、たまには科学読み物に興味惹かれるような感じの読み聞かせがあったりとかはほしい。それなりの授業の流れなりを知ってたり、学ぼうとしてくれないと。私たちも、「実はこんなんしたいんです」って言ったときに「ああ、じゃあ教えてください」って言われてもね、私も「うーん」てなるから……。

髙木：やっぱり、その学校、各学年の教育課程をちゃんと把握するということ？

B：ある程度は。うん、全部は知らなくても。ま、せめて学ぼうとする人でないと。例えば、「6年て、こんな勉強するんですか？」とか、平和学習なんかは必ず位置づいているんですけど、「ああ、6年て平和のことするんですね。じゃあこういう資料が要る」っていうふうなことを知ってくれないといけないかなぁ。うーん、だから教育活動は絶対把握をしておいてほしい。

髙木：ということは、もし学校司書の養成の科目っていうのができるとしたら、まず、司書の科目ですね。それプラス、教育学的な科目はどうですか？

B：私、「子どもの味方」まではいかないにしても、やっぱりそういう子どもたちが「いていいんだよ」っていう人。ま、そりゃ、むちゃくちゃ暴れたりとかね、そんなんしたら叱ってもらっていいし、担任に言ってくれていいんだけど、なんか、「あの子、こういう感じでこのごろ来てるなぁ」とか気づける人であっ

てほしいかなって。「最近いろいろしゃべってくれますよ」とか、担任ではね、つかめないことをやっぱりもってはるような気がしますね。

やっぱりブチブチ言えるのは図書館なんですよね。「ちょっと授業おもしろくないんだ」とか「友だちとうまくいってないんや」って。絶対守ってくれはるんですよ。それをペラペラペラ司書の先生が言うなんて子どもは思わないし、「あ、そうなんだ。でも、こうやってみたら？」とか返してあげる。それは……、なんか担任ではないし、すごく子どもにとったら……、ま、ちょっと本分とは違うかもしれないけど、「この本借りたい」とかって言いながらついでにしゃべるんやと思うんですけど。

なんかそんななかから、「このごろそういう言葉が多くなったけど、クラスではどうですか？」なんて言われると、「あ、みてあげないとあかんなあ」っていうようなこともあるので……。うん、それはやっぱり学校図書館ていう、「学校」がつくかぎりは大事な視点かなと思う。ま、児童心理まではいかないにしても、子どもたちを「観る」だとかは要るような気がしますね。ま、あんまり無関心な人に私は出会ったことないからあれですけど。

公共図書館とはそこは絶対違うと思います。いっときの接触では絶対ないので。

高木：子どもとの関係っていうのは、公共図書館の人よりは密ですね。

B：いやー、密ですよ。私たち担任とか学校の一員として、一緒に作っていくっていうスタンスをもってもらいたいし。去年でも、本の破れがいっぱいあったんです。恥ずかしい話ですけど。その本の破れたことも、「ああ、破れてるんですよね」って置いとくのではなくて。私そのときの司書の先生に、「気になるんです。こういう系統の本ばかりが破られているって、やっぱり高学年の女の子じゃないかなぁ」とか言われて。本隠しもすごくあって。やっぱり、本を大事にしないってことは学校の荒れにつながると私は思うので、司書の先生に「ありがとう」って言って。犯人は捜しませんけど、学校のなかでこういう特定の本が隠されているとか、破られているってのは職員会議で先生方に言って、「ちょっと気にかけて図書の時間みてもらえますか？」とかっていう発信ができて。それで未然に防げることもあるだろうし、そこから広がっていくことも

あるだろうし。なんかこういうことも、アンテナにバンバンひっかかるような
人……。

髙木：自分も学校の教職員の一員なんだという意識が強い人。

B：もちろんです。で、一緒に授業を作っていく。なんか「本だけを教え、子ど
もに聞かれたことに答える」だけじゃなく。さっき言ったように、担任の先生
が「こういう本探しているんだけどなぁ」って言ったときに、ちょこっと想像
めぐらしてくれると、私たちもそうだし子どもはなおさら学びが深まる仕事な
んだということが……。あの、みんなご存知やと思うんですけど。

　たくさんしゃべってすみませんでした。でも、基本的に私、図書館が好きな
んだと思うんですわ。

髙木：長時間ありがとうございました。

注 ───────────────────────────────

[1] 山崎博敏は「大阪府の場合、ピークの1974年春には小学校教員だけで3,102人もの
採用があったが、1990年春にはその39分の1の79人にまで減少した。」（『教員採用
の過去と未来』玉川大学出版部　1998）と記している。B教諭は1985年に講師とし
て採用された。

[2] 大村はま『灯し続けることば』小学館　2004　p34「伸びようという気持ちを持た
ない人は、子どもとは無縁の人です」より。

[3] 大村はま『灯し続けることば』小学館　2004　p154「この人と友達になってもらえ
るかしら」より。

[4] 村田辰明。日本授業UD学会関西支部代表。関西学院初等部副校長。『社会科授業の
ユニバーサルデザイン　全員で楽しく社会的見方・考え方を身につける！』東洋館出
版社　2013　他著書あり。

[5] 塩谷京子。放送大学客員准教授、博士（情報学）。『探究的な学習を支える情報活用
スキル〜つかむ・さがす・えらぶ・まとめる〜（シリーズ　はじめよう学校図書館
10）』全国学校図書館協議会　2014　他著書あり。

[6] 『学研の図鑑　昆虫』新訂版　学研　1994

[7] もりやまみやこ『きいろいばけつ』あかね書房　1985　キツネの子が主人公の話

[8] アレックス・シアラー『チョコレート・アンダーグラウンド』金原瑞人／訳　求龍
堂　2004

[9] 的当てピッチングゲームのこと。

[Ⅲ章] 教師へのインタビュー　149

C氏へのインタビュー

日　　時：2015年10月16日（金）
場　　所：C氏勤務校図書館
聞き手：髙木享子・清水理恵・東谷めぐみ
C氏プロフィール：1959年生まれ。小学校教諭（校長）。
　　　　　　　　　司書教諭担当経験あり。教員歴34年。

● 教師への道

髙木：よろしくお願いします。初めに教職に就かれるまえのことをお伺いします。アンケート項目の「教師になりたいと思われた動機」ですが、「子ども時代・学生時代の先生にあこがれて」「教育実習を経験して」「大学が教員養成大学だったから」にチェックしてくださっていますね。

C：私、小学校の5年、6年と担任してもらった先生は好きだったんです、男の先生でね。それはあるけど、でも、小学校くらいのときって先生ごっことか、学校ごっことかするでしょ。そんなとき、先生役とかをしてた。ほんとに小さいときにはそんなことをした覚えはあります。でも「あこがれ」もその程度で、中学・高校時代は教師を目指そうとしたことはなかったです。私、教育大学出身なんですけど、数学とか理科とかそういうことをやろうと思っていたので数学科に入りました。だから「教員養成大学を目指して」というよりも、どちらかというと「数学科があったから入った」という感じかな。

髙木：でも教育実習に行って、おもしろいなと思われたんですか？

C：そうなんです。でもそのまえに、私、大学の児童文化研究会で人形劇をやってたんです。児童文化研究会っていうのは70〜80人ぐらいのね、けっこう大所帯のサークルで。分科会が3つあって、文庫活動している分科会と……。

髙木：え？　大学生が文庫活動しているんですか？

C：そう、文庫活動と人形劇と、それから子供会やね、地域子供会。私はそのなかで人形劇サークルでずっと活動してた。文庫の会の人たちは、ストーリーテ

リングとかを人形劇のときにしてくれるの。

髙木：あー、そうですか。数学を目指しながら、でも、教員養成大学だったから児童文化のサークルがあって活動していたっていうことですか。

Ｃ：そう。教育大学ですから、その後ももちろんいろいろ教育についての勉強があるわけだから。

髙木：そういう科目もおもしろいなあと。

Ｃ：そうですね、はい。

● 学校図書館とのかかわり

〈学校図書館運営検討委員になって〉

髙木：先生は初任者のときから箕面市にお勤めでしたか？

Ｃ：私は他市で４年間勤め、それから箕面に異動しました。

髙木：箕面でいちばん最初に赴任した学校は？

Ｃ：イ小学校です。

髙木：司書教諭の資格もおもちですよね。いつごろお取りになったのですか？

Ｃ：イ小学校のときです。

髙木：イ小学校は 1993 年から２年間、大阪府の指定を受けましたよね。あれは何の指定だったんですか？

Ｃ：「校内研修」。で、そのテーマを図書館教育にしたんです。

髙木：それは先生が、イ小学校に赴任したときには、もう決まっていたのですか？それとも、指定の最初の年から、すでにかかわっておられたのですか？

Ｃ：私ね、イ小学校に 10 年いたんですよ。産休もとってるけどね。指定が終わって出たので、最後の２年か３年。

髙木：ということは、最初の「校内研修」という指定を受けて、それを、図書館教育という内容でしようという検討のときからもうイ小学校にいらっしゃった。

Ｃ：そうですね。指定はそうなんだけど、私が学校図書館にかかわったのは、それ以前に教育委員会が各校から先生方を集めて学校図書館運営検討委員会を開いたときです。

髙木：この『箕面市学校図書館の充実にむけて（提言）』（以下：『提言書』）を作成

した検討委員会にかかわったんですね。

C：そうです。

髙木：この『提言書』は 1990 年作成ですよね。ということは、検討委員会がつくられたのは……。

C：1989 年ですね。

髙木：たしか、1 年間ぐらいでまとめたんですよね。

C：当時、私は学校図書館をどうにかしようなんて全然思ってなくって。でも、検討委員会に入って、ジャンケンで負けて。

髙木：（笑）ジャンケンで負けて？

C：そうなんです。ジャンケンで負けて第 1 部会の部会長になった（笑）。でも、なったからにはその中でまとめなきゃいけないじゃないですか。そしたら学校図書館について知らなきゃいけない。やっぱり、そこからかな。視察にももちろん行った。千葉の市川市とね、東京の大田区にも行った。で、「説明文でこんなに子どもたちが本を使うのか」とかを知って、そういう図書館があったらいいなと思うようになった。だから、小学校の研究授業のときには、例えば、「調べ学習をこんなふうにやってみよう」っていうような構想は、もう私のなかにできていた。

〈全国へ向けて発信〉

髙木：「教師としての生活を歩んでこられたなかで、ご自分の教育実践や教育に対する考え方に影響を及ぼした事柄」の項目の半分くらいにマークしてくださってるんですけども、「学校内での優れた先輩や指導者との出会い」っていうところでは具体的な先生がいらしたんですか？

C：具体的にねぇ……。その辺はやっぱり、□小学校ですね。A 先生なり、B 先生なり、先輩たちみんな…。そこでは図書館っていうよりも、人権教育のなかで。素敵だなと思う先生いっぱいいらっしゃった。

髙木：「組合での活動」にもマークしてくださっていますが、それは運動的なことのなかで？

C：いやいや、そんなことはない。そこに書いてある組合活動は、それこそ学校

図書館のこと。日教組大会にも行ったんです、秋田へ。

髙木：そうですか。

C：ちょうどこの運営検討委員会ができて、箕面の学校図書館を考えていこうっていうのは、教育委員会の重松さんたちも頑張ったけれども、組合でもD先生とかが中心になって「これやっていこう！」っていうのでやっていた。だから、発表にいったんですよ、秋田へ。そういうのも影響してるかな。それで、東京の高校の司書の人と出会ったりとかもあった。D先生が組合の委員長もやっていて顔が広いから。

　箕面の図書館の動きのところでは、組合でも報告をいっぱいした。それで茨木市（大阪府）の先生とつながったり、西宮市（兵庫県）に行ったり。あのころ、西宮や茨木にも学びに行きましたよね。

髙木：運営検討委員会に組合の方も入っておられたというのもあるんでしょうけれども、組合の後押しというのがあったんですか？　後押しっていうか、学校図書館というものを充実させていこうという動きが。

C：あったと思いますよ。「箕面でこれに力を入れていこう」っていうのはあったと思います。E先生とか……。

髙木：議員になられたE先生。

C：組合だけでなくて大阪府の研修なんかでも、情報教育の部会に発表しに行ったりもしたことあったんじゃないかなあ。そのころ、ほんと、いろんな方向からみんなが……。箕子庫連（箕面子ども文庫連絡会）の新井さんたちもそうだし、組合もそうだし、教育委員会も、って動いたと思う。だから、私もそういうところで発表もさせてもらった。D先生が引っ張ってくれたから。そんならそこでつながって、それでまたちょっと学校図書館のイメージも具体的になって。やっぱりイメージ持てたら、「こんなふうにやりたいなと」とかいうのが明確になるから。そんな時代だったかなぁと。

髙木：じゃあ、箕面における学校図書館の創成期は、いま言われたようにいろんなところが共に？

C：やってたと思いますよ。

● 学校司書の配置と戸惑い

髙木：だから入った学校司書は、そんなに他市の事例などで聞いているような苦労とか辛さっていうのはあんまり感じなかったのかもしれない。ほとんどの人は、学校のなかの一職員として抵抗なく迎え入れてもらったような気がします。

C：ま、それでもね、司書の先生が何をする人かってのはね、やっぱりわからなかった。『提言書』を作るときも、「人の問題はやっぱり、なかなかだよね」っていうことだったけど、一応「人の問題」も書いたんですよ。

髙木：『提言書』を書こうということになったのは検討委員会のなかでのことですか？

C：ええ、それはね。でもまあ、教育委員会主導だったし、提言を書いて、これがどうなるのかがよく分からなかった。でも、それは後で教育委員会に入ったらいろんなことが分かるんだけど。そういうものがあったら次に動くよね、みんなが。予算もつくとかね。

髙木：逆にいったら、教育委員会もこういうものを受け取らなければ、何もできないということ。そのことでは、これは大きな意味がありましたね。

C：ほんと。で、「人の問題はいちばん最後だ」って言われてたんだけど、わりとすぐについたんですよ。

髙木：そうですね。

C：だけど、すぐついたんだけど、あのころ司書のことは……。ま、市川市にも学校司書いらっしゃいましたよね。岡山市には行かなかったけど、ビデオ（『本があって人がいて——学校図書館と子どもたち』[1]）がありましたよね。それで学校司書という職種のことは知ってはいたけど、なかなか……。どう動いてもらったらいいのかとかね、やっぱり一緒に仕事したことなかったから、最初は両方に戸惑いもあった。それで、□小学校の時にはとにかく「よりよい清水の使い方」っていうのを作って、「清水（学校司書）をつかってください」っていう発信を清水さんと一緒にしながら進めていった。

髙木：「学校図書館が機能してたらいいな、そこにはやっぱり専任の司書がいるのがいいな」って思っても、じゃあ具体的にそのことが自分の授業にどう関係

していくのか、子どもたちの読書活動にどうかかわっていくのかっていうことまでは、まだまだ先生方のなかに実感も事例的にもなかった。

C：そうですね。だから、すごく本を集めてくれはったら、「いやーすみません、もうそんなにまでしてもらって」って、みんなそんな感じでしたね。

髙木：「申し訳ない」っていうような言い方を、先生方されてましたよね。でも、この提言をするにあたって、各学校から先生方が参加されたんですよね。

C：各1名ずつだったんですよ。

髙木：それは教育委員会から招集されたんですか？

C：そう。このときは1名ずつ集まりましょうっていうことだったから、学校の名前がずらっとあって。でも、『学校図書館活性化マニュアル』[2]のときは希望者だったから、ちょっと増えたんですよ。

清水：ロ小学校、多くなかったですか？

C：ロ小学校は多かったね、そういえば。

清水：7名くらい入ってたと思うんですよ。

C：ロ小学校はね、学校改築があったんですよ。校舎を新しくする、教室の横にワークスペースのある学校にするっていうことで、いろんな所の学校も見に行ってはった。で、たぶんたくさん入ってはるんだと思うんですよ。

　でも、あのとき、ロ小学校の先生がなんかの場面で、「図書館に本を置くんじゃなくってワークスペースに本を分散して、子どもたちのすぐそばに本があるのがいい」っていう発言をしたら、「それは違う」っていうのがありましたよね。あれ何の場面でしたっけ。「いや、そうじゃない。やっぱり本は一つのところにあって、そこで見る。すると、隣りで違う棚から持ってきた本で調べている人がいたりして、それに刺激されてまた広がっていくんだ」って。「ワークスペースに固めてしまったら、そこのしか使えない」っていうような意見もね。

　ロ小学校の人たちはあの時点では、そういう新しい学校の設計の中で「図書館をどう作っていったらいいか」ということへの関心もあったのかなって思う。だから、もしかしたら複数入ってはるかもしれない。

髙木：ありましたね、そういえばそういう論議が。ロ小学校にはまだ司書が入ってなかった最初のころね。

C：だから、とってもおもしろいところにいさしてもらったんだと思う。

● 図書館活用の実践

〈図書館利用指導〉

髙木：**イ**小学校で研究指定を受けて、図書館教育について研究をなさった後に**ロ**小学校に異動になられたでしょ。

C：はいそうです。

髙木：先生が**イ**小学校にいらしたときは、司書がまだ配置されてなかったんですよね。**イ**小学校は最後でしたよね、司書が入ったのは。**ロ**小学校に移られたときには司書がいたんでしょうか。

清水：1995年、私が初任のときに一緒に。先生とは同時なんです赴任が。

C：**イ**小学校で研究してる時は、調べ学習のための本は、結局、公共図書館を3ヵ所くらいまわって私が集めた。3館まわって2、3冊ずつ集まれば、**イ**小学校は小規模校で人数が少ないからね、複数冊その子たちの調べるものは用意できるから、そうやって公共図書館は利用しましたよね。

髙木：図書費もちょっと増額になりました？

C：なった、なった。それでも、「図書館としての蔵書をつくっていくためにはこんな本を揃えとけばいい」っていうのは、司書じゃないからわからなくって。「自分が今度授業に使うものを集めてこよう」っていうので、自分で選んできてる。

髙木：ああ、「この単元に必要なもの」って？

C：そう。それと、自分で選んできたんだから子どもたちにも伝えられるし。

髙木：じゃあ、**ロ**小学校に移られて司書がいて、そこでの学校図書館の活用っていうのは、**イ**小学校時代と違いってありましたか？

C：そらあ、自分の視点以上にいっぱい集めてくれるし。やっぱり偏ってますよね、自分が集めるものは。すぐ使えるような、子どもたちがすぐ調べられるようなものかな。司書の人はもうちょっと違うところの本も集めてくれはった。私が最初に清水さんと一緒にやったのは、忍たま乱太郎。

清水：3年生ですよね。3年生の忍たま乱太郎です。

C：総合のテーマが忍者だったの。忍者っていうか、「昔の暮らしについて」だった。スルメの干し方とか大八車とかね、そういうのが欲しかったの。偏ってたよね。

高木：ロ小学校で総合学習を始めたのは、まだ「総合的な学習」が始まる前の1990年代後半のころですね。

清水：忍たま乱太郎にでてきた昔の道具とか。

C：どんでん返しはどうやってつくるかとかね（笑）。だから資料は学校には無い。すぐには無くって。それで清水さんと一緒に探したんかな。

清水：多分、蔵書もまだそろってないし、ロ小学校の総合がとっても多彩になってるのに、そんな視点で蔵書は構成されていなくて。予算は増えてたけど、担当された先生が分かる範囲で買ってるので、なんか、星とか理科の本ばっかりが新しくなっていたりとか。「予算を使いきるのがとってもしんどかった」って。司書がいないあいだ、予算が多すぎて何を買っていいのかわからないけど、「とにかく買わなくちゃいけない」っていうのでとても困ったんだっていう話は聞いていて。

　で、きっとそれぞれの教科に役に立つかもしれないものは入っているけれども、総合学習に役に立つようなものはまだ全然入ってなかったから、言われたものは公共図書館に走っていって探す。それに、私も資料を知らなかったから、丸投げじゃないけど、他の学校の司書に「助けてー」っていう膨大な量のFAXを送って本を集めた。

高木：そうそう、依頼がよくきましたね。

清水：市立からも他校からも「ロ小学校のために働いてるみたい」状態になった。でも、他がまだ総合が活発じゃなかったし、ロ小学校の総合もずっと培ってきたとはいえ、まだなんていうか、試作じゃないけど毎回さぐりさぐりだったから……。

C：それとね、ロ小学校の総合はね、本でちょっと調べて、そこから次は「人」に、「地域」に出てったから、「そこまで本を用意してもらわなくていいんだ」みたいな雰囲気も一方であったと思う。

高木：それが、徐々に変わってきましたか？　図書館の使い方は。

清水：たぶん、ロ小学校の場合は、地域とつながるっていうところに重きを置い

てるから、あんまり「本をていねいに使って」ということへのこだわりはなかっ
たんじゃないかな。むしろ、もっとこう、外とつながっていく……。

C：そっちにみんなの視点はあったと思うんだけどね。でも、だけどやっぱり
……。

清水：3年生の「忍たま乱太郎」をやったときは、先生がとってもていねいに調
べ方の例を模造紙に書いて、提示したりしてましたね、学年で。

C：分類番号とかの勉強もして。分類番号教えたら子どもたちが「何類の本はど
こにある？」とか、司書の先生への聞き方が違ってきたと。いままでは「なん
かない？」とかやったけど、分類を知ったら自分でそこの棚へ行くとか。そん
なことが分かったり。

髙木：それは、イ小学校のときにはあまり分類は意識なさってなくて、ロ小学校
に来たときに子どもにやっぱり教えたほうがいいっていうことになったんです
か？

C：分類番号があるというのはもちろんイ小学校にいるときにも勉強してた。そ
れを子どもたちにどう教えたかまではちょっと覚えてないんだけど。イ小学校
でも昆虫について調べたりしてたし、生活科のカニなんかを飼育する方法が分
かる調べやすい本だとかは一生懸命探したと思う。どんな本を入れると子ども
たちが分かりやすいかなとか、いくつか見比べて、そういう本は入れてた。そ
ういうことはロ小学校時代と違わないんだけど、イ小学校のときはまだまだ本
で調べて、せいぜいそれで調べたことで豆腐を実際に作ってみようとか、そん
なふうな展開だった。

　でも、ロ小学校の場合は本も使うけど、その先が広いというか、その辺が違っ
ていた。だからいろんな分野に関心を広げてほしいという思いがあって、分類
を子どもたちに意識させたのかもしれない。ただ、例えば伝統工業の調べ学習
でも1冊の本から丸写しにしてしまって、資料の調べ方やまとめ方が指導しき
れてなくてしんどいとか、そういうことは同じだったんじゃないかなぁ。丸写
しじゃないようにするにはどうしたらいいか……、そういう課題はずっと私の
なかにはあるかなぁ。「調べ方」っていうか……。

髙木：ということは、利用指導的なもの？

158

C：必要ですよね。

高木：司書の人が入ってからのほうが、子どもたちに指導しやすかったっていうことはありますか？

C：それはそうですね。実際には、説明は私がしたけど、「2類の本はこれがいい」とか「自然科学だったらこんなの」とか、子どもたちに紹介する本は一緒に用意してもらった記憶があるなあ。

清水：C先生は結構図鑑の使い方指導とかも活発にされてた。植物もいっぱい持ってきて、その植物を実際に図鑑で調べさせる指導とか。

高木：市教研でもね、図鑑の使い方のワークシートの研究のときに、C先生の実践報告を聞いてみんなで検討したことがありましたね。

清水：そんなときには、その利用指導のワークシートに入れるのに、例えば「目次ならどの本が使いよいかなあ」っていうのを二人で相談した。その時に学研の図鑑ではむつかしいって言って、ソフトカバーのものを「これがいいね」って。「2年生くらいならこれが調べやすいよね」って相談したり。

C：したよね、そういうこと。

清水：ていねいな作業をしてましたね。でも、それが他の人に広がったかっていうと、なかなかちょっと、どうだったかなと思うけれども。C先生のクラスはやってました（笑）。

C：広がったかっていうと、そうやね。そこがずーっと続く課題かな。

〈調べ学習の課題〉

高木：子どもたちの興味関心も、資料が多ければまた変わってくると思うんですけれど、逆に司書がいることで、ご自分として何か課題はありますか？

C：そうねえ。お願いしたら本が集まってくる。自分じゃそうやって図書館3館回って「これはいいかな、どうかなあ」って調べたことの行程はなくなりますよね。で、集めてもらったものを使う。そこはもう省略してしまってたと思う。

　　　だけどやっぱり本当は、教師も司書も、両方がそれをやらなければならないだろうな。司書の先生も子どもたちがどう選ぶか、どう使いやすいのかっていうのは情報として欲しいって言わはるし。確かにそう。だけど、教師は「この

授業に関連する本はどんなのがあるか」っていうところは弱いから教えてもらう。だからほんと、私、両方でやらないと次には繋がらないなとはいつも思ってましたね。でも、やっぱり、司書の先生は本を集めてくれはる。初めは「もう、そんなことまでしてもらって」って言ってたけど、だんだんそれが当たり前になって、ブックトラックに本がたくさんのってくる。で、先生たちも子どもたちが調べてる時はある程度見るけど、ま、そんなに本の内容知らなくても調べ学習ができてしまう。……できてしまってたかなぁ。

　それでもね、一緒にやろうとしてくれてる先生がいるうちはいいんだけど、それを「3時間で調べなさい」とかになってくると、なかなかねえ。本当は、「調べ学習」でどんなことを調べたいのか、そのために子どもたちがいろいろな情報にあたって、やっと「みつけた！」っていう体験をしてほしいのに、調べ学習が簡単にできてしまうというか。

髙木：調べる時間数が昔より取れなくなってきたっていうことですか？

C：というより、昔はそういうこと調べてなかったよね。「本でいろいろ調べよう」っていうのは。だいたい本もなかったし。いまは教科書も「調べましょう」に変わってきている。「調べましょう」があって、本があったら、やっぱり「図書館に行って調べよう」になって、ある程度の掲示物もできるし。そういうふうに利用はできていったと思う。まあ、一定でも子どもは触れるようにはなったから、その面はよかったかな。

　教科書だけで勉強するんじゃなくて、いろんな本にいろんなことが載ってるってことは知れたからいいと思うんだけど。でも、それが理解できてるかどうかっていうと、理解のしんどい子は丸写しだったり、どう書いたらいいか苦痛だったりということは、実際にはあったんじゃないかなって思う。見え隠れする課題かな。だって困ってる子いるもんね。途中から学習をサポートする支援担当になってクラスに入ったとき、「え、これを1時間で書くの？　むつかしいやろなぁ」って思ったことあったから。

髙木：それは先生が担任を外れて、そういう立場になって、気がついたところでしょうか？

C：うーん……でもね、私はやっぱり**イ**小学校のときも、子どもたちが調べたり

するの、むつかしいなと思ったのね。例えば、調べるテーマも。『学校図書館活性化マニュアル』の「調べ学習について」を担当してたからかもしれないけど。このころのってよく見ると、とっても恥ずかしい授業案よね。「調べましょう。まとめましょう」ぐらいの、も、ほんと……。

髙木：初期のものですものね。

C：初期。でも、これでも作った気でいた。だけど、やっぱりこれじゃ調べられないのよね。どういうテーマだったら子どもが調べやすいかなとか。それから、まとめるのだって、丸写しじゃ説明もできないし、とか。だから、「やりなさい」じゃやれないから、子どもも困ってるし、私も一人ひとりにていねいにアドバイスがしきれない。できないから、なんか調べやすいテーマにしようとか、指導方法を変えなきゃなっていう意識があって、いろんな実践を聞いたりしてやっていた。

髙木：それは校内で？　先生方とそういう悩みとか、「うちのクラスはこんな課題があるんだけど」っていうような話をなさってたんですか？

C：その辺は「学校図書館を考える会・近畿」（以下：「近畿」）でかなぁ。

髙木：「近畿」には教師の人たちの研究グループもありましたよね。先生はそこに悩みをもって、外の研修会に行って勉強しようっていう思いがあって、「近畿」に入られたり、いろんな研究会に出て行かれたということですか？

C：そうですね。

髙木：学校司書は資料を集めて提供しても、それが本当に活用されているのか、有効に図書館が機能できてるのかっていうことを知りたいという思いがある。でも、いま先生が言われたような課題は子どもの学びの場面で、大事な視点だと思うんですが、そういうところの解決方法は？　うーん……。

　　　図書館の授業研究とかはどうですか？　そういう課題が話し合われるような研究会ってありましたか？　市教研でもワークシートの研究とかはあっても、そこまでの内容の深いところでの検討っていうのはどうなんでしょう。

C：初めイ小学校でやってたころは、「図書館教育の充実を目指して」、そんなタイトルで研究していた。図書館教育を広めようとしていた。それにはいまのワークシートもそうだけど、そういう利用指導だとかも入っていた。だけど、だん

だん図書館があるのは当たり前になってきて。徐々に「図書館教育じゃなくて、総合的な学習のなかで図書館を利用するとか、国語教育のなかで図書館を」っていうのが本来の姿だろうっていう視点も片方で出てきて。

確かに「○○教育」をしましょうっていうとね、もうアップアップじゃないですか。国際理解教育とか、英語教育とか校内で研究していかなければならない学習や教科がいろいろある。指導要領が変わると新たな研究教科が加わる。でも、図書館の場合はいろいろな学習のベースに図書館があって使えるようになっていったらいいわけだから、その学習のなかで使えるように指導していけばいいのだと思う。じゃあ、それを誰がするのかっていう問題。図書館部がやっていかなあかんのか、それとも情報教育部……。それぞれの学校の組織にかかわってくる。

髙木：やっぱり段階があると思いますね。まず、いままで全く機能してなかった図書館が、司書が入って動きだして……。

C：本も増えて……。

髙木：図書館サービスができるようになってきたら、「図書館、みんな使いましょう」っていう時期に入る。

C：そうですね。

髙木：そこが普通になったら、図書館を使った授業をするんじゃなくて、図書館をどう活用して授業を深めていくかっていう段階。これが到達点だと思うんですが。学校全体で考えていくときに、司書や司書教諭が校内でどういう位置づけにあるといいのか。それから、校務分掌の組織図のなかでの図書館の位置づけも変わっていく、変えていくことも必要になるのかもしれないということ。

C：支援学級を担当するようになってからは市教研の図書館部会からも外れたけど、図書館部会は利用指導の研究をやろうとはしてましたよね。

髙木：そうですよね。

C：そのときに、「利用指導は誰がするのか」っていうような論議もありましたよね。「司書がやるものなのか？」っていうような話もあったけど、「状況に応じて、できる人がやればいいんじゃない？」「少しでも広まったらいいんじゃない？」っていうふうに、私が入ってた頃はそんな話もしてたけど。それはい

ま、どうなっているのかな？

〈指導に困ってないのか？〉

髙木：先生は市教研も含めて、**イ**小学校時代から図書館の利用指導に力をいれてたんですね。 それは何故ですか？

C：うーん。（間）　あんまりね、先生が困ってないのかな。私はね、困ったんですよ。**イ**小学校時代、調べ学習を子どもたちにさせようと思うじゃないですか。でも子どもたちは調べられないし、困ったんですよね。困ったから、「どうしよう」って思うんだけど。それで私は意識して図書館の利用指導をした。でも調べ学習をさせてる中で、他の先生方はあんがい適格にアドバイスしてはるのかな？

清水：先生方は困ってないと思う。子どもは、困っている子もいると思うけど、困っている期間が長くないじゃないですか。調べる時間が4時間も5時間も取れているわけじゃない。1時間か2時間でチャッチャとまとめて仕上げなきゃいけないから、困っている暇はないんですよ。選んだり、迷ったり、困ったりする暇はなくて、とにかく完成しなくちゃならないから、形にしちゃう。できようが、できまいが形にしちゃうから、困ってないかもしれない。

C：**イ**小学校で研究してたときはね、「この時間調べたこと」→「何が分かったか」→「次何を調べようと思うか」、で、次やってみて「ここまで来た」とかね、そんな記録を子どもたちに書かせながらやった。調べる時間も長かった。でも、子どもたち3人とか7人とか小規模校やったからね。

髙木：ていねいにそれができる。教師の側も、ていねいに子どもたちの学びのようすを……。

C：見れるしね。

髙木：「どこに困っているのか」っていうのもしっかり把握できますけど、やっぱり40人近い子どもたちがいるなかでは、先生方も難しいですね。

C：そうね、できない。だから、先生は困ると思うんだけどね。「この子はできてない」って分かると思うんだけど。でも、確かに困っている時間もないかもしれない……。

髙木：先生方も余裕のないスケジュールのなかでやっておられるとは思うんです

が、本当に図書館を使って授業をしようと思ったら、いろんな問題が見えてくると思うんです。それに、いま、若い先生が増えているから、学校図書館というものを先生方に認識してもらうには、もう一度、再スタートみたいなところがあるんじゃないかなと思うんですが、そういうところで、校内研修をするとしたらどういう内容のものが必要だと思われますか？

C：私が図書館担当、司書教諭、管理職などいろいろな立場を経験したからかもしれないけど、いま、図書館研修っていうのはね、なかなか打てないと思うんですよね。図書の時間にオリエンテーションとして、「図書館は学校のここだけじゃなくて、市立図書館とか、国立国会図書館までつながっていますよ」とかね、例えばそういう図書館のはたらきやシステムを子どもたちに伝えることは、ある一定できてる。

　だから、図書館教育をするんじゃなくて、「いろいろな教育活動のなかで図書館を」っていうところに、私は思いがある。うちの学校ではF先生（司書教諭）が発信してくれてる。情報をまとめるための情報カードのことを伝えてる。そこかなって。いまはそれを発信できたらいいなと思っている。ま、それには、図書館の機能のことも知らなきゃいけないけどね。

〈電子メディアの普及〉

髙木：そこは、私もほんとに難しいところだなと現役時代にも思ってました。「図書館教育の研修会をします」って言っても、先生方、もうひとつ興味が湧かないと思う。とくにいま、電子黒板が各教室にあって、昔だったら「図鑑で調べてみよう」って思ってたことでも、パッパッパッと、「ここにこんなふうに出てます」ってできてしまうような時代に入ってしまったところでね。

C：デジタル教科書がね、入ったんですよ。そしたら、家庭科でもね、ご飯の炊き方の写真があるんですよね。その写真も教科書のページがアップでパッと大きく出てくる。しかも、クリックしたら、動画も出てくる。だから、電子黒板もさわらないと使いこなせないですよね。で、使いこなすためにはそれなりの時間もいりますよね。昔なら、子どもたちに興味付けようと思って、「なんかいい写真がないかな」と思って先生も本で調べる。ま、結局、そうです。私が

６年生持ったときも、なんか関心がもてる図とか写真ないかなって調べて、そこを拡大コピーして、見せたりとかしてた。でも、それがなくっても……。

髙木：電子黒板があれば、拡大にもなるし。

Ｃ：そう。そう。（間）　そうだね……。ほんと、そう。

髙木：っていうことは、もうこれからの学校図書館は「読書するところ」になってしまう恐れもありますよね。そこはどうなんでしょうか。先生はやっぱり、そういう、ネット検索がもう主流になっていきつつある今、それでもやっぱり図書館資料は子どもたちにとって、重要だと思われますか？

〈調べること、学校図書館の役割〉

Ｃ：あの、ぜんぜん違う話なんだけど、大分前から卒業記念品にね、英和・和英の辞書を渡している。でも子どもたちが行く中学校では英語の授業でその辞書を使わないんだって。教科書の後ろに全部、新しい単語の意味や発音なんかが書いてあるから、いちいち調べなくてもいいんだって。でも、英語の先生からはやっぱり辞書というものに触れてほしいので「あったら嬉しいです」っていう答えをもらって、「やっぱりそうだよね」っていうことであげている。

結局、そうやって電子黒板があっても、自分で資料をみつけて「あった！」っていうのとは違うと思うから、私はやっぱり紙で触れることは大事だと思うね。それが、どれだけ時間とってあげられるかどうかは分からないけど。ただ、小学生でもインターネットで調べることは増えてきているけど、調べたとしてもそれが本当に正しいのかどうかとかの判断は、それこそね。だからこそ、よけいにもういっぺん元にもどって、いくつかの資料を見比べて、書いてある内容がどう違うかとか考える学習の時間はもちたいと思うけど。でも、実際もうそんな時間はないやろけど……。読書だけではね。

私ね、やっぱり「調べるっておもしろい」って基本的に思ってるところがある。

髙木：ただ、私たちの年代は、それが普通と思うけど、いまの新任の先生方の意識のなかでは、もうネットで調べられたらそれでＯＫっていうのが日常になりつつあるんじゃないでしょうか。だから、ほんとに意識して取り組んでいかないと。本で見比べたりすることが大事なんだということが納得できなきゃ、こ

んな忙しい時間のなかでは子どもたちに指導はなさらないんじゃないかな。だからこそ、研修でね、「あ、そうなんだ！」っていうようなことを、先生方に実感してもらえるようなことが要るかなぁって思ったりするんですけど。

清水：いまはまだ、教科書単元に「調べよう」っていうのがあるからやってる、みたいな雰囲気はあるかな。「やっとかなくちゃ」みたいな。

C：今年、Ｆ先生（司書教諭）は表現方法としてね、「調べたことをプレゼンする」というのを校内研修でやってすごくおもしろかった。だけど、それが、何冊もの本から情報を得てっていうところに力を入れてるかっていうと、そこまでの時間は多分取れてないと思う。

　PISA型の読解や学力テストのなかで言われている「書く力」は、いろんな表とかを読み込んで、そこから何が書いてあるか考えて、それを限られた字数でまとめるっていう、そういう力ですよね。それでいうと、情報をまとめといてそれをどう選択して書くか、それが大事な力かな。みんなが会社のなかでプレゼンするのにも必要なのは結局そういうことよね。「紙でのプレゼンだ」って言ってはったんだけどね、Ｆ先生は。それはすごくいいアピールだったんだと思う。

　だけど、じゃあみんながすぐやるかっていうとやらないのは……。まあもうちょっとていねいに研修がいるね。どうやって本や情報を集め、選択し、まとめるのか。違う学年と実践を交流するとかね。確かに若い先生、そんな経験がないよね。

髙木：自分たちが小・中学校の時に学校図書館が機能してて、ほんとに調べるってことを体験した人って、まだまだ教師のなかにもそう多くないと思いますね。

●調べることの楽しさを体験すること

〈子ども時代の思い出〉

C：私ね、このインタビューを依頼されて私の子どものころのことも聞きたいとか言われたときに、ふっと思ったのね。私、小学校の４年生、５年生、６年生のときに、「自由帳やりなさい」っていう宿題が多かったの。たぶん漢字ドリルとかもあったとは思うんだけどそれは覚えてなくて、ずっととにかく、自由

帳に「何をやろうか、何を勉強しようか」って考えてた。それがおもしろかった。私はハマったのね、それに。学研の百科事典が家にあった。20何巻あってね、それを使うのがおもしろかった。

　自由帳に書くために社会科をやって、新しい単語があったら、それを調べる。要は丸写ししてたんだけど、1ページ、2ページとそれをやることがおもしろかったから、私、結構これもいまの自分につながってるのかなあと。あんまり読書はしない子だったから、それはすごく自分のなかで覚えてる。

髙木：じゃあ、担任の先生がそれをご覧になって、何かコメントを書いてくださったり？

C：そうそう。でもね、いまみたいにていねいに書かないから、たいがいは3重丸ぐらいつけてはって、たまに「よくできました」って、そのぐらいだったけど自由帳ずっと大事に持ってた。まあ、それぐらいだったけど、なんかそれがおもしろかったね。で、また、そういうのが好きな子もいるから、何人かで。

髙木：刺激しあって？

C：うん、刺激しあって、かな。調べるとか、それはそのまま私の知識にはならなかったんだとは思うんだけど。

髙木：でも何か、本を見て自分の興味のある項目を？

C：そうそう、書いたり、絵を写したり、それはね、やってたかな。だから、子どもたちも「載ってる！」って発見したときの顔とか、その顔はおもしろい、素敵な顔して。それはどっかにあるなって。髙木さんがこのあいだ言ってくれはったことで思い出した。

髙木：ああそうですか、よかった（笑）。

〈「調べられてよかった」と思える学習〉

東谷：だからこそ、調べて、調べて、それで分かって「楽しい！」って先生にも子どもにも思っておいてもらわないと。「あっ、分かった！」と思わないと……。ただ、それが難しいけど。

清水：調べ学習は単元に入っているからやっているけど、それを楽しいと思っているかというと、そうは思っていない。子どもも思っていないし、先生方も「い

やあ、やらせておもしろかったね」とはあまり思っていないんじゃないかな？

C：うーん。だから逆に、なんだか中途半端なことをやらせて、「しんどい」と思わせないでほしいと思う。本当に簡単なことでいいから、「調べられてよかった」って思えるような学習を先ずはさせてほしい。

それがね、３年生って「昆虫のことを調べましょう」というのをやるじゃない？　今年の３年生もブックトラックに図鑑や関連の本をのせて学年のスペースに持って行ってやっていた。それぞれが虫のことを調べていたんだけど、教室に行ったらね、「先生、これ！こんなこと調べたんよ」と教えてくれる子がいてね。「これはね、絶対みんなは知らないと思う」と、ホタルのことだったと思うんだけど。あの顔を見たら、私は「ああ、今年の３年生の調べ学習は成功しているな」と思って。参観日に発表させるから、担任の先生も気合を入れて練習させておられたんだけど。そういうのが、学年で１個でもいいからできたらいいなあと思ってる。

髙木：いろいろ課題があるなかで、本当に難しい問題だとは思うんですけど、せっかくここまで整備されている箕面の学校図書館がもっと活用できたらいいですね。

C：そうだなあ。まずは、校長先生の姿かな？　校長先生が調べている姿を見せる。

髙木：それ、いいかもしれませんね（笑）。

東谷：「図書館でこんな本をみつけたよ。おもしろかった」って全校朝会で校長先生がいう（笑）。

清水：C先生がルリタテハを持ってきてくれたときは、子どもがうれしそうに調べる姿とか、交流する姿はもちろん期待したけど、それより私は全部担任の先生にふった。「子どもと一緒に調べてみてください」と、どのクラスの図書の時間にもそうもっていった。

いつもは読書が中心の図書の時間だけれど、「子どもたちが調べると思うので、一緒に関わってあげてくださいね」と、無理やり子どもと先生をセットでその場に。それで、そういう体験をされていないだろう若い先生はどう思われたか分からないけど、調べてみて「おもしろいな」と思ってくれた先生もいるだろうし、子どもがそうやってうれしそうに喜んでいる姿を感じてくださった

先生もあるかもしれない。そういうのを体験してほしいなと思って意図的に、わざと図書の時間に一日それをふったんです。

　図書館に置いておくと、好きな子は何べんも覗いて見たりとか、興味のある子はそこからいろいろ言ってきたりとかするけど、子どもしか見ていないの。先生は、ちらっと覗いたり、「モンシロチョウ、教室で飼ったことがあるわ」みたいなことはあっても、先生自身が興味をもって見られるのは少ない。なかにはそういう先生もいてはるけど、だいたいは子どもが調べていても知らん顔をするから、これはいけないと思って。調べるところに一緒にかかわる経験をして、ご自身もおもしろいなと思ってもらえないかなと。「調べることがおもしろい」まではいかないかもしれないけど、子どもの姿っていうか、そんなのを知ってほしいなと。ただ、それを全体指導としてしまうとそれは難しいので、図書の時間の1時間、「先生もかかわってくださいね」みたいに。

● 学校図書館へ期待すること

〈授業からでは見えない子どもの姿〉

髙木：学校司書に求めるものってありますか？　もっとこういうことをしてくれるといいなあとか。逆に教師に求めるもの。もっとこういうふうにすべきではないかとか。

C：あの、たまたま昨日、ルリタテハが蝶にかえるまぎわの蛹、庭で誰にも知られずにいるのはあまりにもったいないなと思って図書館に持ってきたの。Gさん（学校司書）もそれなりに調べてくれたり、「子どもたちに名前調べてるんだよって言ったら、一緒に調べてくれました」って報告してくれた。あんまり日ごろ本の話題につながらなかった子が、「どうしても気になる」とか言って見にきてくれた。それが職員室にいったん持っていってしまったら、「どうしていないの？」って聞かれたって。「校長先生のところに返した」って言ったら、「なんで！」とか言ってくるって、今朝も話しにきてくれた。このまえは、「おとなしい子だったり、目立たなかった子と、これで会話ができました」って言いにきてくれはったりね。Gさんがそれを実感してくれたんはすごいよかった。

　図書館は本を貸してくれるところだし、「なんかおもしろい本ない？」って

聞かれることもあるけど、なんか逆にそういうきっかけになるようなものが いっぱいあるところっていうふうに図書館をしてもらえたらいいなと思って る。ほら、ハロウィンのころに大きなかぼちゃを並べて重さ当てをするとか、 学校司書の人、みんないっぱいしてたじゃないですか。

　　実物を子どもたちに見せるってことで言えば、私、津田妍子さんの会にしば らく通ってたことがある。

東谷：「科学あそびの会」ですね。

C：あの部屋はごちゃごちゃといろんなものがあってね。そこにカイコもいたの。 実際にクラスでカイコを育ててたとき、ちょっと勉強面もしんどいし、会話も しんどい子がずーっとカイコ見ててね。それで、「ああ、この子、こういう面 もあるなあ」とか発見があった。

　　そんな、授業からでは見えない子どもの姿がいろいろと広がる。本が好きな のも、もちろんだけど、学校図書館はそういうところでもあったらいいなと思う。

髙木：学校図書館はただ本を置いてあるだけじゃなくて、いろんな子どもたちの 興味、関心、好奇心、「なんでだろ？」っていう疑問、そういうのを刺激する 場である……。

C：そうですね。だから、さっき言った、**ロ**小学校の図書館をそういうふう（ワー クスペースに本を分散する）にしたらダメで、いろんなお兄ちゃん、お姉ちゃん もいるところで、なんかやってるのを見て、「僕もそれしたい」とか言ってく る場。

　　予約制度もそうですね。人が読んでるのをみて、「あ、僕もそれ借りよう！」 とか言ってくるでしょ。いろんな人が刺激しあう場。まあ今でも十分そういう 場なんだと思うんだけどね。Gさんが言ってくれたから、改めて、「ああそう だなあ」と思った。

　　だから、懲りずに、また違うものも持ってこようかなと。アケビがいま開い てるなあとか（笑）。なんか、「せねばならないことじゃない空間」かな……。 ふらっと来て、みんながしてることを見るだけでも楽しい場。……と、いま、 言われて思うけどね（笑）。

　　でも、司書の先生もすごく忙しいから、時間ももういっぱいじゃないですか。

だからそこは、べつにそれこそ「せねばならない」じゃないから、自分の好きなものを……。Gさんもね、旅行先でアンモナイト売ってたからって図書館に持ってきて。で、それを恐竜のおもちゃと一緒に置いといたら、やっぱり好きな子いるじゃない。ほんなら声かけてね、会話が生まれる。そんなこともやってくれてる。

〈司書教諭と学校司書のはたらきかけ〉

C：教師に求めることはねぇ……。先生もほんまに、めいっぱい働いてる。

髙木：そうですよね。

C：いっぱい働いてる。9月の末に運動会が終わったでしょ。それで、10月9日に校区の人権研修会があって、今年は校区の幼・小・中学校の先生がうちの学校に授業参観に来たの。それで、全クラスの授業を公開したんですよ。

髙木：全クラス！

C：全クラスなんですよ。「人間関係づくり」の授業を全クラスでしました。指導案も各学年、基本の形は同じパターンにして。子どもたちのようすを少し付け加えたものを。だから、各先生方が作ったのを教室の前に置くことができて。で、ちょっとした、それこそ公開研（公開授業研究会）みたいなね。

　　先生たちにとっては「それをせねばならない」なんだけど、一応そういうしばりはあるんだけど。そしたらね、ある学年は人間関係づくりの授業をやるために自分たちで劇を作ってビデオに撮って、子どもたちに提示する教材にしはってん。4人で。

髙木：自分たちで劇をしたんですか。

C：自分たちの劇を見せて、子どもたちに考えさせるんだと言ってね。「できた！」って職員室に戻ってきたときにも満足してはったけど、当日子どもたちもそれ見てすっごくいい顔して。先生が演じてるわけやからね。（少し沈黙）そういうことが生まれてくるのね。それをやってくれはる学校やなって、すごくよかった。それをこの運動会をはさんだ1ヵ月足らずのなかでやってくれてはる。

　　英語教育もね、がんばってやってくれてはるのね。どのクラスも皆楽しくやっ

てくれてはるから、子どもたちも楽しいし。すごく前向きに、「やろう！」って。
……目いっぱい。

　だから、なんか、ポーンと「これが大切だから図書館教育をやります」じゃ
なくって、先生たちがしようとしていることに乗っかってやれたらな、とはす
ごく思う。いまそうやって、「若い先生たちは図書館の活用を経験してないん
じゃない？」って言われると、確かにそうだなとは思うんだけど……。

髙木：そのところに、図書館として何か支援できるようなものはないかって考え
るのは学校司書だと思うんですけども、教師の立場から、教師にもそういう働
きかけをしながらみんなの意識を学校図書館の活用にもっていくっていうのは
やっぱり司書教諭の仕事かなって、いま先生の話を伺ってて改めて思ったんで
すけどね。

C：Gさん（学校司書）とF先生（司書教諭）が提案してるのを聞いてね、同じ提
案ひとつするのも、司書の先生が言うのと、司書の先生と司書教諭の先生が一
緒になって言うのは、やっぱり映りが違うなあって思う。司書教諭だけで言う
のも、司書教諭の役割の一つなんだけど、「あ、図書館ていうのは司書の先生
と一緒にこうやるもんだな」って先生方が思うのは大事かなって、二人が提案
してくれるのを聞いて思った。それって、ロ小学校でもいっしょだったかな？

清水：でも、ロ小学校のときはまだ司書教諭がいなかったから。

C：あ、そうか。

清水：校務分掌の部会が二部制になってて、図書部にも各学年から先生が一人は
入ってました。図書部の先生がとても大勢いらっしゃったんですよ、ロ小学校
は。だから、そこにいるだけでひととおり全学年の先生と一緒に話ができるっ
ていう。で、それぞれが学年に持ちかえってくれるっていうベースがあった。
図書部の代表はC先生だったけれども、「司書教諭」っていうほどのまだなんか、
なんていうかな……。

髙木：発令はなかった、ロ小学校のときはね。

清水：まだなかったから。だから、みんなで一緒に、図書部みんなでやっているっ
ていう感じだったと思うんですよ。で、次に行った小学校の時はもう完全に司
書教諭が発令されていた。そこでもC先生と一緒のときがありましたね。で、

172

先生が司書教諭のときもあった。そのときは、昔なら司書が言ってた部分をまずはとにかく司書教諭が発信して。で、そこに、「私が補足します」っていうのを……。

C：やってたね。

清水：C先生は分かってるから、お互いに。そんなに役割をいろいろしなくても、だいたい補いあえる。それこそ、一緒に実践報告も何べんもしてきてるので、なんかお互い聞きながら、あ、ここ足りないなっていうのを補えあえるものがあったので、そんなに綿密に打ち合わせをしなくてもいけたと思う。

けど、他の先生になってからは、自分のなかで結構意識して、「ここは司書教諭に言ってもらおう」、で、「補足する形でこれを私が言おう」みたいなのは、ちょっと事前に打ち合わせて発信してました。だんだんそうしてると、担当になられた先生も「あ、司書教諭っていうのはこういうのを発信するのか」っていうのがなんとなく分かって。どっちが言ってもいいこともあるんだけど、「校内で推進するには教諭からの発信が大事」みたいな雰囲気が一定先生方のなかにも要るかなあという感じ。

● 学校司書の専門性

髙木：学校司書の専門性として、どういう資格が必要だと思いますか？　箕面の場合は、「司書資格のある者」っていうので採用しているんですよね。

C：司書資格がある……。だから、一定、本に精通しているっていうことだよね。

髙木：うーん、そうですね。資格を取得した時点で本に精通しているかどうかは言えないと思いますが、図書館学の科目を学んできている。いま、司書教諭は5科目10単位になってるんですね。で、司書資格は13科目24単位。司書教諭科目より図書館学の専門分野の科目が多い。で、そういった司書資格だけでいいのか、もうちょっとプラスαがあったほうがいいのか。公共図書館司書と学校図書館司書が同じか違うかっていうところにもかかわると思うんですけれども。どういったものが必要と思われますか？

C：教師にも誰にでも言えることだけど、いま求められてるのはコミュニケーション力かなって思うんです。けど、それは公共図書館の司書でも要りますよね。

確かにそれは要る。そしたら公共の司書さんとの違いっていうと、やっぱり授業のなかで図書館や資料をどう使うかってことを知っているかどうか、ということになりますよね。

高木：どんな授業をしてるかをちゃんと分かってることが求められる、ということ。

Ｃ：それって、授業で何単位かとって身につくことなんだろうか。

高木：例えば、教師になる場合は教育方法とかそういう科目が……。

Ｃ：ありますよね。

高木：そういうのを学校司書も修得しておくべきなのか。

Ｃ：逆に、教諭の資格のなかに図書館を使う授業について学ぶ科目なんかないよね。

高木：そこがね。ほんとは司書教諭科目の大半は教員養成の科目のなかにあるべきだって言う人もいますよね。司書教諭だけじゃなくて、すべての先生が学んどくべきじゃないかって言う人も。

Ｃ：司書教諭科目のなかにはそれはある？　私は古い科目のときに取ったからいまの科目は分からない。

高木：「学習指導と学校図書館」が関連する科目かな。他には、「学校経営と学校図書館」「学校図書館メディアの構成」「読書と豊かな人間性」、それから「情報メディアの活用」というのがあります。

Ｃ：「学校図書館メディアの構成」は分類とかは入ってるでしょ。司書の科目にもある分類。

高木：そうですね。司書科目と重なると言えばそこかな。だから、資料を使った学習に関連するもので言えば「学習指導と学校図書館」。

Ｃ：関連するのがあるのなら、司書教諭資格の単位のその部分。自分が授業を組み立てなくても、そういう例をいくつか知っておくっていうのは要るかな。
　　最初のころに司書の先生たちも、「絶対この本で調べられる」と思って提供してくれたけれども「使いにくかった」って言われて、「あ、そうなんですね」っていうやりとりがけっこうあったと思うんですよ。最初のときはね。だから、そういうイメージをもって学校に配属されるほうがきっといいよね。

高木：私もありました。私は公共図書館で仕事をしていた時期があって、そのころは毎年必ず方言調べにくる子たちがいて、「方言のってる本ある？」って言

われたときに、私は定番で「あ、これがいいよ」って渡してた本があったんです。でも、実際に学校に入って、先生が買ってあった方言関連の本を見たら、そのシリーズがなかったんですよ。「あれ？」って思って。ところが、私が「この本はどうかなぁ」と思ってた本を、先生は「これが使いやすいのよね。読むのが苦手な子はイラストがあるほうが分かりやすい」って。

　やっぱり教師が目の前にいる子どもを見ながら選ぶ資料と、公共の司書、ま、全部の司書の人を私とイコールにしちゃいけないんだけど、私がそのときにいいと思ってた資料の評価と違ってたのが、すごく自分のなかでガーンときて、学校司書として学んでいかなきゃいけないことがいっぱいあるなって思ったんです。ま、関連本がいろいろあるほうがいいと思ったから私の選んだ本も入れましたけどね。

C：ただ片方で、先生が「こちらの資料のほうが、子どもたちは調べやすいのよね」と言ったときの視点が、どうなんだろう……。私はちょっと自信がないところがあったなあ。本当に「この子」にとって適した本なんだろうかとか。でも、ぴったり合うものはないよね。だからこそ、いっぱいある資料のなかから探すというものなんだから。

髙木：ということは、先生も資料というものを知る、読み解いておくことが必要というか……。

C：そこは、絶対的に足りないと思うわ。

東谷：読み解くのもそうなんだけど、自分がどんどん調べるというのを経験されていなかったらだめなんじゃないかな。C先生が子どものときに経験した自由帳に書く宿題。百科事典で知らない言葉を調べて「ああ、そうかあ！」と分かった。そしたらまた知らない言葉が出てきて、調べて……、という話がありましたが、そういう経験をしているか、していないかでやっぱり違うだろうなというのは、思いますね。「あっ、これが詳しく分かった！」でも、また分からない言葉が出てきた。で、次に分かって「おもしろい！」と思う気持ち。それが楽しいと思ったら授業も変わってくるんじゃないかな。

C：そんなことは私のなかで全然つながってなかったんだけど、私の場合、**イ**小学校の子が目の前で「あっ、これに載っていた！」とかって目を輝かせた体験

は、やっぱり私のなかでは大きいんだろうなと思う。

東谷：伺っていて、先生がそこを体験しているか、していないかっていうのは、やっぱり大きいかな。

C：それを体験していない先生、スマホで調べている先生にしたら、「教科書にはこんなに『調べましょう』って書いてあるけど、子どもには難しいし時間のかかることをなんでさせるんだろう」と思うかもしれないね。でもじゃあ本当に、複数の本を調べて身につく力と、そうではなくスマホで調べてつく力と、どこがどう違うのか。それが証明できるかというと、いまはまだ分からないですよね。

　これからの時代、インターネット検索がいち早くできるか、すばやくヒットできるかが有効なのかもしれないね。それはそれでおもしろいのかもしれない。ただ、うちの娘なんかはあっというまにヒットできるけど、私だといくらやっても見つからなかったりするわけじゃない？　時代が大きく変化していくときなのかなあ。

髙木：ということは、司書も資料に精通しなくてはならないけど、先生も少なくとも自分の学校にある資料というものに精通する。そういうことができるような研修。精通まではいかなくても、ネット情報も含めて見比べるとかそういう研修というのが、いま聞いていて、もしかしたら新しい授業、「ああ、今度この単元でしてみよう」という新たな発想につながるのかなと思ったりするんですけど。

C：（少し沈黙）　研修ねえ、本当に今研修っていっぱいあるのよね。英語の研修もバンバンあるし、難しいなあ。

髙木：そういったなかで、そういう図書館の研修をもつのは難しい？

清水：いま聞いていて、私も難しいと思った。今そんなテーマでは研修を入れられないような気がする。

C：うーん、確かに研修を組むのは難しい。でもね、箕面市は図書館や学校司書を大事にしようとしていると思うんですよ。最近も「もみじだより」（市の広報誌）の「箕面の教育」のページ[4]に、「全市立小・中学校に専任の学校図書館司書を配置し、休み時間や放課後でも、子どもが自由に学校図書館を利用できる環境

を整えています。」と書いているし。

　でも、いまはそれがあたりまえだけど、「図書館を使って、こんなことができているよ」と先生も実感していかないといけないな。だっていまのほとんどの箕面の先生方は、図書館に鍵がかかっていたころを知らないわけだから。でも司書がいなくて図書館に鍵がかかったら、あっというまに使わなくなると思う。30年前にはすぐ戻れるよね。

髙木：そうでしょうね。

● 尾原淳夫さんのこと

髙木：最後に一つお尋ねしたいのですが。尾原淳夫さんのことです。

C：尾原さん？

髙木：講演会に呼ばれたでしょう？　『箕面市学校図書館白書』[5]の「箕面市における学校図書館のこれまでのあゆみ」に書いてありました。たぶん、「箕面市学校図書館運営検討委員会」が立ち上がった1989年から1992年ごろのことだと思います。

　この白書に、「検討会では、研修会や先進校の見学を計画し、メンバーひとりひとりが研修を受ける中で『わたしたち箕面市の学校図書館』をイメージしていくことが求められた。故・尾原淳夫氏（金蘭短期大学教授、『学校図書館の活性化』[6]の著者）の講演では、『学校図書館は利用されてこそ意味がある。それには、まず入りやすい図書館でなければならない。』と述べられ、それまでの学校図書館運営が、利用者のためではなく、管理者の視点で行われてきたことに気づかされた。」[7]とあるんですが。

C：私、この本はいまもぱっと頭に浮かぶし、『提言書』とかほかのときにも、すごく参考にした。

髙木：では、だれが尾原さんを推薦して講演会に呼ばれたかというのは、覚えていないですか？

C：うーん……、そのへんのところは詳しく知らない。

髙木：いや、なぜかと言うと、尾原淳夫さんは戦後すぐにできた全国SLA創成期のメンバーのお一人で、大阪市教育委員会の指導主事も長いことなさってお

られた方でした。

C：もしかしたらそのころ、西宮市（兵庫県）の先生とかに教えてもらったのかもしれない。

髙木：西宮は澤利政[8]先生が学校図書館に力を注がれていました。

C：そうそう、そうだよね。

髙木：その関係で、尾原さんを箕面に呼ばれたんでしょうか？　私が学校に入るまえのことだったので、ちょっと聞きたいなと思いました。長時間ありがとうございました。

注

[1]　岡山市学校図書館ビデオ制作委員会『本があって、人がいて——学校図書館と子どもたち』　1991

[2]　「学校図書館運営の手引き（仮称）」作成委員会　箕面市教育委員会　1993.3

[3]　津田妍子（つだけんこ）。地域文庫、図書館、子ども向けの施設などで子どもの本の紹介・評論と科学あそびの実践・普及に携わる。『科学あそび大図鑑』大月書店　1996　他著書あり　2016年没。

[4]　箕面市広報誌「もみじだより」2015年7月号　p3

[5]　『本とであう　人とであう　ふしぎと出会う（箕面市学校図書館白書）』箕面市教育研究会・箕面市学校図書館司書連絡会／編、箕面市教育委員　2002.2

[6]　尾原淳夫『学校図書館の活性化』学芸図書　1984

[7]　前掲　注5　p10

[8]　澤利政（1927-2011）：兵庫県小・中・高校、西宮市・兵庫県教育委員会。退職後大阪教育大学、関西学院大学等で学校図書館科目担当。『学びを豊かにする学校図書館』関西学院大学出版会出版サービス　2003　他著書あり

D氏へのインタビュー

日　時：2015年10月17日（土）
場　所：D氏勤務校図書館
聞き手：髙木享子・東谷めぐみ
D氏プロフィール：1958年生まれ。小学校教諭。教員歴35年。

● 教師への道

〈小学校教諭を選んだこと〉

髙木：今日はよろしくお願いします。さっそくですが、先生に回答いただいたアンケートの順番にお聞きしたいと思うんですが、先生は大学卒業してすぐに先生になられたのですか？

D：はい、そうです。

髙木：先生になろうと思われたのが「中学校時代」と書いてくださっているんですけども、動機については「その他」に○がつけてあるのですが、さしつかえなければ教えていただけますか？　教師という職業にあこがれたとか、そういうことですか？

D：若干それもあるかもしれないんですが、たぶん自分の家のこと。私の家は父がものすごく強い家庭で。母は、一応いろんな免許をもってたんですね。洋裁や和裁の免許や、役に立つかわからへんけどお花とかお茶とかももってて。母は洋裁で自分も身を立てたかったみたいなんです。ところが、それをやっていると父が、「なんでだ、俺の稼ぎでは文句があるのか」みたいなことを言うような家だったんですよ。で、母はしょうがないので、外のものを頼まれて少しは仕事をやってたんですが、だんだんやらなくなって、最終的には子どものものは作るみたいな感じになって。私はそれを見て、とっても不本意だったんですね。「なんでそんなふうに女の人は生きなあかんのやろ」、みたいな。なので、一生働ける職種というのをまず考えたんです。

　で、「その他」になってるのは、一生働けるのは、あのときの私の拙い知識

では看護婦か学校の先生ぐらいしか浮かばなかったんですよ。最初はナイチンゲールとかにあこがれたの、伝記を読んで。「すごいな、素敵やな」と思って看護婦になりたいとまずは思ったんです。でも、自分は血を見ると怖いし、几帳面な性格じゃないし、とんでもないけどできないと思ったんですよ。でも、人間相手の仕事はすごく惹かれた。やっぱりなんか、根本的に人間相手の仕事しか考えてなかったんですよね、自分は。なので、中学校のときに会ったクラブの先生が、すごく、なんていうか、あこがれというか、特別な人だったんですよ。日体大に入って4年間バスケットをやってきて、体育の先生だったんですけど、ものすごく怖い。だけど、8歳も年下の体育の先生と結婚したような、なんかちょっと飛び抜けた人だったんですよね。それもあったと思います。で、じゃあ私も一生先生という職種について、ずっと働こうと思ったのがきっかけです。

髙木：私と先生は5つくらい違うのかな。ちょっとお若い世代ですけど、あのころ自分の両親の世代っていったら、だいたい女の人は専業主婦で、それが当たり前でしたよね。でも、お母様が仕事をしたいのに許されないのを見て、自立を目指されたわけですか。

D：だから、子ども心にたぶんね。例えば友だちと、あの頃やったら50円でお好み焼きを売ってたんですけど、私は友だちと一緒にどうしてもそのお好み焼きを買って食べたかった。で、母に「いいか？」って一生懸命頼みこんだらOKだった。友だちがそれで誘いにきたんですよ。それなのに、そのときに父親が家にいて、「ダメだ」って言ったんですよ。そしたら、母は「ダメやろ」って言ったんですよ。そのときの理不尽さ。「だってお母さん、いいって言ったやん。友だちが来たときにダメってどういうことなの！」って。いまから食べにいくって誘いにきたのにね。で、そのときのこと私は鮮明に覚えてるんです、「そんなのおかしい！」って。

　子ども心に行きたかったからですよね。そう思ったのがたぶん、自分の記憶のなかの、「え、なんで従わなあかんねん！」みたいなきっかけやったと思います。

髙木：そうですか。それで、大学を選ぶときは教師になろうと？

D：一応、教育大学に。

髙木：小学校の課程のなかでも、いろいろ専門てあるんですよね？

D：じつは私は、中学校課程なんです。

髙木：あっ、そうなんですか。

D：そうなんです。最初は中学の先生がいいな、と思って。なぜかと言うと、細かくていねいなことが自分で不得意なのがすごく分かっていたし、話ができる人間相手が好きだったから、中学生のほうがなんかやっぱり、一対一の人間として接することができると自分のなかではすごく思っていた。なので、中学校に行こうと思って、課程は中学校なんです。でも、まあ小学校課程も取れたから、じゃあ何でもやってみたほうがいいわと思って一応小学校課程も取っていた。

　じつは実習は中学校のほうに長いこと行ったんです。ただ、実習に行って「え？」って思ったことがあって。そんなこと言うたらダメかもしれませんが、附属中に行ったんですけど、そこで見た子どもと先生っていうのが、自分のなかではなかなか納得がいかなかった。子ども同士で紹介しあうときに、「こいつの偏差値はなんぼです」とか言うのよ、私にね。

髙木：えー？

D：で、「は？」って思って。私はそれだけでカチンときたのに、ちょうど秋のシーズンで運動会があって、足の遅い子はね、休むんですよ、運動会を。で、私が「え、なんで休むの？」とか言うたら、「あいつが休んだ方が学級対抗リレーで速いヤツが出れるやろ」とまわりの子が言うたから、ますます腹が立って。もうほんとに血気盛んな人でしたから、担任の先生に文句を言いに行ったんですよね、私。「どういうことなんでしょうか、そんなクラスでいいんですか」みたいなことを言ったら、「実習生がよけいなことを言うな」って怒られて。「いやぁ、中学ってこんなん？」みたいな、なんか……。

東谷：それが教育大の附属？

D：昔のですよ。私のあたった先生が悪かったのかもしれないけど。中学3年生に行ったから、みんなピリピリしてたんかもしれないけど、なんか私はものすごく腹がたったというか。子どもには文句をブチブチ言いながら変な演説をして、先生に怒られ、っていう経験が自分のなかにあって。

いや，こんなに冷めてるというか、対人間として喋れると思ったのに、それやったら丸ごと一緒にいれる小学校のほうが、人間として付き合いができるのかなと思って、結局私は中学校は受験しなくって、採用試験は小学校で受けたんです。

高木：そうですか。で、ちなみに教科は何でした？

D：国語でした。国語が好きだったわけではないんですが、なんかね、できたのが体育と国語だったんですよ（笑）。私は教科はべつにどうでもよかったんですね。だけど、自分の成績的に勉強しなくても国語はできた。なので、じゃあ国語でいいかみたいな受験だったんです。

〈新任時代〉

高木：今度は教職に就かれてからのことをお尋ねします。「ご自分の教育実践や教育に対する考え方に影響を及ぼしたと思われる事柄」のほとんどにマークしてくださってますね。ひとつひとつお聞きしたいんですけど、「学校内外でのすぐれた先輩とか指導者とか、人物との出会い」については、具体的な先生はいらしたんですか？

D：いちばん最初は組合です。「同実組」（同和教育推進校実習組合）ってご存知ですか？　同和教育推進校に教育実習に行くという組合が教育実習生のなかで組織されてまして。私は中学校は附属に行ったんですけど、教育大だったからどうしようもなくそうなったんですけど、小学校はその組合から同推校（同和教育推進校）に教育実習に行ったんです。

東谷：知らなかった。

D：いまはないかもしれないんですけど、私、もともと「在日朝鮮人教育研究会」というのに入っていたので、部落解放研究会（以下：解放研）とかの活動にも興味はあった。なんか、活動に誘われたりもした。それから、障害児教育の問題にかかわっている人とかとも。なんとなく同じような分野じゃないですか。「青い芝の会」の脳性まひの人のところに介護に行ったりとか、そういう学生のネットワークみたいなのがあったんですね。それは別に教育大だけじゃなく、近大（近畿大学）とか阪大（大阪大学）とかにも。そういう「人権を守っていこう」

という人たちが教育実習に行くための組合みたいなのがあって。

高木：そうなんですか。

D：で、箕面の小学校に教育実習に行き、採用も箕面市になったんですよ。そういうことが分かってるので、教職員組合の人もすぐ誘ったんですよね。就職して２年目ぐらいのときに、「組合の役員やれへんか？」って言われて。そのとき組合はすごい自分にとって遠い存在やったんだけど、誘われたのが女性部だったから。

　こういう性格なので、「女の人が働き続けるためにはいろんな条件が必要やろ？」みたいなこと言われたときに、「あ、もう絶対そうやな。なんかおもしろそうやな」と思ったので、３年目かな、立候補したの。３年目に女性部の役員に立候補して、そっから何年やったのかな、子どもを産むまでやってたかな。

　Ａさんとかもそうやったし、Ｂさんとかもそうやったし、そこで出会ったんですよね。なので、「ああすごいな、こんなに元気に働いてる人がいるんやなあ」とか思った。そのなかでいろんな人権の話もできたし、教育の話もできたし。まぁ教科の話はあんまりしなかったんだけど、「どんなふうに子どもに接していったらいいか」とか「保護者の方にはどんなふうな支えが必要か」とか、そういうのをいろんなことで学ばせてもらったのは、最初組合の人たちからです。

高木：そうなんですか。いま、だんだん組合に入らない先生たちが増えてるなかでの女性部の活動と、先生がいらしたときの活動って、同じなんですか？

D：いいえ。だって、女性部なくなったんですよ。箕面市はものすごく若い人たちが頑張った組合だったんですね。もちろん、私が若いときには年配者の人たちがすごくいてはった。でも、代替わりをしたときに、若い人間が委員長とかになっていった組合だったので、大阪府のなかでもね、すごく特殊な扱いをされてたんですよ。で、女の人もＢさんとかＣさんとかすごいしっかりした人がいたので、女の人の地位が組合のなかで悪かったかと言ったらそうじゃなかった。

　なので、「わざわざ女性部というのを作る必要があるのか」みたいなことが箕面市のなかであって。それやったら、女性部の人間がどんどん執行部になっていったらいいんじゃないかっていうので、女性委員長がでてきたりとかした

段階でもう女性部は発展的解消になったんです。

高木：じゃあ、箕面の組合っていうか先生たちっていうのは、男性教諭とわりに対等な関係にあったのが、他の自治体から見たら先進的なことだったっていうことですか？

D：ちょっと変わっていた、組合も。組合が職業のような人たちが他所はいっぱいいてて、その人たちが牛耳ってるみたいだったんだけど、なぜか箕面市は若い人たちもすごい元気だった。そのなかで女の人もすっごい元気な人がいっぱいいたので、組合のなかでも「ああ男の人が牛耳ってるな」みたいな意識は全然なかった。最初何年かはあったんですけど、E委員長のあたりからはもう全然そうじゃなくなっていった。

高木：若い人が頑張っておられたってことですけど、先生が入った年は新任の先生って多かったですか？

D：えっとね、ちょっと減ってきた時期。私のまえは団塊の世代の方じゃないですか。5年くらい前はものすごくいてはって。で、私が入ったときはそれでも多かったんですけど、うちの学校には3人新任で入りました。

高木：その後、徐々に減っていった？

D：ものすごく減って。

高木：採用がない時期がけっこう長いこと続きましたよね。

D：そうです、そうです。だからちょっとピークから減ってきてたくらいの年に私らは入って。いまの45から50歳くらいの人のときはもう、天才しか入れない。それくらいまで減っちゃった。

　私が採用されたころ、箕面はどんどんどん家が建っていって、人口が増えてきた時代。だから、多分他所よりは新任の数とかも多かったし、人がばっと増えてきた時代だったからかもしれないなと思ったりもします。

高木：そういう活気みなぎるなかで、先生は組合のなかで学び合って、そのことが活力に……。

D：なってたと思います。

● 教育実践に影響を及ぼした事柄

〈特別支援学級での経験〉

髙木：「教師としての生活を歩んでこられた中で、ご自分の教育実践や教育に対する考え方に影響を及ぼしたと思われる事柄」という質問で、「教育実践上の経験（低学年指導とか、障害児指導など）」にもチェックが入っていますね。

D：私、3年間は学習室（特別支援学級）やってたんですよ。なので、原担（原学級担任）[1]としてもそりゃいろいろ学ばせてもらったこともあるけれど、やっぱり学習室の担当になったときに、言葉の出ない子もいっぱいいてたから、まったくいままでの指導では通じない。

いろいろ上の人にも、管理職にも組合にも言いましたけど、専門職が配置されてないじゃないですか。それは子どもにとっておかしいんじゃないかと。全然何もわからない者が急に担当になってその子たちを指導したら、その子たちの教育を受ける権利はどうやって保障されるんや言うて、すっごい何回も管理職や組合に専門的知識をもった職員を充ててほしいと言いにいったんです。でも、結局いまでもそういう人が配置されないままきてるというのが現状やな。

だから、担当になってからは一応勉強はしました。いろんな本を読んだりとか。でも、子どもたちには迷惑をかけたなというのがすごいあります。

髙木：そういう専門職が配置されてる自治体ってあるんですか？

D：いや、ないかもしれない。だから結局は誰かが担当して2、3年経ったら交代して、みたいなので、ほんとに私は、「こんなことでいいんやろか」みたいなのは思いましたね。

髙木：いわゆる支援学校の先生も、それが専門職というわけではないですよね。研修を受けられたりしてても。

D：でも、たとえば教育大のなかでもそういう学科もあるんですよ。私が行ってるときは平野分校が専門的な所だったんですよ。だから、そういう知識をちゃんともって卒業されて支援学校に行かれる方もいれば、普通の科を卒業して支援学校に行かれる方もいるので、両方なんですけど。

一人誰かね、しっかりした方がおられたら、その方から学んだり指示された

ことをやったら、そんなに子どもに支障ないじゃないですか。でも私がなった
ときは、支援担（支援学級担任）一人と介助員さん一人だったんですよ。二人
だけで。でも、この介助員さんがものすごくしっかりしたいい方で、すっごい
勉強されてたので、私はその介助員さんに毎日聞いて、介助員さんに教えても
らいながらやったっていうのが実際で。この介助員さんがほんとにしっかりさ
れてなかったら、もう何をしたらいいのか分からなかったっていうのが、実際
やったと思います。

〈小中一貫校での経験〉

髙木：それから、「自分にとって意味のある学校」にもチェックが入っていますが、
これは教育実習で行った小学校での教育実践や教育に対する考え方ですか？

D：そこもあるし、小中一貫校での経験もあると思います。私はその学校ができ
るときの準備委員会にも入らしていただいてて、なんとなく最初から行くメン
バーのなかに入れてもらってて。最初はやっぱり小中一貫も大事とすっごく
思ってたので、いろんなことができるんじゃないかと思って行ったんですけど、
なかなか、なかなか。小中一貫はものすごく大切だといまでも思ってるんです
けど、実際にやろうとしたときに、受験の壁もある。中学校の先生の中では受
験ってものすごい大きいこと。

　もちろん子どもにとってもものすごく大きなことだとこっちの自覚もあるの
で、中学校の現状はいっぱい勉強させてもらった。納得できることもいっぱい
あったんだけど、でもなかなか「文化は崩せない」みたいなとこもあって。3
年いたんですけど、1年間は中期（5年、6年、中1）で、前期と後期のつなぎを
なんとかしようと思っていろんなことやらせてもらったんだけど、なかなかう
まくいかないところも……。

　小中一貫っていうのが本当に難しいなぁと。小・中の免許をもってる者が小
学校にも行き、中学校にも行き、そういうことをやれると小中一貫っていうの
は、もうちょっと皆のとこに浸透するんやろうけど、小学校しか知らない、中
学校しか知らない、っていう者同士がいくら話し合ってもなかなか解決の道が
見出せなかったなぁ。だからどんなふうにしていったらいいのかは、自分のな

かでは課題として残ってるとこです。

東谷：中学校から小学校へ行ったので、私それすごく思います。中学校にいたら中学校でそのカリキュラムしか見てないけど、小学校に行ったときに小学校の先生がこれだけていねいに6年間積み上げてきてる。6年生が調べたことを自分たちのプレゼンでここまでできてるのに、中学校の先生はそれを何も踏まえないで小学校4年生がしてきてるような壁新聞を、中学校1、2年でも同じものをさせるとか。

　これ、中学から小学校へ行って私、小学校の教育を見れてよかったと、ほんと思いましたもん。私としては、子どもたちとのかかわりは小学校よりは中学校のほうがおもしろかった。一人ひとりとのかかわりっていうのは、ほんと3年間でグッと変わる。お子ちゃまだった子がすごい本質的な話までできるようになって卒業していくので、それはすごいおもしろいなぁと思ってたけれど。

髙木：小学校は担任の先生がほとんど全教科教えるけど、中学は教科が専門になる。それぞれの「文化」っていうんですか、そこを風通しよくするっていうのも。お互いの教師としての相互理解もやっぱり時間かかるんですね。

東谷：崩せない……。

〈社会的活動の経験〉

髙木：もうひとつ、「社会的活動」にもチェックが入っていますが。

D：私の社会的活動は、障害をもった人の介護に行くようになった学生時代。「青い芝の会」っていう脳性麻痺の人たちの会なんですが、障害をもった人たちも親御さんに介護されるんじゃなくて自立して過ごしたい、そんな思いで一人で家を借りて住んでる人もいる。でも、毎日毎日介護者が必要なんだけど、ヘルパーさんとかを頼んだらすごいお金がかかるので、学生たちが都合のいい日を出しあって、夜泊まりに行く人やら昼買い物に行く人やらを決めて、一人の人が生活できるようにしようっていうのがあって。

　そこに自分もかかわらせてもらって、一人の女の人のところに付いたんですね。自分よりちょっと年上の。で、その人は脳性まひで、喋れるんだけれども、いざってしか進めない。でも、喋ってたらすごく知識が深かったり、楽しかっ

たりする。「私は結婚したい」って言うてはっておもしろい人でした。介護に来てる男の人のことがすごく好きになったから、「外濠埋めや。好きや、好きや、好きやとみんなに言いまわったら、みんなあの人に手を出さなくなるやろ」とか私に言って。私も、「うん、そやね」とか言って。結局彼女はその人と結婚したのね。

高木：外濠埋めれたんですね（笑）。

D：ちゃんと埋めれたんです！　子どもも授かったんだけど、子どもはものすごくちっちゃくって保育器のなかに長いこと入ってたの。肺胞が開かないまま生まれちゃったから。一緒に病院に見に行ったりとかしてね。でもその子はね、ちゃんと育ったのね。育ったの。

　それで、そういうこととかを一緒に見せてもらったりとか、その人たちの会議で「ぼくら、こんなふうに生きたいねん！」みたいなのを見せてもらったりとかしたことが、私のなかではなんか衝撃というか、すごいな、と。

東谷：学生のときにそんな活動にかかわる人って、ほんといないですよね、少ないですよね。

D：いや、そういう人たちが友だちにいたので、なんか最初は気軽に「いいよ、その日空いてるから」みたいな感じで。ええかげんな人やったから、一緒にエスカレーターにのって車椅子の車輪を乗せるの失敗して下まで二人で転げ落ちて、「ごめんね」とかいうときもあったんだけど。「ええかげんにしいや、あんた！」とか言われながら（笑）。

　でもなんかそういうのが、自分が教育するときに何か下地になってるなと思ったりします。

高木：それは、やっぱり教師としての実践のなかでもすごい大きなものですね。

D：と思います。根っこです。なんか「そうなんやな」って。「皆すごい頑張って生きてはるねんな」みたいな、それは学ばせてもらったと思う。

高木：やっぱりそういう流れで、社会問題とか政治的なことにも関心をもったり？

D：いろいろ、なんかそれは。自分が結婚する時も私は名前を変えないで頑張った。そういう女性としての問題もあってんけど。

　もう一つ、教師になろうと思ってたので、大学の時に子ども会に参加しよう

と何も考えずにセツルメントっていう子ども会に入ったら、そこは共産党系の子ども会やってんね。知らなかったんだけど。2年やったら辞めるんだけどね。でも、そこが子ども会として担当してた所が猪飼野（いかいの）だったんですよ。猪飼野っていう大阪の在日の人たちがたくさん暮らしている所だったんですよね。で、幼児パートから高校生パートまであって、どこのパートに行くか決めるとき、高校生パートに行く人がいなかった。みんなちっちゃい子のほうがいいからって。私はちょっと中学生にもそのときは興味があったから、まぁ高校生でもいいかと思って高校生のところに行ったら、いてた子たちがみんな在日だったりハーフだったり、いろんな子たちで、私と1歳しか変わらなかった。

　私が大学1年やったのに、むこう高3やったんですよ。そんで私、その子らに教育されんねん。「高3で何が子ども会やねん」と思ったけど、猪飼野の商店街をずっと歩いていったら、すごく細い道になっていって「僕らの家ここ」って言われたときにバカな私やったから、「え、こんな狭いとこに道あんねんや」みたいなこと言うたら、その子らが私に「日本人であるのを恥ずかしいと思わんでええ」って言うんですよ。最初の言葉が。（少し沈黙）　私は意味わからへんと、そのときはバカだから、「は？」って。「どういう意味？」とかって言うたら、「自分で意味考えろ」みたいなこと言われたのね。1歳しか違わない男の子たちに。ほんで、帰って先輩に聞いたら、「そういうところや、そうやねんで」って言われて。

　そっから在日の本読むのね。ほんで、「そうだったんだ」と。学校で習ったかなと思ったんだけど、そのときはぜんぜん自分はスルーしてたのね、きっと。でもそういうことを言われて、「そういうふうに思ってるんや」って。で、なんかその子らと喋ったら、「中学校の先生から、高校受験のときにな、本名で名前書いたら不利やから日本名にせいって言われた」とかね、なんかそんな話がいっぱい出てきて。「えー、そうだったんだ」って思って先輩に、「なんか先輩たち、しないんですか？」みたいなこと言うたら、「選挙で勝て」って言うねん、共産党の人たちが。だから、頑張って選挙で勝てって。私はそのときなんか、「え、それそうかな？」と思って。

　結局、いろんな人に聞いていちばんぴったりきたのが解放研の部落問題を頑

張ってる先輩たちだった。なのでセツルメントに入ったうちの同期の何人かと解放研の一人で３年生のとき、「在日朝鮮人教育研究会」（以下：「在朝研」）というのを作ったの。それで、そっから「在朝研」をやって、って感じだったんです。

高木：じゃ学生時代、単に授業に出てるだけの学生じゃなくて、ほんとにいろいろ深い活動をなさってたんですね。

Ｄ：ていうか、いろんな人に会えたのが、すごく偶然なんだけど、その偶然がとっても自分にはよかったなぁっていうのを思います。

東谷：偶然のなかでそこを選びはるっていうのが、すごい。

Ｄ：そんなことないんです。もっと仲間はやってたけど、うちは父親がいたから。識字学級とかも、その猪飼野のなかで、教会の牧師さんが先生になってオモニ相手に識字学級とかやってはったから、私もすごく行きたかったんです、夜にね。でも私の父親は絶対許さなかった。私は物差しで叩かれて行けなかった。「そんな人たちとかかわるな」って。だから変な話、自由になったのは二十歳のとき、父が死んだからです。もちろん、いいところもたくさんあった父だけど。

東谷：子どものころの理不尽さを、ちゃんと社会問題だと思って捉えて育つという感性って、すごいなと。

Ｄ：そんなことは。ただ単に自分が嫌なことは嫌だっただけなの。

高木：じゃあ、先生がこれまでの教師人生のなかで20代30代40代50代と年代を振り返ったら、子ども観とか教師観とかのベースができたっていうのは、学生時代のいろんな体験した時期も含めて20代が大きいんですか？

Ｄ：そうですね、子ども観とか人間観だったと思うんだけど、いろんなところで、いろんな条件のなかで頑張って生きてる人がいて、「すごいな」っていう経験をさせてもらったことは、ものすごく良かったと思う。自分のクラスにいろんな子どもがいたときにも、「特別や」とかは思わなかったり、「一緒に頑張れそうや」と思えたっていう根っこができたのは、ものすごくそれはあったかなって。

〈「子どもに対する接し方」の学び〉

高木：でも、教師になって、やっぱりそれだけじゃない、学級経営したり、新任の指導なさったりするなかでまた新たな経験はあったのですか？

D：次にね大事だと思ったのは、やっぱりカウンセリングです。いろんなしんどい子どもたちに会ったときに、やっぱり最初のころはその子の気持ちがわからないから、めっちゃめっちゃつきまとってみたりとか、めっちゃめっちゃ怒ってみたりとか、いろんなことをするけど上手くいかない。

　しんどい子ほど上手くいかなくなる。なんでやろう、どうしたらいいんやろうってすっごく悩んだときがあって。そのときに最初は河合隼雄さんとか、あのへんの本にはすごい助けられた。あと、アドラー心理学とか集団の心理学。いまだいぶ流行ってるけど。

東谷：ああ、アドラー。

D：でもあのころそんなに流行ってなかったんだけど、集団の心理学ではアドラーの心理学すごいなと思って、ちょっとずつ最初は本を読み始めて。あと、教育センターの心理学の講座とかも全部取って、一応上級編までは取った。それと、他校の先生と一緒に自主研みたいなのをやろう言うて先生を呼んで。みんなで2万円ずつ出し合って先生を呼んで連続講座をやってもらったりとかしてカウンセリングを学んだことで、私は子どもとすっごく接しやすくなりました。

高木：それは30代ですか？

D：30代。自分の子どもがちっちゃかった頃ですね、だから30代です。一対一の言葉かけでどんなふうに聞いてやったら、子どもたちは自分の気持ちが言えるようになるんやろうかとか、なんかいろんなテクニックも教えてもらったんですよね。共感の語りかけみたいなものも。わからないときはね、「こういうことなのかな？」と疑問形で聞いたらいいよとか、子どもが言ったことをくり返して言ってあげたらいいよとかね、なんかすっごいいろんなことを聞いた。

　ケース会議とかもいっぱいするんですよね、そのカウンセリングのなかで。「こういう子がいるんだけど、どういうところからアプローチしていったらその子にはぴったりなんだろうか」とかね。

　だから、子どもに対する接し方っていうのは、私は学校でというよりカウンセリングのそういう会のなかで学んだような気がします。

高木：ほんとにそこがね、先生って子どもの心に寄り添っているなぁっていうのが感じられた。図書館のなかでの光景でですが、トラブル起こした子に先生が

「どうしてそういうことをしたの？」って聞くんじゃなくて、「あぁ、そうなんだ……。イヤだったんだね」って言う。その子どもが次の言葉を発するまで待ってる。その接し方が「あぁすごい素敵だなぁっ」て見てたんです。だからクラスの雰囲気も落ち着いてくる。そんな子どもへの姿勢にも魅力を感じました。で、教師の専門性を考えるうえでも、今回インタビューをお願いしたいと思ったことの理由の一つなんですけど、やっぱりそういう研修を受けながら身につけていかれたんですね。

D：身についたかどうかはわからないですけど、でも、それはものすごく自分には役に立ちました。だから、他の若い子（先生）たちも、そういうのをちゃんと分かったら自分も楽になるし子どもも楽になるって、それは思います。

髙木：私は学校にかかわったのは17年ほどですけど、その間にもいろんな社会の状況が変わっていったなと感じています。親子関係も、親の学校に対する目も、昔より厳しくなって。だから、相談に来られる親御さんに対してのコミュニケーションも、そういう姿勢で話をするっていうのは……。

D：すごい大事。私ね、カウンセラーの先生に最初に言われた言葉、おもしろいなと思ったの。「正しいことは悲しいことです」って。「正しいことなんてみんな知ってます。だけど、それを人に言われるのは悲しいことなんですよ」って。そう思って接しなさいって言われて、「ああ、そうだな」って。

● 時代の変化と授業

髙木：時代の変化とともに、学習内容や手法にも変化が求められていると思いますが、ご自分が目指したい授業との葛藤のようなものはありますか？

D：そうですね、まずいろいろものすごく変わっていってる。情報教育とかも取り入れなあかんとか、英語も取り入れなあかんとか。だから葛藤のまえに自分は知らないから、まず私はやれるようになりたいと思いました。

　　パソコンも私はそんなに得意じゃないです。だけど、「私やれないから」っていうのは卑怯やな、みたいなのもあるから、「まずやってみる」っていうのを大事にしようと。そういう立ち位置でいたいなっていうのが自分のなかにはあります。年いくと、どんどんどんどん若い子にはおいていかれる。みんな上

手いじゃないですか。パソコンにしても英語にしてもね。覚える吸収力もぜんぜん違うし、スピードも違う。

　でも努力してる態度っていうのは子どもにも伝わると思うから、「やれない」とは言わんとこっていうのがまず一つ目にあって。でも正しいか正しくないかはわからないし。例えば情報教育でも、「何でもパソコンでプレゼンしたらいいのか？」みたいなところは自分のなかにすごいある。そういうパソコンのプレゼン能力みたいなのも、とりあえず子どもたちにつけてあげなあかんと思うけど。

　なので、例えば今年も1学期は、平和学習はパソコンでやった。いまの学校は「みんなグループで、パワーポイントでやる」っていう暗黙の了解があるから、やるんだけど。でも、2学期の国際理解の授業、私は絶対に新聞にするぞと思っていて。「何でもかんでもパソコンでやって、ピラピラってアニメーションが出てきて、ワァっていうのは違うやろ。中身とそれとは別やんか」みたいな気持ちが自分のなかにはあるので、2学期は新聞でやろうと思ってる。

　取り入れられるところは取り入れるけど、でも自分のなかで「これはいい」とか「これはあかん」とか判断はしたいと思うので全部は拒否しない。やっぱりいまの現状の流れのなかでは、要るものは要るんやろうと思うし。そうやってパソコンを率先して考えてはる人も、そんな滅茶苦茶、私は敵だと思っていないですね。

髙木：いまの流れのなかでは、こういうＩＴ関係のものは駆使する方向に行かないといけない。けど、学校図書館ってそれと真逆ではないんですけど、やっぱり紙媒体のものの良さを知って活用してもらいたいと学校司書は思うほうなので、そこの悩みってある。けれども、「まったく拒否はできない時代だね」って、昨日も学校司書の人たちと話してたんです。

D：今年、採用2年目の若い子と組んでるんだけど、その子もわりとしっかりしてて。例えば1学期はパソコンで作ると決めたじゃないですか。でも、アニメーションとかを使って子どもたちに「うぉー！」とか言わせたい先生もいるんだけど、その彼女と私は、「それは違うよね、子どもがどんな意見をもつかが大事なんだから、全部原稿もできあがって、何もすることがなくなってからアニ

メーションをしようね」って言うてる。だからまずは一個の画面だけでいいと。
「一個の画面を選んだら、それに対して自分がどんなコメントを付けるのかを
全部きちっとやって、そこからアニメーションやから、絶対最初にアニメーショ
ンは教えんとこね」って言うたら、彼女も「そうですよね！」ってすごい言っ
てた。

　だから、確かにツールとしてはパワーポイント使いましたけど、でも根っこ
として「何が子どもの力になるのか」みたいなのは、やっぱり持っとかなあか
んのとちゃうかなって。子どもは、だけど単純だからね。アニメーションの画
像を喜んでましたよ（笑）。そんで、「なんで先生はちゃんとやらせてくれへん
ねん」「もっとやったらええのに、先生パソコン苦手やろ」とか、いろいろ言
われましたけど。

● 教師として必要な力

〈自身の教育哲学〉

髙木：アンケートの「教師の力量」のところでね、「対授業に関して」については「学
　び続ける好奇心、子どもを尊重する力」って書いておられることが、これまで
　の先生の話を伺っててすごく納得いきました。あと、「対子どもに関して」と、「対
　社会的・個人的なことに関して」という質問に「教育哲学」って書かれていま
　すね？

D：私はやっぱり「人間として譲れないもの」みたいなのは自分のなかに絶対もっ
　てなあかんと思っていて。もちろん子どもの気持ちも尊重せなあかんし、保護
　者の気持ちも尊重せなあかんけれども、例えば私のなかの人権意識みたいなも
　ので、「ここは譲れません」みたいなときは、やっぱり対立せなあかんと思う
　んですよ。

　トラブルを避けて、なんでも親の要望に合わすとか子どもの要望に合わすと
　か、そういうことをしてしまうとあかんと思う。やっぱり私は人を育てたいん
　だという思いでそこに立ってるわけやから、そこのところでどうしても間違っ
　ていると思ったときはケンカしてでも頑張るみたいな部分が、私のなかの教育
　哲学というようなものかなと。

だから、「どんな人も人権がある」とかね、すごい単純なことなんだけど、そういうところは絶対教師はもっていないと、人として人と対峙できないんじゃないかな。

髙木：それと重なったかたちで、“隣人愛”ってここに書いてくださったのもそうですか？

D：そうです。だから、それがないと。ものすごくしんどい子や「ほんとに、いいかげんにしいや！」とか思う子もいるけれど、でもそのなかにも何か絶対にその子にとっての真実がある。そういうのがあるから、そういうことを常に分かってお互いに接していけるみたいなものがないと、人としてダメだなというのがあります。

髙木：最近、学校教育のなかに塾の講師の人が入ってきたりとかいうようなニュースも聞いたりして、どちらかというとテクニックを教師の力量に求めるようなほうに目が向けられているところがあるのかな。もちろん授業のテクニックは要るでしょうし、「塾」と十把一からげにしちゃいけないかもしれないけど、学校の教師との違いっていうのがいまお話伺っていて感じました。

D：うちのクラスで進学塾に行っている子がいるのね。だけど、すっごくできるというタイプじゃないの。もうアップアップしてて。学校にも問題集持ってきて、それをペラペラいじってるの。ちょっと不安定だなと思ってる。「ぼく、文章題が苦手なんですよ」とか私にすごい言ってくるから、私ね、「あんな、東大に行ったとしてもやで、それが幸せにつながってない人もいるっていう現実わかってるか？　塾の先生はね、通ることがあなたの人生のいちばんの目的だと言うけどね、あなたの人生の目的はもっと遠くにあんねんで。受験に落ちたってな、人生の目的を果たせないわけじゃないねんから、それは分かっとき」って。そういう話をします、やっぱり。

髙木：そんなふうに言ってもらったら、その子もどっかホッとするかも……ね。

D：小学校６年生なんかね、まだちっちゃいのにね。昔、「私、ネコになりたい」って言った子がおったんですよ。進学塾に行ってる女の子で。「先生、私ネコになりたい」って言うから「なんで？」って聞いたら、「ネコになったらさぁ、自分でさぁ、好きなところに行けるでしょ」って。「なんでそう思うの？」っ

て言うたら、進学塾ですごくしんどいのと「まわりがみんな必死でカンニングしてるのを分かってるのに、見逃してる自分が苦しい」って言うてたんですよ。

　だからね、やっぱり塾はそういうふうに受験校に通うことのみに特化しちゃって、その子の人間性みたいなところをなかなか見れないんですよ。

高木：塾も企業というか会社だから、実績あげて……。

D：何人通ったとかね、利用するんだから。そこをやっぱり子どもはわかんないから、そういうことを言ってやるのが必要かなと思って、今回は彼にそんな話をしてました。

〈強靭な精神と笑の精神〉

高木：じゃあ、その教育哲学や、教師として言う時に揺らがないで伝えるための「強靭な精神」。先生がアンケートの「教師の力量」の「その他」に書いてくださった「強靭な精神」。

D：必要だと思います。

高木：それは新任のころの時代と今とではどうですか？　対親との関係ってところなんかでも、ますます感じてくるようになったのか、それとも最初からそれは思ってた？

D：いや、ますます。若いときは親御さんたちね、めっちゃ優しかったんですよ。私、休日に畑を作ろうとクラスの子どもたちと耕してたら、全員分のアイスキャンデー買ってきてくださったとかね。若いとき、私、いまよりも授業が下手じゃないですか。でもね、ちゃんとお母さん方が「若いということだけで宝です」とか言ってくれる人がいててね。ほんでね、なんかすごい励まされて、親にヨイショされて頑張ってたところもあったから。

　それを思えば、いまの若い子たちはほんとに大変。だから、ますます自分でちゃんと精神を保てるような人でないと、この職種はやっていけないんじゃないかなと思います。

高木：それから、もう一つ、「その他」のところに、「笑いの精神」て。ほんとう、ね、すごい大事だなぁと思いました。

D：クラスが笑ってるときはクラスは平和です、絶対。なので、すっごい素晴ら

しい授業も大事なんだけど、でも一緒に笑えるようなクラスを作るってことが子どもにとってもすごく居心地はいいし、自分の思いが素直に出せるクラスやから。

　だから私は、なんかカチンカチンに規律正し～いみたいなクラスより、しょうもないこと言って笑えるクラスがいいなぁっていうのがあります。

● 図書館利用

〈子ども時代、学生時代〉

髙木：図書館についてお聞きしたいのですが、このあいだ喫茶店で話したとき、本がお好きで、お家でもたくさん本を買っていただいてたご家庭だったんだなと思いました。アンケートにも、教師になるまえに利用したのが学校図書館と大学図書館とあって、公共図書館というのがなかったということは、やっぱり読書は家庭が主体でしたか？

D：そうです。もともとうちの親がね、名前に「知」を入れたのは賢い子になるようにって意味だったんですって。知識の知じゃないですか。なので、親が意図的に本を与えていたと思います。課題図書の感想文とか毎年書かされてましたもん。なんか書いてたんですよ。親が書かしてたなって。

髙木：で、そういうなかで学校図書館って小学校、中学校利用されてました？

D：いや、たまに先生に連れて行ってもらってた記憶はあるんですよ。でも名作文学みたいなのが暗いところにあって、それでもなんか連れてってもらったときは借りて読んでた。だから、「本を借りに行くところ」みたいなイメージではありました。

髙木：でも、家にたくさん本があったら、家では買ってもらえないような本を学校図書館で読むとかそんな感じでしたか？

D：いまはね、学校図書館、ものすごいたくさんの種類の本があって、バラエティ豊かじゃないですか。でも、そのときは全集みたいなのが置いてあって、それを読むっていう感じで、こんな豊富に本はなかった。

髙木：そうか。で、中学校になると図書の時間はないでしょ。

D：ないです。

高木：そうするとあんまり学校図書館には行かなかった？

D：図書館のイメージがない。やっぱりちょっと覚えてないです。

高木：では、大学図書館はたくさん使われた？

D：それも国語学科だったから、もう必然的に行かざるをえない。資料集めとかに。

高木：そういうときにレファレンスとか、図書館の司書の人に相談したりとかはありましたか？

D：それはね、古い文献とかを探さないとダメなんですよ、古文の先生とか。なので、わかんないから聞きました、それは。「こういうのを教授が読んでこいと言ってて、ここを読んで感想文を書けとか言ってるんだけど、どこにある？」とか、そういうのは聞いた気がします。

〈教師になってから〉

高木：教師になってからの図書館利用なんですが、アンケート項目の「学校図書館をどのような目的で」っていうところはすべてにチェックしてくださってて、ほんといろんな教科で活用してくださってるなぁと思いましたが、司書が配置されるまえも、図書の時間は図書館に来て読書とか調べものに使うってことありましたか？　例えば高学年で平和学習や修学旅行前の事前学習とかは？

D：やってたはずですよね。でも、やってたはずですが、あんまりイメージがない。

高木：そうですか。……じゃあ司書がついてからは？

D：だから、やっぱり週1回とか、「図書館に行こう」みたいな感じになってきたじゃないですか。なんか、それまでは図書の時間っていいかげんでしたよね。

高木：国語科のなかの1時間を「図書」って時間割のなかでは表現してたりしてたけど、べつに図書館に行かなくたってよかったですもんね。担任の裁量で。

D：だからね、あんまり図書館にも行ってないと思うんですよ。

高木：最近は「図書館を使う時間」みたいなかたちで、べつに読書じゃなくても調べものでも、とにかくその部屋を確保するみたいな意味合いで各クラス週に1時間は割り当てられてますよね。ちょっとずつ変わってきてるかなぁと思うんですけど。

　　先生はいろんな教科で活用してくださってますが、アンケートの「図書館資

料を利用すると子どもの反応や授業の進め方に面白い展開があると感じた授業
実践はありますか」という質問に、「はい」と書いてくださってるんですけど
も事例を教えていただけますか？

〈授業での活用〉

D：いっぱいあるんじゃないですか（笑）。社会科だって、歴史やってても教科
書は通り一辺倒のことしか書いてないじゃないですか。「ここ、覚えなあかん
事」みたいな。けど、例えばそこに人物が出てきて、「この人物は実際こうい
うエピソードがあって伝記の本にこんなことが書いてあるんだよ」って言うた
ら、子どもらは「へぇ！」って言うて人物に食いつくじゃないですか、やっぱ
り。そしたらその人間っていうのがわりとクローズアップされて、この人には
こういう素晴らしいとこもあったけど、こういうちょっとだらしなかったりと
か人間らしいとこもあって、おもしろいなぁって。歴史なんておもしろいなぁ
と思うところが出発点だと思う。

　「僕ちょっと自主勉強ノートで誰々調べてみたんや」とかね、そういう子が
出てくるから。絶対何かもっと資料があれば子どもたちはより深く理解できる
のにというときには、図書館はすごく便利だと思う。

　算数もいちばん図書館と関係なさそうでも、おもしろい問題なんかいっぱい
図書館の本のなかにあると思う。ちょっとクイズっぽいような論理性がいるよ
うな問題なんか載ってたら、それを後ろに貼りだしとく。そしたら、めっちゃ
子どもら乗って解こうとしたりとかね、そういうこともやったことある。「解
いてみて、先生からの出題」とかいうて貼ってたときもありました。ほんなら、
それ解けたら嬉しそうに持ってきて。「答え、誰にも言うたらあかんで」とか
言うたら、それでまた算数の世界に入ったりできるし。やっぱり図書館は、も
のすごいおもしろいところやと思いますけど。

髙木：教室で先生が言ったことに反応して、休み時間になったらバーッと駆け込
んで「○○の本ある？」って子どもたちが聞きにくるっていうことって司書だ
と経験があるんですけど、やっぱり日常的に図書館が開いてたら、先生のそう
いった発信が一人ひとりの子どもたちの興味関心を刺激して、図書館に駆け込

んでくる。

D：それに、そこに行ったら相談できる人がいるわけじゃないですか。それはすごいです。相談できなかったら、そっから先、なんか興味はもったけど「え、ここから自分で探すん？」とかなったら、もうね、すぐ挫けますよ。だからそれはもう、やっぱりぜんぜん違うと思います。

髙木：私ね、先生にお話したことあるかなと思うんですが、先生が4年生を担任なさってたときに、そんなに読書が好きな子たちじゃないんだけど、放課後に男の子が3人くらい来て自由帳になんか書いてたんですよ。それがね、毎日放課後に来るようになって。気をつけて見ていたら「まんが日本の歴史」のシリーズ本から選び出して何か一生懸命書いてて。そのうちに30分休憩にもやって来て。思わず「それ宿題？」って聞いたら、「いやそうじゃないんだけど」って言いながら、1巻からずっーと……。何か書き写しているようだったけど、楽しそうだった。確か先生のクラスの子。

D：なんかあったような気がするけど、思いだせない（笑）。

東谷：どっかの投げかけをその子らがキャッチして、「わぁ、そこをもっとやろう！」とか、「おもしろい！」とか思ったんやろな。そこを。

髙木：だんだんその3人の真剣度というか、集中力が増してきて（笑）、おもしろいなと思ったんです。司書の立場からは、授業の支援がどのくらいできてるかなといつも思うんですけども、いつも使えるような状態にしておくと授業でも使えるし、そこから派生した個々の子どもの興味関心にも応えることができてるってことですよね。

D：すっごい役立ってますよ。調べ学習をするときに、こっちで本をチョイスして集めるなんて、ものすごい大変じゃないですか。もうそれは私ね、司書さんが来てくださって、すっごい楽になりました、それは。それに、私が知らない本も知ってはるじゃないですか。私のなかの知識でわかってる本なんて、これぐらいしかないから。それで司書さんがこう選んでくれはった本があったら、「こんな本も出てるんや！」とか知れるしね、それはすっごい助かります。

〈学校司書に求めるもの〉

髙木：それはそう、すごくうれしいことなんですけど、逆に課題ってありますか？チョイスしてもらっての。

D：それね、ものすごい悪いこと言ったら司書さんの力量もある。今回、私、いまの司書さんに「平和」のことを集めてくださいって頼んだの。私は平和のことっていうたら原爆のことだけじゃなくて、難民とか少年兵とか、いろいろそんなんも自分のなかにはあったの。でも、まったくその資料がなくって、私勝手に図書館に行って選びました。

　私が頼んだときに私の説明も粗いからあかんかったけど、でも私のなかには原爆だけじゃなく平和の資料っていったら、そういうものも含まれてると自分のなかでは思っていたんやけど、「あぁ、そうやねんなぁ」って。

東谷：不確かだったら、私は聞くんですよ。「先生、今回は広島だから広島ターゲットですか？」とか、「第二次世界大戦のことだけですか？」とか。そうすると学年から、「今回はだいたい第二次世界大戦に限ります」とか、たぶんそこでやりとりをしてくるんだけど……。

髙木：あとでお聞きしようと思ってたことなんですけど、いまそれが出たのでね、司書の力量ってところで伺いたい。それを私ね、今回は図書館を活用する教師の立場からお聞きしたいんです。箕面の場合は司書資格をもった者が学校図書館に入ってるんですね。でも、学んできたのは図書館司書としての科目なわけなので、そういう意味では学校司書の専門性っていうか、そこがまだ一般的には明確でないのでね。そのへんも課題として挙げられたらいいなと思ってます。先生からご覧になって学校司書の力量として何が必要だと思いますか？

D：私、いま、東谷先生に言われてすっごいそうやと思ったんです。あのね、一緒に教育を創っていこうというコミュニケーション力やと思います。ほんとに、絶対そうだと思いました。いま聞いて、そうやなって、すごく。私も雑な表現したからな、と。そのときに自分で反省はしたけど、「そうか、あのときにお互いにコミュニケーションをとってたら、もっと的確な資料が集められたりとか、目的がはっきりしたんや」って。だけど、話し合いが粗雑だったためにそうなったんやなぁというのを……。

今回はいろいろいろいろ失敗してるの。国際理解教育のときもね、子どもた
ちに一応課題意識をもたせたあとで本に触れて自分で調べていく、みたいな形
を考えたので、1ヵ月以上前に「本を集めてください」って言って。「すみま
せんがそれでブックトークしていただけませんか」って頼んだんですよ。「こ
ういう本もあるよ」みたいな。私のイメージはそうだったのね。それでどんな
ブックトークをしてくださるか確認すればよかったんだけど。私が後で子ども
たちと考えたいと思っていた世界の人口のこととかをクイズ形式にして「さて、
何億人いるでしょう？」みたいなのが急にきたから、「ヤバい！　これは後で
みんなで考えようと思ってたことだ」と思って、すぐに彼女のところに行って
「これからのクイズ全部教えてください」て言ったら、それ以外はかぶってな
かったからホッとしたんだけど、子どもの前で「先生何やってんのやろ」みた
いな感じになっちゃって。あれも失敗したなっていう司書との経験。

　なので、ほんとにいいものを創ろうと思ったらコミュニケーションすっごい
大事だし、自分のイメージで勝手にものを考えてはいけないと思った。ブック
トークはクイズじゃないと私はね、思ってたから。

東谷：クイズじゃないです！

髙木：それとね、先生がどんな授業をなさりたいかっていうのを司書も把握しと
かないと。

D：だからいまね、ほんとにコミュニケーションが大事だっていうのはね、思い
ました。彼女は彼女で一生懸命ね、パワーポイントに入れたりとかして作って
くれたとは思うよ、それは。だから彼女はサボったわけではない。だけどぜん
ぜん私と思いが通じてなかったっていうのが、すごく露見したなぁって。

● 学校司書との連携

髙木：いまのお話にもつながるんですけど、ただ「資料集めてください」ってい
う場合と、授業のなかで司書にもかかわってもらって連携するって、これまで
にもあったと思います。司書との連携……いま失敗例を聞かせてもらったんで
すけども、逆に「こういうところが自分一人でやるのとは違った良さがあった」
とかいう事例はどうですか？

D：それはもう、いっぱいあります。髙木先生とやったときは、推薦図書とかもみんな書き出してもらったじゃないですか。それに地域の図書館にそのコーナーも作っていただいたりとかもしたじゃないですか。あれは保護者の方からも「借りに行ったらありました」とか聞いたし、みんなで一緒にやれた経験でもあったし、ものすごくよかったです。

〈1年国語科研究授業〉

髙木：1年生でしたね。そのとき、国語の「ほんはともだち」っていう単元で研究授業をされて。3クラスあって先生方それぞれ違うやり方で本に興味をもつきっかけをね、試みた。先生はブックトークなさったんですよね。それからF先生が『となりのせきのますだくん』[3]の一場面を使って吹き出し作って、子どもたちがそこに想像してセリフを入れる。「何入れる？」っていうの。それから、G先生が「表紙読み」だったかな……。

D：そうだ、そうだ。先生、よぉ覚えてる！

髙木：とってもおもしろかったからね。その年は年度初めにすでに研究授業するって決まってたから、夏休みにね、3人の先生と一緒に私もSLAの大会に1泊[4]で行ったんですよね。

D：行った、行った！　立命館じゃない？　立命館大学に行った。

髙木：そうそう、あそこでそれぞれ違う分科会に行って、夜に話し合って。その授業にむけては1学期からいろんな取り組みをしてた。

　お家の人といっしょに本を読んで話し合う「ファミリー読書」っていうのも計画して、私には「推薦図書を選んで」っていう依頼があって、「お家でいっしょにたのしむ　おすすめの本」ていうプリントを作ったのね。で、私は私で公共図書館にも多分お家の人も借りにいくだろうからという思いもあって、内部資料としてそれを校区にある公共図書館に渡したんですよ。子どもたちがどんどん来て「これありませんか？」って言ったときに困ると思って。そしたら、「読んでみませんか？」みたいな一般利用者向けの感じで児童書架の、入り口から入ってすぐ目につくところにコーナーを作ってくれて。

東谷：知ってる知ってる！

髙木：で、しかも、本が少なくなったら、それにまた増やしてね、テーマにそった低学年向けの本を。私はすごく授業と学校図書館と公共図書館とが……。

東谷：すてきなコラボになった。

D：一緒に勉強させてもらったから、「あ、そうなんや」っていうのがすごく分かって、それはおもしろかったです。[5]

東谷：私も、D先生がキツネの本かなにかで研究授業されるときに、ある本を依頼されたんだけど、はじめタイトルが不確かだったから調べ始めたらいっぱいあるの、キツネの本って。それで、先生に「これ？」それとも「これ？」といろいろ提示しているうちに、「キツネの本ってたくさんあるね、紹介しよう」ってなって。探していた本は『きつねのぱんとねこのぱん』だったんだけど、おもしろいと思った。[6]

D：それも、集めてもらったのを参観日に親に「読書ってこんな風にしたらいい」みたいな感じで見てもらった。吹き出しのところを考えさせたりとか、くり返しの物語やから次どういうセリフ言うたらまたくり返されるか子どもがわかってるから。小2だったんですけどね。「この言葉言うんじゃないかな？」みたいなのを、3クラス一緒にやれて、それも楽しかった。

〈4年国語科「本の紹介」〉

髙木：先生が4年生の担任のときだったかな、子どもたちにとにかくいろんな本を読ませようって、物語だけじゃなくて科学読み物も、伝記の本もってね。

D：はいはい、「一覧表を作って」って頼んだ。

髙木：たくさん本を集めて先生用のリストを作った。やっぱり読める子と読むのが苦手な子といるから、かなり幅をもたせて私は集めた。最終は先生たちがそれらの本に目を通して選書して。

　　私はそれがなんかすごく良かったなって。私がハイって渡したものをそれだけでハイって使うんじゃなくて、そのなかでまた精選して、先生方が一人ひとりの子どものことを思いながら選書された。で、最後は、本の帯の拡大版みたいなものに仕上げて、それを本の表紙と一緒に「4年生におすすめの本です。ぜひ読んでください」って図書館の廊下に貼って。あれは3学期の取り組みだっ

たから、来年の４年生に向けてっていうことだったんですよね。やっぱり、先生方、どの本も内容を把握されているから、たぶん指導もていねいだったんだと思うんだけど、「いったいこの男は何者なのだろうか？」(『びりっかすの神様』[7])とか、「舌がもつれる早口言葉」「言いにくいところがおすすめのポイントです」(『お江戸はやくちことば[8]』)とか、本の内容を文や絵に表したものと一緒に短いコメントもつけてあるんだけど、どれも生き生きとした作品に仕上がっていた。

　あれから、授業で作った本の紹介作品を図書館で掲示させてもらうようになったんじゃないかな。私は私で、学校図書館はひとつの学年の学びを学校全体に示せる場でもあるなぁっていうのを発見させてもらった。

〈探究学習と課題設定〉

D：小中一貫校のときも。そこはいろんな取り組みをしていたので自主学習ノートのほかに、探究学習ノートっていうのを作ってたの、総合学習のね。

東谷：Ｈさん（学校司書）が、Ｄ先生おもしろいことしてるって言ってた。

D：Ｈさんもすごいやってくれはった。子どもたち、「半年」とか「１年」ていうふうに自分で期限を決めて、自主学習的に探究する項目をそのノートに書いていって、１週間に１回は私もチェックするけど、中期の先生方みんながそのノートを見て、得意な先生がそこにコメントを書いてくれたりして深めていって、最後にはまとめをしようっていうのをやったの。

　その打ち合わせのときに、「課題設定のやり方はどんなんがいいでしょうかね」って私が言うたら、Ｈさんがいろいろ提案してくれて、「まずはウェブやけど、その後、疑問形で書き出すのがいちばん課題設定にはいいですよ」みたいなこと言うてくれはって、彼女が全部シート用意してくれたの。最初の課題設定のためのシートっていうのを。

　だから、疑問形で自分は「○○だろうか」というのを書き出して、自分がいちばんイメージがあるのをまず選ぶ。その次に章立てするのも全部疑問形で書こうと。章立ても疑問形で。「世界遺産」だけじゃなくて「世界遺産のすばらしさはどう評価されるのだろうか？」、みたいな。「それで書くと、調べるときにそれの答えを調べようとするのでいいですよ」みたいなアドバイスもらって。

３時間ぐらいやりました、一緒にその課題設定までの授業というのを。で、子どもに興味あるものを選ばせて最後まとめた。

　なので、なんかすごい力貸してもらった。だから、一緒に最初からかかわってくれたから、そういう資料も彼女がいろいろ紹介してくれた。子どもとの聞き取りもやってくれたのね。つまり、質問をされて答えてやらないと子どもは前に進めないみたいなので、中期の先生で、例えば30人くらい子どもがいたら、そこにＨさんもいる、私もいる、他の中期の先生もいて、「質問がある方どうぞ！」って。子どもが聞きにきたらその質問に「こうなんじゃない？」とか答えてやって、子どもが課題設定までに自分の聞きたいこと、分からないこと、興味のあることがまとめられるような授業をやって、それもおもしろかったです。最後は模造紙大にまとめて。

髙木：Ｈさんはそういう学習方法をどこで学んだんだろう？　2011年に「探究学習と学校図書館」というテーマでJLAの学校図書館部会の夏季研究集会が京都でひらかれて私も参加したんだけど、そのときに『問いをつくるスパイラル～考えることから探究学習をはじめよう！～』[10]という冊子を作った報告もあった。Ｈさんも参加していたのかなぁ。あのころから、学びのプロセスに学校図書館が関われるだろうという期待が出てきていたと思う。だから、箕面でもその後塩谷京子さん[11]をお招きして、市教研（箕面市教育研究会）の図書部会とか司書連絡会などで、そういう観点からの研修もおこなったんじゃない？

東谷：そうそう、Ｈさんは、JLAの夏季研究集会で『問いをつくるスパイラル』を購入して司書連絡会で紹介してくれてた。市教研でもしたね。塩谷さんに「1時間でできる調べ学習」というタイトルで先生方といっしょに本当に調べをしてみた。自分たちでやってみることはいい研修だったと思うよ。学びのプロセスを学んだことは司書にとってよかった。調べのいちばん最初の問いを作るとか。

D：ね、課題をどう作るのか。

東谷：自分が知りたいことをどう絞って問いの形にするのか、その子にどう目的をもたせるのか、時間をかけて指導者と子どもが話し合うなかで進める調べってなかなかできないんですよ。そこができていれば、途中軌道修正しても、中途半端なまとめにならないと思う。

D：それで私は学ばせてもらえたので、今回パッと調べに入らないで5時間授業してるんですよ。国際理解のために。それの1つが彼女のブックトークだったのね。だから、あの……。

東谷：「いろいろな国を調べるのに、食について調べる方法もあるよ」とか？

D：そうそう、飢餓の問題とかね、課題解決のためにやってることとかね、世界の実態とかね、なんかそういうのを今こっちがプレゼンしてるんですよね。それでひとこと感想書いて、そこのところにすごい興味があったら花丸、普通やったら丸、興味ないのは三角ってつけさせて、5時間ぐらいやったあとで、「自分はどれを調べたいか」みたいなのをやろうと思ったの。

それは多分Hさんが、課題設定にすごい時間をかけないと意味がないんだというところを教えてくれたからやと思う。なので、いままですごくいい人に当たってきてたのに、今回大失敗ばっかり。

髙木：いやいや……。逆にいうと学司書の専門性っていうのを指摘してもらったような利点もあったと思います（笑）。そしたら、いろいろな司書と連携してこれまでなさってきて、「まだやってないけど、もし連携できたら、こんな授業をやってみたいな」っていうようなのがありますか？

D：こんな授業……。本当は調べ学習なんかのときとかも司書さんが入ってくれたら、ものすごい助かりますけどね、そりゃぁ。「どんな資料がある？」とか子どもに聞かれたときに、実際こっちは答えられない。なので、「パソコンで調べてみたら？」とか、えぇ加減なことを言ってるので、そのときに資料や情報について知識をもってる方が何かアドバイスしてくれはったら、そりゃぁ子どもはもっと、紆余曲折しても投げ出さないでね、調べられると思うから。

総合の時間にもね、一緒にサポーターとして入ってくれはったら、そりゃぁものすごい力になると思います。

●学校図書館についての学習・研修

髙木：教師が学校図書館のことについて学ぶ機会は、たぶん、教員養成大学でも司書教諭の科目を取らないかぎり、あまりないですね？　そういう授業、そういう科目は……。

D：ないです、ないです。

髙木：アンケートによると「教師になってから研修で学ばれた」とのことですが、具体的には、「校内研修」っていうのは、**イ**小学校のですか？

D：そうそう、それしかない。図書館にテーマを絞ってっていうのはないね、それしか。

髙木：学校外での研修っていうのは？

D：それも髙木さんにくっついて行った SLA のとか……。

髙木：正直なところ、**イ**小学校での図書館教育の研修って本当に自分のなかでも試行錯誤だった。先生たちが興味をもってくれながら授業のなかでの図書館活用の研究授業をするって、どんなのなんだろうと思って。

　私は 2002 年度に**イ**小学校に異動になりましたが、この年は総合的な学習が始まった年でした。そして翌年 2003 年度には司書教諭が発令され司書教諭の役割についても検討することになった。**イ**小学校自体も新教育課程に移行するなかで学校改革に取り組み、少人数指導や健康教育、「総合」などの研究授業が活発に行われた時代でしたね。情報活用能力や読解力も課題とされてきた。

　そんな流れのなかで 2004 年度から図書館教育の研究授業も始まりました。この年は 2 つの学年が研究授業をして、さっきの先生の「ほんはともだち」もその一つだったんですよね。それから 2009 年度まで続けたなかで、「図書館教育じゃないなぁ。授業研究のなかで子どもが学びを深めるとか興味関心をもつために図書館がどう役にたつのかっていう、そういう視点で研究していくのが本来だろうなぁ」って思うようになってきた。まあ段階っていうのがあって、あれはあれでね、そこに辿り着くまでの道だったんだろうなとは思ったんですけど。うーん。

D：だから私、全部、電子黒板とかツールは、みんな一緒やと思います。やっぱり子どもの学びを深めたり、子どもを支援するために、どんなふうに活用できるのかっていうのが大事で、電子黒板をどう使うのかっていうのは力としては必要なスキルだけど、目的ではないと思う。

髙木：図書館の使い方もスキルであって、そこが到達点ではない。

D：と思います。

高木：いまね、新任の先生たちがたくさん入ってますが、1990年代後半、箕面に学校司書が入ったときはわりに意識して「図書館ってこんなことができます」とか図書館からアピールしたり、学校によっては講師の先生に来てもらって学校全体で校内研修をして学校図書館について学んだりしてました。いまは、図書館があるのが当たり前になった。

　でも、新任の先生たちは、自分たちのこれまでの学校生活のなかで、学校図書館を活用した授業の体験はそんなにない。だからやっぱり、今一度研修っていうのがいるんじゃないかなって思うんですけども。図書館に関する校内研修を組むとしたら、どんな内容だったら先生方興味を持ってくれると思いますか？

D：私はわりと図々しいから「こんなことできますか、あんなことできますか？」とこっちから聞くじゃないですか。でもたぶん新任の先生だったら、「こんなこと頼めるの？」みたいな意識もあるんじゃないのかな。2年目の若い先生なんかとやってると、私が、「じゃあ図書館の先生に頼んでこよう」って言ったら、自分は年下だしそんなん頼めないわみたいな、そんないらん仕事を押し付けてみたいな、ま、そこまで言いやらへんけど、そういう思いもあるのかもしれない。

　だから、やっぱり図書の先生からまず、「こういう使い方もできます」というのを発信してもらって、「図書館としては子どもを一緒に教育できるから、活用していただいたほうがいいんですよ」みたいに言っていただけると、若い子たちはもっと行きやすいのかなと思います。

　本来どんなふうに活用できるのかという形を教えるのは、先輩教師の役目なんちゃうかなぁと私は思ったりします。学年でするから、どんなふうに活用するのかというのは実際自分たちが一緒にやってるなかで、「あ、こんなふうに使うのか」というのを彼女らは学んでいくのではないのかなぁって思いますけれども。

高木：イ小学校ではね2004年度から6年間、図書館を活用した授業研究をしましたよね。それまでも調べ学習は先生方なさっていたけれども、研究授業として、そこに意識をしてやってみて、成果とか課題とかはありましたか？

D：いや、成果はすごいありますよ、そりゃ。だから自分がこんなふうに図書館使えるんやとか、こんなふうに地域とつながれるんやとか実感できた機会だっ

たので、私にはすごく貴重な機会でした。それでなかったら、なんも思わなかっ
たし、司書の先生ともこんな連携できるなんていうのは思えなかったから。

髙木：じゃあまずは図書館はどういうところなのかっていう発信をする。

D：そうだと思う。「こんなことできますよみたいなのは、まずいちばん、一歩
目かなぁって。

東谷：それがね、図書館のはたらきなんだから。先生たちの教育活動をどんな形
でも支援するっていうのが……。

D：司書教諭もいてはるから、「去年こんなことをしましたよ」とか、図書部の
なかからね、発信できたらいいですよね。

● 展示「世界を知ろう」

D：国際理解の展示もやってたじゃないですか。

髙木：あれね！

D：あれもやりたい、いまの学校でも。

東谷：どんなことしたの？

髙木：毎年テーマを決めて図書館で展示や催し物を一週間したの。イ小学校は図
書館が２教室続きであったのでね、一部屋展示会場にした。催し物は音楽室と
か体育館も使ったけど。
　　たとえば、環境問題をテーマにして５年生が「これが未来の自動車だ」って
いう総合学習をした年があったんだけど、そしたら、それを国際理解の観点も
含めて「環境にやさしい国を知ろう─ドイツ・スイス・スウェーデン」ってテー
マにして。５年生が考えた未来の自動車図案を掲示したり、ドイツ・スイス・
スウェーデンの国を知るための本やパンフレットや実物（服や食器など）も展
示して。図書の時間はどのクラスも展示を見学して、30分休憩には３つの国
について調べたことを図書委員が紹介したり、その国のお菓子作りを給食委員
が実演して、来ている子たちにレシピを配ったり。それから、この年は音楽室
を使ってライアー[12]の演奏も地域の方にお願いした。そんなことを一週間のな
かに盛り込んで。この企画は図書部ではなく、総合部会が担当していたんだけ
ど、私あんまり司書連絡会で報告しなかった。

資料をもらいに先生方とドイツの総領事館へ行ったりもした。そのときは**D**先生はいらっしゃらなかったですかね……。領事館でお話を伺い、パンフレットや冊子やら資料をもらったの。そしたら、その翌年、部会の先生から「今年は何のテーマでやる？」って言われたときに、「あ、楽しかったんだ。先生方が楽しかったんだ」と思って。

あれもね、やっぱり I 教頭先生のもっていき方がすごかったの。最初のきっかけは、2004 年にアンデス山脈の写真を撮った写真家さんが西南図書館の 2 階[13]のモモで写真展をするから、学校図書館でも希望があれば貸してくれるという話があったの。それで、うちの学校でもしたいと I 教頭先生に相談したら、「それだけじゃもったいない。国際理解の取り組みにしよう」と。**イ**小学校は国際理解教育ってあんまり活発じゃなかったから、たぶん I 先生のなかではチャンスと思ったのかもしれない。

それで民博（国立民族学博物館）に行って、「みんぱっく」っていう民族衣装や生活道具など一式貸し出すキットのなかから、中国や韓国などのものを借りてきた。そしたら、 I 先生の情報力で、モンゴルのスーホさんっていう大阪大学の留学生で馬頭琴を弾く人が校区におられるのがわかって、その方が 30 分休憩の時に体育館で演奏してくれたの。

D：私も聴いた、馬頭琴の演奏！みんな、「え、スーホさん？」とか（笑）。

髙木：翌年から総合部会が担当するようになって、だんだんテーマや形が整っていった。30 分休憩にゲストティーチャーをお招きしての演奏会も定着していったね。胡弓とか、チャンゴとか、ライアーとか。展示するものも、先生方に呼びかけたりして。

D：みんな家から、旅行に行ってきたときのお土産のグッズもってきたり、「これロシア」とか言いながら。

髙木：総合部会以外の先生方も協力してくださった。「オリンピック　今・昔—中国・ギリシャ・日本」（2008 年度）のときは、**D**先生は 3 年生の担任で、日本の昔の暮らしの勉強とちょうど展示の時期が重なって、子どもたちが授業中に調べに来ましたね。「図書館でこんなこともできるんだって」いうのを分かってもらう一つの取り組みだったかなと思います。

でも、あれもやっぱり新指導要領が公示されて、外国語活動とかの研究が入ってきて、総合部会での課題もそちらが主になってきて 2008 年で終了しました。

● 研究体制と管理職

髙木：私は学校図書館に 17 年勤務しましたが 2 校しか経験してないんですね。で、前任校は地域性もあって国際理解教育には力を入れていたので図書館もかかわって勉強させてもらったけれども、学校全体で図書館教育を研究の柱にしようっていうのはなかった。

　イ小学校では継続して 6 年のあいだに全学年が研究授業をして、あまりやりたくないと思っている先生も取り組んだと思う。また同じ時期に「世界を知ろう」の展示をしたことも重なってだと思うけど、先生方の図書館への理解や親しみ度もだんだん増してきて、学校の空気が変わっていくなっていうのは**イ**小学校ですごく実感した。

D：そんなん、どの研究授業したって一緒ですよ（笑）。私もそう。だからね、最初ぶつぶつ言っててても、やってみて「うん？ちょっとおもしろいな」と思ったらみんな乗ってきますよね。

髙木：そういう意味では私ね、管理職の視点ってすごく大きいなって思ってる。

D：すごい違います。私なんか学校は校長しだいと思っている。絶対ですよ、だから。

髙木：そうですね。

D：ある程度ガッと引っ張らないと学校をね。そんな、「みんなでするのは嫌な人もいますよね」とか言ってたら進まないところあるじゃないですか。そういう道筋をちゃんと見える人が、やっぱりやることはやらないと進んでいかないものだし。

　それに学校の教師ってそんなに滅茶苦茶に悪い人ばっかりじゃないから、最初は「えー？」と思ってもいいことだって分かったらね、みんなちゃんとやれると思うのよね。

髙木：そうですよね。やっぱりね、子どもが……。

D：嬉しそうにしてたりすると……。

髙木：先生方も嬉しいんですよね。

D：そう！　そうだと思う。

髙木：長時間ありがとうございました。

注

[1] 特別支援学級に在籍している子も普段は普通学級で生活している。その普通学級の担任のことを「原担」といっている。

[2] 支援教育介助員（旧 障害児介助員）：箕面では「地域の子どもは地域で育てる」という活動が活発化した1970年代に、全面介助の必要な児童が就学したことから配置が始まった。1981年に市は非常勤制度を導入し、非常勤職員として位置付けた。当時としては先進的な取り組みであった。支援学級に在籍する児童生徒の生活介助（更衣、排せつ、食事、移動など）および安全確保が主な仕事だが、支援学級や通常学級の担任の指示のもと、教材作成の補助や休憩時間の見守り、児童生徒間のコミュニケーションのサポートなどもおこなっている。現在は各校1名の非常勤職員（任期付介助員）に加え、支援する子どもの数により臨時介助員（会計年度任用職員）が配置されている。

[3] 武田美穂『となりのせきのますだくん』ポプラ社　1991

[4] 第34回全国学校図書館研究大会「ひろがる、つながる、学びを変える学校図書館」全国学校図書館協議会　2004

[5] 『図書館界』57巻1号　通巻22号　May 2005　「子どもの読書意欲と感心を高めるための学校図書館の支援」参照。

[6] 小沢正『きつねのぱんとねこのぱん』藤枝リュウジ／絵　国土社　1996

[7] 岡田淳『びりっかすの神様』偕成社　1988

[8] 杉山亮『お江戸はやくちことば』藤枝リュウジ／絵　河合楽器製作所　1998

[9] 日本図書館協会学校図書館部会第40回夏季研究集会京都大会「探究型学習と学校図書館」　2011.8.9-10　会場：佛教大学

[10] 日本図書館協会図書館利用教育委員会図書館利用教育ハンドブック学校図書館（高等学校）版作業部会『問いをつくるスパイラル～考えることから探究学習をはじめよう！～』日本図書館協会　2011.7

[11] 塩谷京子：放送大学客員准教授、博士（情報学）。『探究的な学習を支える情報活用スキル～つかむ・さがす・えらぶ・まとめる～（シリーズ　はじめよう学校図書館10)』全国学校図書館協議会　2014　他著書あり

[12] ライアー（Leire)：弦楽器

[13] 「人と本を紡ぐ会」（箕面市非営利公益市民活動団体）の展示と喫茶スペース

E氏へのインタビュー

日　　時：2015年10月17日（土）
場　　所：E氏勤務校美術室
聞き手：髙木享子・田中瑞穂・東谷めぐみ
E氏プロフィール：1956年生まれ。中学校教諭（美術）。司書教諭担当。
　　　　　　　　　大学院在学中。教員歴35年。

　インタビューさせていただいた部屋には、生徒の作品や12年間分の卒業生の協働作品などが壁いっぱいに展示されていた。前半は子どもたちの作品や実践を発表されたときのパワーポイントを見せていただきながら、お話を伺った。

● 授業実践

E：この部屋は3年生だけが使えるスペシャルルームです。2年間美術の基礎や自分の考えを表現する修行をし、義務教育最後の35回の美術の授業を仲間と一緒に仕事をするのです。作品を仕上げるまでここに置いといて、その時その時作業をするんです。で、これは、卒業式のステージ上に飾る協働制作ですが、「中央に人物の絵を入れよう」ということになり、「誰が描く？」となったときに、絵の得意な生徒が「僕が描きたい」と自主的に手を上げてくれたので、男の子と女の子のイラストを描いてもらったんです。

東谷：うまいねえ！

E：うまいでしょ。私よりずっとうまい。今年は191名の生徒で制作します。

東谷：私がご一緒させていただいた中学校でも、授業中に生徒がよく資料探しにきてくれてましたね。図書館で自分に必要な写真なんかを、先生が書かれた「学年、クラス、名前、本のタイトル、何分間」ていうメモを持ってきてその制限のなかで必死で探すの。美術室から出て図書館に来るあいだに、授業から逃げちゃうというのはなかったですね。先生が、「図書館に行ったら、描きたいものの参考になるものがあると思うから、行っておいで」と上手に振ってくださっ

てたから。

E：あるんです！（笑）　図書館にはあったんですよ。子どもたちも、図書館に行けば自分の求めている資料があることがだんだんわかりだした。最初は「鳥」とか、「動物」とか「ライオン」とか言ってたんだけど、「先生、鳥がはばたいているところ」とかってね。探してもらえるんですよね。びっくりしますよ。

　　これは卒業式の式場に飾る協働制作を作るんで、メイキングを写真にしたんだけれど。1人ずつ15歳の自分をイメージした点描画を描き、それを私が1枚の絵にまとめました。美術の授業を1時間使って、班ごとに下書きをしました。総合の時間に3時間で色塗りをして、学年の生徒全員で描いた絵を大きな1枚の絵に貼り合わせる作業をするんですけど、この部屋の床いっぱいになります。

東谷：ですよね。だからこの部屋は広いからいいなと思って。

E：そうなの。あのとき（前の学校のとき）には視聴覚教室でやったでしょ。あそこがいっぱいいっぱいだったんです。だから2教室分ぐらいの大きさになるんですよ。これは去年の作品なんだけど。すべての画用紙を貼って1枚の絵にしたものを放課後残って修正する仕事をするのに、いつもだったら、「だれか手伝って！」って言ってたのに、去年は何も言わなくてもたくさんの有志が来てくれたの。びっくりした。だから写真撮ろうと思って。また、運ぶときがとっても楽しくて。一人じゃできないんですよ。だから、みんなでたたんで、ひっくり返して、貼って行列を作って体育館に運んで、ステージの天井からつるして。

〈美術でコミュニケーション〉

E：「コミュニケーションする」っていうのを私の研究テーマにもしたんです。美術、いま、いらない教科みたいになってきてるけど、「美術を通してコミュニケーションする」。やっぱり一緒にアートしているなかで、作品を見て話をすることでもコミュニケーションできるし。で、作品の解説するのも言語活動だと私は思っているので、そういう風な美術を。上手下手でいうと、ちょっとテンション下がるでしょ。

　　中学生っていうのは、やっぱり、なんていうのですかね、技量っていうのが

パシッとわかってくる年頃だし。つまんなくなったらね、「義務教育やからどうしてもしないといけない、いやだ」ってなるけど、なんか自分を見てもらってほめてもらうとか、「楽しい」とか、例えば修学旅行に行ったことをまとめるとかテーマが決まってて自分なりに表現できるっていうのは楽しいと思うので、そういう、義務教育のなかでお互いを認め合い、自分を育てていくことのできる美術をしたいなって思っているんです。

高木：仲間で作りあげるっていうのも、やっぱり義務教育のなかの大切な活動ですね。

E：ですよね。協働制作というのは目に見えて一緒にやる仕事なんだけれども、もう一歩踏み出せないかなと思って。今年もまた「オキナワ ガイド」っていうのを作っているんですけれども、実際の作品をちょっと御覧になりますか？それを見て、発表会をさせたんです。「プレゼンテーションしよう」って言って。自分の作品を見せながら、みんなに話をする。で、それについて一人ひとりが、こうやってプレゼンター全員にコメント書いてるんですよ。例えばこれはね、Ａさんが他の人全員に、コメントしてる。一人の生徒の作品に対して、クラス全員がひとこと良かったところを付箋に書くんです。

東谷：あ、それを渡してあげるの？　いろんな人が？

E：そうなの。全員に書くんです。昨日はプレゼンテーションの２時間目をして、自分が書いた付箋をプレゼンターに返したの。そして、それを読んで感想を書く。ものすごく楽しかったんですよ。

東谷：いいとこ探しじゃないけど、そうですよね？

E：絶対にいいこと書きましょうって。そしたら、ある男子は、「人からほめてもらったことがないから、39人からほめてもらって気持ちよかった」って書いてあった、感想に。これがそれです。この子はね、プレゼンテーションするときは作品がなかったし、逃げちゃったんですよ。「先生、お腹痛いから。すぐ帰ってくるわ」って言って。でも帰ってけえへんかったんですよ。彼にもさせたかったんですよ、発表してみんなからコメントをもらうっていうのを。

　だから次の時間に、「作品ないけど、沖縄修学旅行の楽しかったことをしゃべり」って言ったら、「オレいやや」って。でも、もう一人休んでた子がいて、

その子がなんとかしゃべったら、「オレもやっぱりするわ」って言って彼がしゃべって、それについてみんなが書いてくれたんです。「修学旅行が楽しかったのがよく分かった。作品が見たかった」って。そんなら喜んじゃってね。「みんなが書いてくれた」って感想に書いてあったんやけど、2回目の授業を休んだ子の付箋が貼れていなかったんです。そしたら、その子が、「オレ貼ったるわ」って（笑）。この1週間の展開の違いはなんや！　ころっと違っちゃって。

　仲間の力っていうのは強い！　今回の取り組みは初めてやったんです。自分のクラスでは1分間スピーチで感想言うのはやったことあるけど、美術の授業では時間がなくて。なんでかっていうと、40人いるでしょ。1時間でしようとしたら一人1分しかない。1分しゃべったら感想書かれへんから、30秒しゃべって、30秒で感想書いてね、拍手もしてって、やったんだけど、「むちゃくちゃやったけど楽しかった」って、感想書いてくれた。だから今年、これ成果ですね。むちゃくちゃ嬉しかったです。

　やっぱり、対話型鑑賞、言語活動、アクティブラーニングなども取り入れていかないと、美術もあかんかなと最近思いだして。ただやっぱり……。よく導入で図書館を使わせていただくんやけど、これまでは、説明をするのに卒業生の作品（実物）を見本に見せていた。前の子だったら見てたんだけど、やっぱりこう、画面が変わるような見せ方しないと、見れなくなってきてるんですね、最近。だから画面で切り替えていって見せるようなのを今年からやってみたんです。こちらも手法を変えていかないと。

　で、今年4月の初めての授業でも「"自分の見た美しい"を語り合おう」っていうのをやったんですよ。出来上がったものだけを追うよりも、4人がグループになって、まず自分が考える。友だちに伝える。話を聞いてよかったことを付箋に書き、語り部に返す。返してもらった付箋を読んで、感じたことをまとめる。

東谷：すごいですね。美術で考えるとか、人の話を聞くとかね。

E：要するに、いまのアクティブラーニングじゃないけどね。ほんならね、やっぱり食いつきがなんとなく違う。見てほしくなるような作品を描きたくなっちゃうっていうか、作りたくなっちゃうっていうか。

髙木：ホントはやっぱり、心のなかにあるもの、想い、そういうのを表現したいのね。でもなかなか……。私も絵を描くのが苦手だから、描けって言われても、そういう段階をふんで自分なりのイメージを作らないとできないです（笑）。

E：で、助けていただいたのが図書館。リアルスケッチ。最近はリアルスケッチさせていただいて。本も、「こういうのが必要です」っていうのを、あらかじめ打ち合わせして、多量に本を集めてくださっている。ここ（パワーポイント）にでてくるんですけど。〔パワーポイント場面転換〕

髙木：「学校生活を共にする仲間の中の一人であることを確認する」（パワーポイント文）。2008年の3年生。

東谷：私と一緒だった学校。

E：子どもたちが荒れているときやった。廊下も水浸しやった。私はここにね、重きをおきたいなと思ってね。美術だけじゃなくって。支援学級に在籍している子も、美術得意な子も苦手な子も、全員の作品を貼るってことでお互いの違いや良さを認め合う。そのことで、仲間意識を高めたいとずっと思ってて。

　私も子どもが3人いるんですけど、学校に行っても自分の子の作品がなかったらつまらないじゃないですか。親御さんも子どもたちの成長を見て、子どもたちが繋がっていくという活動をしているってのがわかってもらったら、協力してくださるし、サポーターにもなってくださる。

東谷：作品をいつもいつも張り替えはるの。ホントにマメに張り替えはるの。

E：でもこれはね、校務員さんたちのサポートがあって。行ってすぐにね。わがままで。

東谷：「吊るせるのがほしいです」って。

E：懐かしいですね。でも、不思議なことに1回も作品がなくならなかったね。

東谷：どんなによそが、火つけられ、消火器をまかれても、美術作品だけは破られなかった。

E：やっぱり友だちのやからかな。

東谷：図書館のポスターもなくなったことなかった。〔パワーポイント場面転換〕

〈生活のなかで生かされる美術〉

E：これは職場体験のお礼に制作したポスター。これには体験の内容や事業所の
　　ＰＲ、感想やお礼が入っている。喜んでくださったところは、また３年後に行っ
　　たときも「貼ってます」って言ってくださったこともあって。作品を渡してし
　　まったら手元に置いておけないけど、子どもにとって、ひとつの体験の思い出
　　として刻み込まれていくかなと。できたら、中学校の生活のなかで生かされる
　　美術。

高木：学校生活のなかで生かされる。

E：そのほうが、心にも残るし、課題がはっきりしていて取り組みやすいですよ
　　ね。〔パワーポイント場面転換〕
　　　この卒業生の協働制作は「絆」っていう題名にしてるんです。震災のまえか
　　ら「絆」なんですけどね。もう一つ、赤い画用紙に『15歳の自分を15 × 15cm
　　のケント紙に刻む』という卒業生全員の作品も貼って。卒業式の日に貼ってた
　　んですよね。「緋毛氈の上に紅白なんですよ」って。赤い画用紙がハート形に
　　貼ってあるの。「もう一つの絆だよ」って。全員の作品だから。要するに美術
　　で心をつなぐってことができたらいいなと思ってるんですね。〔パワーポイント
　　場面転換〕
　　　それから、これは「イ中ギャラリーストリート」と勝手に言ってるんですが
　　渡り廊下に展示してある生徒の作品。

田中：この作品は「オキナワ ガイド」です。沖縄について調べたことや、修学
　　旅行に行って実際に見てきたもの、体験してきたことをイラストや文章でまと
　　めて美術作品にします。作品にする前に、２年生のときに「総合」や「学活」
　　の時間に図書館を使って調べて、それをやった上で３年生で現地で取材して、
　　パソコンも使い、図書館も使って完成させる。

E：だから、だんだん、卒業生のを見ているからバージョンが上がるのね。

高木：あー、そういうことか。

E：「来年はあれをするぞ！」って意欲がわいてバージョンも上がる。これがね、
　　私、学校の循環だと思っている。歴史とか文化とか、私たちだって先人のなん
　　か文化とか技術を見て習得したりとか、いいなと思うじゃないですか。だから、

それをね、中学校の義務教育のときに体験しておくと、生涯学習につながるか
　　なとか思うし。

東谷：だから、修学旅行のまえに呼びかけされるの。「チケットとかね、もって帰っ
　　て使うんだよ。どこやかしこにあるものをもらってくるんだよ。それで自分が
　　印象的だったオキナワを作るんだよ」って。

E：これがいいよね。全部使ったらしんどいけど。本当に納豆の蓋までもって帰っ
　　てきた子もいましたわ（笑）。〔パワーポイント場面転換〕
　　　これは今年の作品です。Bさん。この子、いつもこんなね。

田中：これ全部、一人分。

東谷：これを作り、貼り、一人で？　ものすごいね！

E：Bさんは体育祭用に作ったTシャツのクラスマークの制作者にもなったの。
　　この子、ホントにものづくり好きみたいね。私、大学院で研究してて、データ
　　処理しなきゃならないから付箋貼ったんだけど、それぞれがプレゼンテーショ
　　ンしたものに、みんながコメントしてくれた感想がこれなの。（コメント用紙を
　　見せてくださる）。Bさんのもよかったけど、Cくんのも感動して泣きそうになっ
　　たんだ。

髙木：読みます。「やっとクラスがひとつになったという気持ち。中学校に入っ
　　てから3年目にやっとクラスとして、学年として、自由に批評できるようになっ
　　たので、この現状以上に学年として1つになれるように頑張りたい。みんなそ
　　れぞれ、違うオリジナルのTシャツを着ていたので、見ていて楽しかった。そ
　　の絵というのがそれぞれを象徴する1ピースなのだと思った。自分の中では一
　　生の思い出になったと思う。」

E：ここまで書いてくれるかなあって。どっちかというと、おとなしい子ですよね。

田中：かなりもの静かな子です。

E：表が自分の作品で、裏がクラスのマーク。クラスで投票して。で、あそこ（廊下）
　　にはってあるんですけど、わかります？あれでフォークダンスを踊って。よかっ
　　たですよね、今年も。

田中：今年はわりと、ほのぼの系（笑）。

E：20分くらいで全員の分を印刷するんですよ。裏っかわ。

田中：これシルクスクリーンプリント、みんなで。

E：一人でできないって誰かがどこかに書いてあったんだけど、誰かに押さえて
てもらわないとできないんですよね。だから、文化祭、体育際の前に二人組で
する。「クラスのまとまりも強くなってくるかなぁ」って子どもには言ってる。
先生たちにもプレゼントしたんですよ、今年。子どもたちには、「絶対しゃべっ
たらあかんで。秘密やよ」って言って。Tシャツプレゼント秘密大プロジェク
トチーム作って。先生たちのも作っといて。先生たちも自分たちのクラスのマー
クを選んでるから、欲しい欲しいって言ってはったんだけど、「ちょっとむり
じゃないかなぁ」って言いながら（笑）。子どもが持っていったら、先生がす
ごく喜んでいたって、ここに書いてありましたね。

髙木：いやー、いいですね。

E：いいじゃないですか、美術って。なんかそういうときに作品が生活のなかで
生かされるっていうのは。いろんな意味で生かされると、楽しくなると、また
作りたくなる。

〈「どこでも絵手紙」〉〔パワーポイント場面転換〕

E：これが４月の最初にね、全員で「今年こんなこと頑張るぞ！」みたいなメッ
セージ書いて。

東谷：あ、これ、私と一緒だった学校でもしてはりました。大きい紙に絵を描い
て、いいところを切りとるの。

E：いまもしてる。

東谷：「あなたはどこを切る？」っていうのですね。

E：「どこでも絵手紙」って言って、画用紙の真ん中をはがき大に切り抜いたも
のをみんなに渡して、絵の上に当ててみる。そして、いちばん素敵な構図を切
り取るんです。その年その年でタイトル変わるんだけど、今年は私が大学院で
チャレンジするから、「チャレンジ」にした。

　まず、自分は今年どんなことを頑張るのか。１年生は２、３年生に「よろし
くお願いします」とか、２、３年生は１年生に「一緒にやろうぜ」みたいなメッ
セージをずっと書いてやってるんですけども、結構動きのあるいい絵になるん

ですよ。

　絵手紙、最初からハガキのサイズのなかに描いてしまうと固まってしまうんだけど。これを全員１ヵ月で作って。参観に親御さんも見にこられるんで、結構親同士、「この子はこんなこと描いてる」とか、「あの子はこんなん描いてる」とか。１年間の終わりに返すんだけど、子どもたちは自分の１年間の成長を愛おしそうに見ている。決してクシャクシャにしない。

　で、毎年やるから３年生なんか飽きるんじゃないかと思うんだけど、感想書かせると、「今年はうまく描けた」「成長した」とか、やっぱり書いてる。〔パワーポイント場面転換〕

　これは前任校のときに作った作品。「オレたちは中学生という名の植物の種。その種は中学校生活という肥料で成長していく。途中でへこたれたり、だれかに成長をじゃまされるかもしれない。あるいはもの凄い速さで成長する者もいる。同じように成長することはまずない。みんなより成長が悪くても気にしないで、君のいいところを信じれば良い」……みたいな。そんな感じ。

高木：へー。

Ｅ：すごいでしょ。だから私、ずっとこれを持っている。しんどいときには、コソッと見る。

〈他教科、行事と美術〉〔パワーポイント画面転換〕

田中：これも前任校の作品ですね。

Ｅ：そうですね。結構みんな、ワチャワチャしてますでしょ。この学年もなかなか大変やったけど。やっぱりね、協働で仕事をしていくと仲良くなるしね、しゃべるしね。これ「オキナワ　ガイド」。必ずね、平和について描きなさいということで、平和学習していくし、総合・道徳・学活でしたことを美術でまとめる。

　やっぱり美術っていい教科だなあと思うんだけど。さっきお話させていただいたプレゼンテーションも国語とか英語でもやっていらっしゃるんですって。「じゃあ、練習した力をここで出させていただいたね」って、今年の国語の先生や３年生の先生と話したんだけど。学校や生徒を、行事や授業を通して、教師がコラボして育てていっている。

最初のころはタイトルを作るのに情報教室をお借りして、情報の先生にお手伝いしていただいたりしたこともあります。で、タイトルつけたりとか調べ学習は図書館で、ということにしています。あちこちでね、ほんとにお世話になって助けていただいたという感じですね。〔パワーポイント場面転換〕

　これが3学期のはじめの年賀状コンクール。全員の作品を貼って、全員で見て、良いと思うものを一人1票で選ぶんです。1年から一人、2年から一人というようにね。で、3つの賞を、「グランプリ」「グッドアーティスト賞」「アイデア賞」みたいな感じで決めて、それで表彰するんですけど、けっこうこれも愉しみにしてるかな。

東谷：うん。

E：だんだんバージョン上がってきて。すごいのができてきて。はがきの中から粘土で作ったドラゴンが飛び出した作品があったりして、びっくりしますよ。

髙木：先ほど言われたように、毎年くり返すから、その前年のとか、いままでのものを見てて、全体的にレベルがアップするんですね。

E：生徒、保護者、地域の方、教職員、学校という生活空間そのものがコミュニケーションしていると、いい学校になるかなと思います。

髙木：また、美術って、こういうふうに作品としてビジュアル的にそれまでの汗と涙とが表れるから、やっぱり達成感もありますね。

〈「対話型鑑賞教育」と図書館活用〉

E：ほんとに、そういう意味では得な教科だなと思いますね。こちらのもっていき方で見せ方もあると思います。すごい偉そうに言ってるけど。

　あの、図書館ともコラボレーションするには、やっぱり事前にいろいろコミュニケーションするしね。「こんなことで」っていうようなやりとりがあったらやりやすいかなあと思うしね。図書館活用させていただいているというのが、ここにちょっとあるので。〔パワーポイント場面転換〕。

髙木：「対話型鑑賞教育」（パワーポイント文）、こういう言葉があるんですか？

E：はい。アメリア・アレナスっていう方が始めたんですが。絵をみながら「ここに○○があるよ」っていう。ちょっと流行りになっていて。上野行一[1]さんが

対話型鑑賞の著書も出しておられる。「作品をじっくり見て、お互いに感じたことや見つけたことを話し合う。お互いの感じ方や考えを否定せず、違いを楽しむ。コミュニケーションを大切にする。」というのを授業に取り入れています。このなかに図書館の活用も出てきます。

東谷：「美術教育を教え子に伝えるために」「こんな教材の中で使ってみました。」（パワーポイント文）

E：「心の中の世界を描く」っていうシューリアリズムの作品。いまちょうど作っていこうとしているんです。ここで図書館の仕事がでてきます。〔パワーポイント場面転換〕

高木：「リアルスケッチ」（パワーポイント文）

E：はい。リアルスケッチをさせる。

高木：リアルスケッチってどんなものなんですか？

E：要するに写実的に描くということです。

高木：じゃあ、図書館で何か本を1冊選んで、そこに描いてあるものを模写するの？　写真集を使うの？

東谷：写真集みたいなもの。できれば写真を使えっておっしゃるけれど、ちょっとむつかしい子もいる。

高木：写真をリアルにスケッチするってむつかしいですよね。イラストとかじゃなく、写真ていうのはね。

E：そうなんですよね。15年くらいまえに美術が2時間から1時間になったときに、文科省が、美術は焼き物、版画、そういうものはしなくていいと。時間がかかるからできないですしね。70時間あったのが35時間になったんです。

東谷：ひどいでしょ。

E：版画なんていうのは1学期間かかって、24時間ぐらい使っていたんですよね。24時間ていうと3分の2学期なくなるわけで、だからもうできない。なので、版画のなかの孔版の一種のシルクスクリーンプリントでTシャツをつくって、これだと4時間でできるから。だからもう、そうやって版画の領域を変えていかないと作品ができない。

　で、そのなかで、文科省が言ったのは、スケッチの力が必要だと。いまから

社会にでて企業人になるときに、必要なのは「スケッチ」だと言わはったんです、そのときに。で、スケッチだけじゃおもしろくないからどうしようと思って。

　スケッチっていちばん力の差がでてくるところなので、考えたのが図書館なんですよ。図書館に行ったら資料がある。写生とかね、外に出すわけにはもう時間的に無理なのでね。それで、図書館に行って描く。描く力のある子はさっきおっしゃった写真集とか見て、いくらでも次から次へ描いていける。

　図書館に行くことのいいところは、東谷さんとも言ってたんだけど、「この資料」というのだけではなくて、そこから派生して、例えば、食べ物探しても、魚にいったり植物にいったり、お塩にいったりとかできる。なので図書館に私は行かしたい、ていうふうな理念。

　上手な子はいろいろテーマを求めていけるんだけど、描くのが苦手な子は、写真集などではなくて、絵本などの画家が一度描いたものを模写する。だから力の差があっても利用できるので、図書館に行く。そして、描き方を知りたくなったところで、美術の教師がリアルスケッチの仕方を教える。

髙木：「1 回目がキーワードからイメージを描く」（パワーポイント文）っていうことは、だいたい自分は何を描きたいというのを、前の 2 時間くらいで、ちゃんと目標を決めて、図書館に行くわけですか？

E：そうです。アイデアスケッチをしてみて、描けなくて資料を見たいものを図書館に探しに行く。

髙木：でも、一人ひとり違いますよね、イメージは。そのときに、うーん、司書の人は……。

E：そうなんです。さっき言ったように。まえもってお願いして。

髙木：司書の人はまえもって、一人ひとりのこういうキーワードを把握しておくの？

東谷：むつかしいんですよ。

E：むつかしいですよね、これ。12 のキーワードを使って絵を描きなさいと。例えば、何がむつかしかったかな。

東谷：「階段」、むつかしかった。「らせん階段が描きたい」とかね。それで、「え？どの本に載ってる？　らせん階段は！」って（笑）。

E：具体的に子どもたちはイメージしてくるから。このあと、リアルスケッチといって、絵を描かせるんです。「城」も例えばよく使ったけど、中近東の城があれば、

東谷：岩だけみたいな城もあるけど、

E：中世の城もあれば、

東谷：ディズニーランドのシンデレラ城を思っている子もいるし。

E：そうなると、田中さんなんかはガイドブックを持ってきてくださったりとかね。ここでそれぞれの司書さんの持ち味がグーンとでてくるのね。で、子どもたちももっとイメージふくらまして。なかにはアフリカのなんか奥地におもしろい城がありましたよね。城っていうのかな、洞窟みたいなところの……。

田中：ほんとに、こっちの思っていた以上の要求が出てくる。ロシアの大聖堂の写真とか、アニメの『天空の城ラピュタ』に出てくるお城の全体のようすが見たいとか。一方では「よう描かないから単純なの」って言われて、「じゃあ『ミッケ[2]』のなかの砂でつくった城があるから、これを見たら？」とか。

東谷：砂時計やくるみ割り人形のときも『ミッケ』のなかにあったのよ。だから一生懸命『ミッケ』を見てしまう（笑）。

E：子どもたちには、「スーパー司書さんがいるから大丈夫だよ。すぐ探してくださる」って。

髙木：イメージトレーニングのまず第一段階ですね。で、「キーワードをここで60個」（パワーポイント文）っていうのは？

E：はい、12個キーワードがあるので、1つのキーワードについて5つ書きなさいって。

髙木：あ、自分が思いついたことを5つ。

E：植物、月、魚、城、椅子、パン、水、音符、ガラス、城、雲、窓、月の12のキーワード。名詞、動詞、形容詞、すべて正解。

髙木：あ、そうかそうか。例えば植物だったら自分は何をイメージするかを言葉で書いていくと。

E：5分間でどれだけ出せるかっていうと、やっぱり読書量の多い子なんかは60個出せますね。各クラス3人くらいはいるかな。で、これをやって、その次に、

アイデアスケッチ。

東谷：途中で時間切れになったりね（笑）。

E：でもね。考え込むことがね大事。なんか、それこそ、オノマトペみたいな感じで出す子もいるからおもしろいです。どのような感じで描くか、構想をラフに描くのがアイデアスケッチ。対象をよく観察して、リアルに描くのがリアルスケッチ。全員がスケッチブックを持って図書館に行き、スケッチをする。ポイントは、①写実的に描く②自分で発見したおもしろいところを描く③２時間で５つぐらいを目標に描く。描き方を知りたくなったら、テクニックを教えるデッサン教室を図書館でおこなう。

髙木：はー、すごい！〔パワーポイント画面転換〕

E：それから、「対話型鑑賞」。今回は、ルネ・マグリットの『光の帝国』という作品をよく見て、作品の季節や時間、絵のなかの音や不思議なところを、自分で見つける。次に４人グループで話し合う。作品の季節と不思議なところ、タイトルをつける。班ごとに発表し全体で意見を交流する。学年全員で投票をして、この学年の考えたタイトルのベスト３を決める……、というのをやったんです。リアルスケッチ、この段階では自分たちはいろいろもうイメージ、何を描きたいっていうのがあるから。アイデアスケッチをして、シュールレアリスムの勉強をする。対話型鑑賞でマグリットの作品を深く鑑賞して、すべての考えが正しいという体験をする。そのあとでもう一度、アイデアスケッチ。

田中：だいたいなんとなく決めますよね。迷っている人はその場でいろいろ司書に相談して。

E：ホントにいろんな本を集めてくださっている。でも、ホントに詰まった子は写しているよね。

田中：「とにかく簡単なやつ。すぐ描けるやつ」って（笑）。

髙木：でもね、わかる。私は絵を描くの苦手だから、その子たちの気持ちわかる（笑）。

E：目的は描くことだけど、見てね、発見するというのも楽しいと思うので。だから描けなくてもいろんな本みたら、ね、いろんな情報が入ってるからいいかなと思うんです。あの、美術苦手だっておっしゃられるのでね、ホントに中学

生っていちばんそこがネックになってて。要するに、まわりの子と比べちゃうこともあって。でも、作品が貼られるというのも当たり前になっているので、もうあきらめてるというか、他人のものを見る、自分のも見てもらう。それでも、自分の考えが描ききれない。そこで、この自己評価カードでね、言語活動させているんです。

東谷：作品は言語でも表現できる。

E：はい、そうです。描けなかったところはね、自分で説明したらいいよって。だからこんなふうに、「この絵はこんなふうな情景ですよ」とか、「ここを見てほしい。工夫をした」、ということを書く。ファイルに挟んで、さっきの作品と一緒にして文化祭で置くようにしたの、このごろ。そしたらわかるじゃないですか、思考の変化が。「最初はこう考えた、次こうした、出来上がってこんなんだけど、実はこんなとこがあるよ」、というように。

東谷：「こう描きたかったけど、きちんときれいに描けなかった」、とかね。

E：だから、そういう美術もいいんかなって思って。だってしんどいじゃないですか。見比べられるんだもん。はっきり言って、正直わかるよね。でも、技術面ではまだまだ課題があるけれども、発想や構想の部分では、しっかり活動している。

東谷：わかる……（笑）。

E：だから言葉でも表せる美術でいいんじゃないかなって感じて、バーバルコミュニケーションも入れたんです。やっぱり、私たちの仕事は「生徒の作品をいかに見せるか」だと思うんで。だからどうやって見てもらおうかとか。子どもたちは何を目的に作ったのかも、展示してると見てるほうも楽しいし、「あ、ここで苦労したんだな」というのが分かるように。これも私たちの仕事やと思ってるんで、「プレスセンター」ってかっこよく書いたんですけど、メーキングも必ず入れるようにしたんです。

東谷：「こういうことを目指してつくりました。こういうところを見てください」と。

E：はい、そうなんですよね。でも、そうやと思ったんだけど、今年はギャフンとしました、これを見て。いかに私自身、分かってないかと。

髙木：そうですか。

E：子どもたちに「もっとこんなことを思って作ったんや」ということを、プレ
　ゼンさせたらわかった。

東谷：まだ表現できないんですね、言葉でも。

E：そう、形でも。こんなつもりで作ったっていうのを子どもがしゃべったから。
　だから、一つひとつの作品がもっといとおしくなりましたね。だって、やっぱ
　り見て、テクニックが自分の思いに追いついていない子もいるから。

髙木：これはどこかで発表なさったときのパワーポイントなんですか？

E：そうです。去年、豊能地区教育課程研究協議会で。美術科の実践報告をした
　んです。

● 美術教師の厳しさ

E：要はね、なんでこれをしたかっていうと、新任で2年目の先生がたて続けに、
　一昨年と、その前と辞めはったんですよ。せっかく厳しい競争のなかを受かっ
　てきはったのに。一人の方が病休をとりはって。必修だけで、授業だけで21
　時間あるんですよ。

髙木：美術の新任の先生がお二人？

E：そうなんです。で、1年目は一緒に研修会にいったり、実習講習会したりし
　たんだけど、2年目に担任をもった。二人ともそうだったんだけど、もったと
　たんに辞められて、5月に。二人とも、「さあ」っていうときに。で、私たち
　はなんとかできないかと思って。でも、学校に一人しか教師がいない教科だか
　ら伝えることができない。いままでだったら学校内で教科会なんかをしてたん
　だけど、できない。サポートなんておこがましいことはできないけど、例えば
　「教育課程とか授業、どうやってるか？」なんていうときに、話ができないかなっ
　ていうので考えて、これ作ったんです。めちゃくちゃ厳しい状況。

髙木：先生も今、イ中学校で美術はお一人ですか？

E：はい、一人です。生徒は566人います。

髙木：聞いているだけでクラクラしそう。

E：美術はやっぱり、考えるとか、作ったり、片付けたりとかが必要な教科なん
　です。でもそれはね、なかなか言っても分かってもらえない。まえは……、「昔」っ

て言ったらいかんけど、学校のなかに美術の教師2人、音楽の教師2人、実技教科の先生も何人かいた。ほんなら、「実技はね」というと、「あ、そうか休み時間は片付けてるんや」ってわかってもらえたけど、説明してもだめですね。なので、ちゃんと根拠をもって説明するものがなかったらいかんと思ったので、去年作ったの。

　見せなきゃいかんし……。言わなきゃいけないというのがわかって、今年は大学院に勉強しにも行ったんです。

東谷：とにかく作品を貼って、「どの親にも自分の子どもの作品を見てほしい」というのと同時に、「美術というのはこんな作品を作り上げる教科なんだ」ということを他の教職員にも見てもらおうというのを、一生懸命してはって。

E：見てもらったら、相手にもね、想像していただける。なかなかね、こうやって話をする人とか、時間がないですね。いままでやったら、美術の先生と一緒に話をしたけど。で、市教研（箕面市教育研究会）なんかで授業見学を計画して集まったらいいじゃないかと思われるでしょ。ところが、満杯授業が入っているから、他の学校で研究授業があっても行けない。休めない。休んだら返ってくるから。返ってくるっていうのは、自分の首を絞めるから。

髙木：そうですね、休んだらどこかで補わなければいけないとなると。

東谷：クラスね、おんなじように進んどかないといけないし。

E：そう。実技だから、私がいくらテンポを進めても、子どもたちはつくる時間を確保しないといけないので。で、いまは授業時数の確保っていうの、すごいですよね。ほんとに謳われているから。出席簿を数えて、「このクラス1時間足りない」とか。多い分は見てもらえないから（笑）。足りないっていうので、休むこともできない。

髙木：それはやっぱり、若い先生にとっては、もうほんと、パニックになりますね！

E：そうですね。そういう意味でも、どうやって支えていくかっていうのは、やっぱり考えていかなければいけない。「支える」って言い方はちょっと傲慢かな。

東谷：でも、ヘルプがある、ないっていうのは若い先生には……。

E：いるよね。

髙木：私は小学校しか勤務の経験がないんですけど、新任の人は学年の先生に支

えられ、指導教官の先生に教えていただきながらするのに、中学校はそうはな
かなかできない……。

E：そうです。私デザインは得意なんだけど、大学とかでは教えてもらってない
ですね。いろいろな技法、道具や材料の扱い方など全般に渡って、先輩の先生
方に教えてもらった。

● 学生時代

髙木：いま、大学のことがでてきたので、作品から離れてインタビューに入らせ
ていただきたいと思います。初めに、教師になられる前のことについてお聞き
したいのですが、東京の美術大学に行かれて、卒業してすぐに先生になられた
んですか？　やっぱり美術の先生になりたいと思って？

E：いえ、ぜんぜん先生になる気はなくて。作家でもないけど、何だったんでしょ
うね、美術をしたかったですね。で、学生時代は、あの、突然演劇に目覚めて
しまって、女優になりたかったんです。

髙木：おー、そうなんですか！

E：舞台装置を作ったりとか。で、学校にほとんど行かず、小劇場とか。だから
唐十郎さんとか、それから風間杜夫さんたちの「つかこうへい事務所」には必
ず行ってました。

髙木：あー、そうなんですか！　じゃあ、学生時代は小劇場を回って演劇を楽し
みながら、でもやっぱり、表現活動をしたいというお気持ちで。それでも、大
学では教職も取られてたわけですか？

E：はい、教職は取りましたね。できるだけいろんなことはしてみたかったので、
教職は取ったんですけど、先生になろうとは思ってなくて。

● 文庫との出会い

髙木：そうですか。第一希望ではなかったんだ。それで、東京で大学を卒業され
て最初に先生になられたのは、箕面市ですか？

E：はい、箕面の口中学校です。口中学校は出身校です。私が卒業させていただ
いた学校です。ハ小学校ができたときに小学校3年生。歳が全部わかります（笑）。

高木：(笑)。あー、そうですか。それで、司書教諭の資格を取られたのは、やっぱり先生になってからですか？

E：はい、そうです。

高木：いつごろ取られたのですか？

E：えーと、そうですね、20年くらい前ですかね。

高木：ということは、司書が箕面に配置されたころ？　東谷さんと一緒だったときですか？

E：いいえ、東谷さんにお会いする2年くらいまえに取りました。D先生ご存じですか？

高木：はい。再任用で図書館担当されていた先生。[3]

E：D先生とご一緒の学校で図書委員をさせていただいたときに取りました。やっぱり本が好きだったので、育休、産休中には、「ふくろう文庫」さんで、一緒にペープサート作ったりとかしてたんです。私の住んでいた団地に「ふくろう文庫」さんがあったんですよね。『橋の上のオオカミ』[4]とか、『まあちゃんのながいかみ』[5]とか、いろいろやらせていただきました。子ども、ちっこいの連れながら。20年くらい前です、もっと前ですかね……。

高木：じゃあ、先生がアンケートの「かかわった図書館」というところで、「子ども文庫」にチェック入れてくださってるのは、母親として子どもと一緒に文庫に行ったということなんですか？

E：文庫活動もお手伝いしたんです。

高木：それは、育児休業中に？

E：はい、そうです。読み聞かせとか、ペープサートを作ったり。

高木：じゃあ、そんなのがあったから、司書教諭の資格をとったり、図書館に興味をもたれたり？

E：はい、それもありますね。小さい頃から本を読むのは好きでしたね。

高木：そのころだと、箕面では中央図書館くらいしかなかったですね。

E：そうです。あそこによく通いました。

高木：そうですか！

E：『名探偵カッレくん』[6]のシリーズをあそこで全巻借りて読んだり。『シャーロッ

ク・ホームズ』[7]とかも、よく借りましたねぇ。子どもができてからは、西南図
書館に毎週のように通わせてもらいました。

髙木：そうですか。でしたら、昔からわりと図書館が身近に？

E：そうですね、好きですね。大学も、授業に出ないで図書館に行くか、演劇部
の部室に行くかで。いい加減でした。

● 授業での図書館活用

髙木：そしたら、美術の授業のなかでの資料の活用というようなことは、司書が
入る以前はどうなさっていたんですか？　公共図書館を利用なさってた？

E：正直なところ、美術の授業で活用というのは東谷さんが初めですね。総合、
道徳、学活でも、やっぱり東谷さんですわ。

髙木：それだけ先生は本に興味をもっておられて、図書館も子どものころから利
用されていた。でも、いつも開いていて、子どもたちに「行っていらっしゃ
い」と言ったら、そこに司書がいて対応してくれる。そういう体制があるから
こそ、いまのように授業に活用できるようなことになっていった、ということ
ですか？

E：そうです、まさにそのとおりです。私が初任で行った口中学校は、図書館の
施設が結構充実していたんです。広い、二部屋分くらいの図書館があって、表
側に一部屋あって、裏に書庫として広いスペースがあって、貴重な資料がたく
さんありました。ただ図書委員会が運営していたので、ほとんど開いていなかっ
たんですよね。それを、二中学校ではなんとかD先生が開けていらっしゃった。
そして次の学校に行ったら東谷さんが開けてくれていて、ほしいものを出して
くださる、授業もそこでさせてもらえるシステムになった。これが本当の姿だ
なあと。司書教諭の資格を取りにいったときに但東町（兵庫県）で進んだ実践
を見せていただいていたので、ぜんぜん違うと思いました。

　でもさっきも話したようにね、紙一枚で生徒を安心して送り出して、「こん
な本」って言ったら、出してくれて、帰ってきやるのでね。やっぱり、それも
コミュニケーションだよね。図書委員会で一緒にさせてもらったのもあって、
私は東谷さんを信頼していたので。年が一緒だったというのもあったかな？

（笑）　でも東谷さんだけではなく、もちろん他の司書さんもそうですが、やっぱり最初に出会った司書さんだったので。

髙木：先生はこれまで数名の司書の人とかかわったのですね？

E：ほかにも、図書館担当の先生ともかかわらせていただいたこともありました。

東谷：図書館担当の先生というのは、定年退職されてから司書が配置される以前に図書館担当となられた方。教師で図書館担当、図書館は好きだしよく分かっておられるけど、司書という立場ではないですよね。やっぱり、先生でいらっしゃるわけだから。

E：そうです。お忙しいから、全面的に甘えるということはできなかったから。でも東谷さんのときは甘えてしまって、「こんな本を！」と言ったら、さっと出してくださったから。本当にあのときには、勉強させてもらいましたね。とくに教科（美術）以外のところで、「総合」、道徳、学活などで。

東谷：本当に、いろんなことを聞いてくださった。

E：あのころ若かったし、総合学習の時間のなかでさまざまなことを学ばせたかった。１年生の福祉体験、２年生の職場体験、３年生の修学旅行の平和学習。総合の時間にたくさん利用させていただきました。

東谷：一生懸命だった。

髙木：そのところでお聞きしたいんですけど、一つは東谷さんが入るまえなんですけど、箕面では学校図書館に司書が就くまえに、先生たちが各学校１名ずつ出て学校図書館運営検討委員会を立ち上げ、『学校図書館の充実にむけて』という提言書を出しました。二中学校からはD先生が出ておられましたが、こういうことがあったということはご存じでしたか？

E：いいえ。本当にD先生がすべてしてくださったので。このときも、図書委員会は確か社会科の先生が委員会の重鎮でいらっしゃったので、私たちはちょっとお手伝いするくらいだった。

　　逆に、お聞きしてもいい？　東谷さんと一緒だった学校では、私が行くまえ、授業で図書館を活用していたのですか？

東谷：やっぱり美術で。E先生の前がF先生だったでしょう？　小学校のときに、図書館の資料を使って調べたり、絵の素材を探したりすることを体験してきた

子たちがF先生の授業のとき、図書館に行って本を見たいと思ったのでしょうね。一人の子が「先生、図書館に行ってきていいですか？」と聞いて、先生は「え？　図書館？」と思ったけど、「いいよ」と言ったら、「僕も！　私も！」って何人も図書館に来てしまった。

　　F先生も後からついて来られて、子どもたちが本を利用するようすをご覧になったんです。それから図書館の資料にも実際目を通されて、作品を作るために使えるのだと思われたのでしょう。「こんなに大勢が図書館を使うし、モチーフ決めにはいいと思うので、最初からこっちに来ます」と言われたんですよ。それでね、次の美術の授業は図書館でおこなわれました。このように、最初は美術科が使ってくださいましたね。

E：私たちの時代も、他の教科で行っているというのは、あんまりなかったですよね？

東谷：あんまり。保健体育で雨の時に自習に来たりとか、「次のときにこれだけ調べさせます」って言ってちょっと使うとか。家庭科の先生が、「食物のことを調べさせるので、行きますね」とか。といっても、年間の単元のワンポイントでちょっと来るくらい。で、教科としては「国語も、保健体育も使っていますよ」ていうふうに職員会議とかで報告するけれど、美術ほどずーっと続けて使ってくれるというのはあまりなくて。

　　しかも、E先生は校務分掌で「総合」に入られていたので、修学旅行の沖縄調べで学習したことを、美術で「オキナワ」のポスター作品に仕上げて、調べたこともそのポスターのなかに活かして作品にする、とか。美術の作品を「総合」の流れのなかに組み入れて、それが完成するまで、ずっと図書館で作成の過程を見ることができた。

E：職場体験のときには、その導入のときから村上龍さんの『13歳のハローワーク』のような、好きなことから見つける仕事の本をいくつか紹介して「いろんな仕事がありますよ」から始まって、2学期に実際に体験して、3学期にまとめをする。「自分の進路につなげていくのに、こういう資格の本がありますよ」というところまでつなげていきました。

東谷：すごい試行錯誤をして。調べてから職場体験に行った場合と、自分がまず

体験してから後で「じゃあ、自分が仕事というものを少し垣間見ました。これからあなたたちが卒業し、高校も卒業して大人になったときに、本当にどんな仕事をしたいと思ったか、また、職場体験で何に気づいたかな？」ということをまとめにした年もあった。なんかね、最初にするのも最後にするのも、どっちもおもしろいなと。

E：両方をした年もあったでしょ？

東谷：そう。最初と最後にやった年もあった。

E：そうするうちに、いかに図書館がこんなに便利かと、情報を提供してもらえるかと、だんだん皆にもわかってきてもらえた気がする。

東谷：うん、だから「総合」だと、担任の先生によっては呼びかけ方が「それでは、たぶん子どもたちはよくわからない」という温度差はあったにせよ、学年全クラスが調べに来たのでそれはやっぱりよかったかな。でもそんなにたくさん、継続して使うというのはなかった。やっぱり美術は、すごく使ってくれました。

E：いっぱいアドバイスをいただけたからだと思います。やっぱり、私も思うんだけれど、最初のころは、とても失礼な言い方でごめんなさいね、図書館は「雨のときに、課題がないけども、本でも読んでみるか」みたいな使われ方だったよね？　最初は。そのうちに、テキストを作って「調べなさい」とか、具体的に先生のほうがカリキュラムを考えて活用、ただ行っているだけでなくて「活用」するような場所になったよね。

東谷：変わっていきましたよね。ちょうど「総合」も、小学校がスタートしたそのあとに少し遅れて中学校でもワーっと始まって、指導要領で例示された「環境」とかを取り上げて、文化祭でもクラスごとに「環境」をテーマにさまざまなアプローチで展示を考えて、「僕のクラスは環境クイズ」などと調べにきて、少しずつ図書館の資料を使うということが出てきた。

E：だんだん私も思い出してきた。ステンドグラスの作品があったでしょう、文化祭で取り組むクラスの協働制作。あれも図書館で描かせてもらったんです。ちょうど2000年になる年だったので、「21世紀に残したいもの」という題で。覚えてますか？　その題材で、一人ひとりに絵を描かせに行きましたね。だんだん思い出してきた（笑）。それでクラスごとにテーマを決めて、「大阪」だっ

たかな？　自分の好きな大阪。それで、「何を残したいか」ということを書か
せたり。だから、自分たちが次の世紀を生きるから、「世紀をまたぐなんてな
かなかできない。少しの人間しかいないから、本当にみんなは選ばれた、未来
をつくる人間だよ」と言って、図書館で調べさせました。

髙木：箕面はまず最初に小学校に司書がついたでしょう？

E：そうですね。

髙木：小学校 13 校（当時）全部ついてから中学校に。7 校が 2 年かけて全校配置
になった。その 1 年目の一人が、東谷さんだった。それもあったから、美術で
何か言われたときに、子どものほうが当たり前のように図書館に調べに行った。
でもいま伺っていて、教科としても美術はいろんな場面で図書館を利用できる
んだなと思いました。

E：本当にそうです。なんか私たちも言ったかもしれないけど、子どもたちのニー
ズは高いのに、中学校側は司書さんがいなかったから図書館の使わせ方がわか
らなかったんだと思う。ところが、いろいろ聞いていて、私も司書教諭の勉強
をさせていただいたので、小学校でここまでレベルがあがっていて、公共図書
館も学校へ貸出をしてくれていて、箕面って恵まれているのに活用できていな
いっていうのは……。

東谷：だから司書教諭になって、よく職員会議などで発言してくださった。

E：したね、よく。ケンカしたこともあったっけ。

髙木：「総合」というと、他の教科の先生とかかわりあいながらカリキュラムを作っ
ていくわけですよね？　そうすると、図書館に関して他の教科の先生方も認識
ができてこられる？

E：そうです、まさにそうです。

東谷：ちょっとずつ関心をもってくださるようになる。

E：いろいろ言ってくださって嬉しいんだけれど、美術は使いやすいけれども、
数学では難しいですよね？　ところが数学の教師も「総合」の時間には、「総
合の時間に図書館を使う教師」として図書館に行けるから。おまけにカリキュ
ラムは作ってもらっている、組み立てはある。図書館に行ったら司書さんが本
を集めてくださっている。図書館に行ったらそこから派生したものにも資料を

出してもらえるしアドバイスももらえるからとても便利だ、というのがわかってきたと思うんですよ。

　だって、いいじゃないですか？　アドバイスももらえる、資料もいっぱいある。異動で司書さんが変わっても、みなさん声をかけてくださるからね。みなさん、いろんな形で。それぞれのカラーもあると思うんだけど、それぞれのスキルで司書さんが子どもたちを見てくださる。

高木：小学校の場合は学級担任制なので、ほとんどの先生が1週間に一度は図書の時間があるから図書館に来るんですね。でも中学校の場合は、例えば数学の先生は、「自分の担当のクラスが総合で図書館を使う」というようなことがなければ、図書館に来られることって少ないんだと思いますね。

E：本当にそうだと思います。

高木：小学校より中学校のほうが、図書館活用というのはなかなか難しいなというイメージがあるし、中学校の司書も「やっぱり小学校とはずいぶん違うよ」と言っている。そういう意味では、やはり「総合的な学習の時間」というのは、図書館への関心を深めることのできる学習だと思うんですが、ただ、いまは「総合」ってどうなんですか？

E：そうなんですよね、減らそうとしていますね。「総合」では、企画力やプランニングやまとめ、発表という問題解決の力や協働学習の場でいちばん生きてくると私は思っている。要するに、発想と使い勝手ですよね。取り組んでみておもしろい。

　けれども正直言ってそれって、これだけ忙しいなかで作っていくのって難しいと思います。自分もやってみてわかったし。だからある程度経験があって、「この辺の地域の方だったら、どなたに聞いたら助けていただけるか」とか、福祉体験とか職場体験だったら「ここを訪ねてみる」とか、それから、「どういうところを活用したら、よりプレゼンテーションがうまくいくか」とかは、やはりある程度の経験が要ったり、余裕があってやる気がなかったら難しいと思うんです。

　ただ、企画やプログラム、それがあるとみんなができますよね？　共通の課題があるから、教師のあいだの協力も生まれてくるし。そこが「総合」のおも

しろいところでもあり、難しいところでもあると思います。でも、やったら拓けていくし、生徒にとっても課題解決という自分にとっての目的があると、次の、例えば高校、大学に行ったときに図書館活用しないといけないじゃないですか。しなかったらできないでしょう？　そのときに役に立つと思うので、私はやっぱりそういう意味でも、図書館にはただスケッチしにいくのではなくって、その裏には、例えば、図書館では本は分類ごとに配置されているということなども知ってほしいと思っています。

　やはり共通の、どこの図書館でも使えるようなスキルは、私はもっておいたほうがいいと思うので、まずは学校のなかで図書館の使い方を。それはね、Gさん（学校司書）のときにきちっと目次の見方から子どもたちに教えてくださったことがあって。小学校ではきちんとやってらっしゃるということは聞いたことがあるけど、でもそういうのって一回だけやるのではなくて……。

髙木：そう、くり返してね。

E：「くり返しやったほうがいいから、助かりました」って言ったんだけど。そのときはね、図鑑を班の数集めてくださった。だから司書さんによっていろんな形があって、いろんな形で助けていただいたんだけど、そのときは、「ああ、子どもたちが小学校でこういうことを身につけてきたんだったら、やっぱり中学校でももう一回やったらいいのにな」と思いました。

髙木：やっぱり、子どもは必要に迫られないと、利用のしかたを聞いてもなかなか自分のこととして理解しないですね。

E：そうそう。

髙木：だから小学校は小学校なりにするんだけど、また中学校に行ったときにもう一回、くり返してそういうことを伝える場があると、少しずつ子どもたちも自分のものにしていく。

E：まずは、どこかの教科で使ってみる。教科が変わっても、子どもたちは経験を重ねるので、上手になりますよね。必要だと思うのですけれども。

● 学校司書に求めるもの

髙木：先生からご覧になって、学校司書ってどういう力をもっていることが望ま

しいと思われますか？

E：ずいぶんしゃべったなかにあったと思うんですが（笑）。まずは、いろんな知識をもっていらっしゃる。子どもが「こんなのが載ってる本」と言ったら、いろんな知識をもっていらっしゃったらサッと探せますよね？

高木：ということは、やっぱり資料をよく知っているということ。

E：そうですね。

高木：分類など図書館学的なところも含めて？

E：そうですね、まず。それから、みなさんを見ていて、いつもうらやましいと思うんですけど、ネットワークですよね。すごく仲良しなのだと思いますけど、ファーッと集めてくださる。だって田中さんに「こんなのを」といったら、ピピピッとその日のうちに「あそこの学校にあります」とか。あのときもそうだったっけ、印象派のとき？　浮世絵のとき？

田中：浮世絵のときは先生に頼まれて全校にメールして、早いものは次の日くらいに。「自分の持っている私物のなかにありました」と言ってくれる方もいました。

E：それは、びっくりしました。

高木：確かにそうですね。どんなに自分の学校に資料があっても、それだけでは対応できませんからね。

E：それからやっぱり、子どもと接することが学校司書さんの力のひとつだと思いますわ。私は公共図書館のことはあまりわからないけど、もうひとつ踏み込んで、いま子どもが困っているとか、「なんで描けないんだ」と言っているところで、ちょっとかかわってくださったりとか。さっき言ったように、いろんなレベルの子がいるのが義務教育なので、「この子にはもっとこんな本、こんな高いレベルの本はどうかな？」と言ってくださったり、描けない子には、ほんまは私は嫌なんだけど、カット集を……。

東谷：そうそう！

E：本当に、それでどれだけ助かった子がいるか！

東谷：先生に、「彼にはイラスト、カット集見せてもいいですか？」って相談して。

E：「できたら、次は自分の力でね」ってね。でも、一回描けると自信をもつもんね。

「次はもうちょっとやってみようか」となるし。だから、子どもの姿を見ていただけるというのが、やっぱり学校司書さんの絶対必要なアイテムかと思います。異動しても、どこの学校の司書さんも休み時間に来た子どものようすを見ていただいていて、というようなこともありました。

東谷：生徒指導に関係して先生に連絡をとるというのも、すごく多かったので。

E：しんどい子が図書館に行くというのは、どの学校もそうなのかなと思う。

東谷：美術の個人課題だと、しんどい子が残っていくんです。ほとんどの子が描き始めても、何を描くかを決められないでウロウロしてる。「決まっていないねんな、何にする？」と声かけて、例えば「桜」というと、「一輪？　枝に咲いているようす？　それとも桜の木かな？」などと聞いていく。写真や描きやすそうな絵本の表紙を見せてもなかなか「これ！」とは言わない。けれど、なかなか決められない子に最後まであれこれ声をかけ、違うと言われてもつぎつぎ提案することで、図書館ってこういうふうに、自分のために役立とうとしてくれるとこだ、と感じてくれてると思う。

E：ずいぶん助けていただきました。

東谷：そうすると彼ら、彼女らは「ああ、なんでも聞いてくれて、言ってもいいんや」と思うと、それまで図書館に来なかった子が、休憩時間に来たりする。「本を借りる、借りない」はあまりしなくても図書館に顔を見せにくる。「図書館なんか、関係ないわ！」と言っていた子が顔をのぞかせるというので、やはり個人課題に一人ひとり対応できるというのはいいなぁと思いました。

E：ねえ、いいところだよねぇ。生の人間関係は苦手で本のなかの世界しかつくれない子も、受け入れていただけるところがあって。言い方が変かなぁ。だから、図書委員会なんかでも、図書館に来て癒される子がけっこういますよね。

田中：彼らは、自分たちのことを「おたく」って言っていて……。

髙木：自分で言うの？

東谷：「俺ら、おたくやで」って言ってる。

田中：そういう子は、クラスのにぎやかな子たちのなかではちょっと居心地が悪い。勉強ができたり、スポーツが得意だったり、男の子や女の子とうまく話せる子に比べて、自分たちはちょっと立場が低い。そんなことを友だちに面とむ

かって言われたことがなくても、すごく敏感に感じている。図書館にはそう感じている子たちがなんとなく自然に集まって、「ここはおたくに優しい場所だ！」って。「べつにおたくでなくても、誰にでも優しいよ」って言っているんですけど（笑）。

E・東谷：本当だよ！　優しい、優しい（笑）。

田中：彼らは「おたくが冷たくされないのが嬉しい」って、自虐的に言ったりします。

E：ようするに、自分を開くのが苦手な子たちなのかな。

田中：教室では、こういう話をするのは気をつかう。まわりに「あいつらおたくや、キモい！」って言われちゃうから、絶対それは言えない。自分を出せない。

E：でも、とっかかりが本であって、そこから心を開いていっていろんな悩みとか、進路のことを話した子もいるんでしょ？　図書館ってそういう場所でもあるような気がするから、学校のなかには絶対必要な場所だと思う。図書館が常時開いているということは、大きいと思いますよ。開いていない地域もたくさんありますでしょう？

高木：そうですね。

E：閉鎖されていくところもあるって、高校の先生に聞いたことがある。

高木：そうなんです。常時開館できなくなっているところも含めて大阪は厳しい。[9]

E：ねえ、「何考えてるんだ！」と思ってしまう。とくに高校生だったら、もう自分の世界ができてくるから、よけいに図書館が必要になってくる。

● 電子媒体資料と紙媒体資料

E：私はスマートフォンやパソコンとは役割が異なると思うんですよね。スマホの便利さもこのまえ大学に行ったときにちょっと聞いて、それこそ「文庫を何冊も持って歩くのと一緒だ」って聞いて、「ああ、そうか」と思ったんです。そういう便利さもあるけど、でも私は、「やっぱりこうですよね」って紙をめくって同時に読むみたいな、両方の良さをね。さっきプレゼンテーションするときに、作品を電子黒板の画面が展開することでしか見れない子どもたちが増えてきたと言いつつもやっぱり実物を貼るというのは、この紙媒体の良さがあると

思う。

　このまえの職員会議のときも、もうこれ電子データーでいいと言われたので。

田中：会議資料がたくさんになってきたけど、いまはペーパーレスで印刷しないから、「先生方一人ひとりに配られているノートパソコンで見てください」と。

Ｅ：パソコンで見てくださいと言われたんだけど、その良さと、やはり紙媒体で残していく、歴史として。どちらもが必要だと私は思うんですよね。だってね、もしこんなことがあったら嫌なんだけど、パソコンが吹っ飛んだら？　もし何かがおきてすべてのネットワークの電源が切れたら、私たちの歴史はなんにも残らないですよ。

東谷：私もそう思う。

Ｅ：思うでしょう？　あれだけの書簡が残っているから、いま、「昔のこの時代の……」ってわかるわけでしょう？

髙木：そうですね。

Ｅ：この何年間かの時代って、恐怖だと思う。

東谷：これだけね、いま大災害が起きると言われているなかで。

Ｅ：正直いまね、私、あなたの電話番号わからないもん。覚えてない、携帯のなかに入っているから。そういう安穏とした生活を私は送ってしまっているので、自分を見ても恐怖ですね。だからいま、残していこうと思いだしました、最近は。一方では、こういうふうにデータ化していくのも必要と思いながら。

髙木：図書館というところは、ある意味いろんなものを保存、蓄積していく場。そういう意味では、生徒の作品なども資料として残していく。

Ｅ：そうですよね。

髙木：それをまた何年かあとの在校生が見て「ああ、こんなの先輩たち作ったのか」と。ネットでね、調べるのもアーカイブとして可能かもしれませんけど。

Ｅ：匂いもなければ、立体感、質感もない。

東谷：だってこれ（現物の作品）を見たらね、すごいでしょう？

Ｅ：すごいでしょ。　ところがね、こっち（ネット）もすごくて、どこかの美術館にも検索したら行けるんですよ、私が行かなくても。行ったことのない、例えばルーブル美術館でも行けちゃって、「わーっ、この部屋はどうなっている

んだろう」って。色もあせないし。拡大したら、「えーっ、こんなことが描い
てあるの?」ということまでわかっちゃう。

高木:そうですよね。そういう便利さというか、良さはね。

E:ありますよね。だからね、「どっちか」じゃなくて「どっちも」かなと私は
思うんだけど。それがわかるのは私たちの世代でしょう? 次の世代はね、現
物の良さっていうのは、わかっている人もいるかもしれないけど、薄れてきて
いると思う。とくに子どもの世代になるときっとバーチャルな世界しかないか
もしれない。

高木:しかもいま、新任の先生はもうネット世代ですもんね。

〈時代の変化、生活の変化〉

E:だから私たちがねえ、踏ん張らないといけないと思って。話が長くなります
けど、いいですか? いまね、例えば1年生の子が入ってきて、美術の時間に
ポスターカラーか何か洗いますよね? 生徒が帰ったら、水が流れているんで
すよ。

東谷:蛇口を閉めていない。

E:そう。「今年の子らはなんて行儀悪いんだ!」って思ったら、子どもたち、
自動洗浄機に慣れているから。

高木:ああ!

E:手を差し伸べると水が流れてくるから。カランがわからない。

高木・東谷:すごい!(笑)

E:聞いた話なんだけど、このごろはトイレでも流し方がわからない。だからト
イレから出てこられない。

東谷:お家も、立ったら水が流れるから。

E:立っても流れないトイレもあるでしょう? 小学校だったら、大便が流れな
い。流し方が分からない。だから出てこれない。しかたないから出たら、また
次の汚物が。だからその辺も……。でも、これ聞かれたら「えっ?」って思わ
れたでしょう?

高木:そうです(笑)、私の世代では。

E：だから、それに共感できるのは私たちが最後。いまはそういうトイレばかり
の地域もあれば、そうでないところもあるけど、学校ってそういう意味では不
思議なところですよね。子どもたちに教えていかなければならない、両方を。

髙木：そうですよね。掃除でもね、箒と塵取りでやってるの、もう学校くらいか
もしれませんね（笑）。

E：本当にそうですよ。でもね、「過去の神社や仏閣が作られたのはこういうい
きさつで」とか、「釘一本使っていない」ということも言いたいし。子どもた
ちには人類の築いてきた文化を伝えたい。

髙木：生活環境もそうだし、情報機器の環境も刻々と進化していってる。そんな
なかで生きていかなければならないので、いまの時代、学校ではそういった機
器を活用して情報活用能力を育成することも一つの課題でしょう。確かに、イ
ンターネットなどは非常に多くの情報をキャッチできる。

　でも、やはりもう一方では「"学ぶ"ということはどういうことなのか」と
いうところを押さえておかないと。そういう意味で図書館の活用に関しても考
えていくべきじゃないかなと。

E：おっしゃるとおりです。いま「可視化」と言われているけれども、美術でも
図書館でも、やっぱり「見せる」ことだと思う。図書館としては、「このテー
マで」って本を展示してプレゼンしている。そこに思いがあって。美術でもそ
うしているつもりなんだけど。ある人の思いがあってプレゼンしているわけだ
から、なんでこれを出しているかは、もっと声に出したほうがいいかなと最近
思い出したんです。

　だからいままでもね、美術史を教えるなかで、「ゲルニカ」は絶対はずされ
へんと思ってしゃべっていたんだけど、今年ね、こうやってパワーポイントで
見せるんだけど、「どうして美術史を教えたいのか」というのをだいぶしゃべっ
たのよね。それは私がこの年になって、次の世代の子に戦争を、IS（イスラム国）
が美術館を破壊しているでしょう。「この時代だからこんな作品ができた。」と
話をして。「最後の晩餐」でも「あれは、奇跡やねん」と。「あそこの壁だけが
残っていて、あとは全部なかったんだよ。ファシスト政権に対抗したアメリカ
軍がミラノを空爆したさいに、この食堂も向かって右側の屋根が半壊するなど

破壊されたけど、壁画のある壁は奇跡的に残った。その後3年間屋根のない状態だった。そんなのになっていいと思う？」と。

　そんなことからでも自分の気持ちを出して、「だからこの美術作品を選んだ」と。だからそういうのをもっと大人がね、言っていったらいいのかなと。そういうのを昔おばちゃんやおっちゃんは、もっと言ってはったような気がする。それを担えるのは、いまは学校かな？　と思いだしてきたりもします。

髙木：肉声で、本当に自分の思いを伝えたら、やはり心に響いてくる。すごくきれいにできているビデオなどを見るのとはまた違ったものが伝わってくる。それが教育なのかとも思います。

E：去年もね、研修に行ったら、教室の前に電子黒板をおいて、「色の塗り方」を画面に流しっぱなしにしておくという話がありました。パワーポイントで、子どもたちが来たら。それで「しんどい子の対応をするために、できる子にはこれをずっと見せておくんです」って。

東谷：いやー……。

E：それは私は違うだろうと、やっぱり。それを聞いて私は抵抗してやろうと思って、色塗りはこのごろね、みんなを集めているんです、自分のまわりに。それでね、「これはこうやって溶くんやで。これくらいの分量を、筆先はこうやって使って」って。

　こんなの本当は小学校で習ってきているんだと思うけど、小学校の先生を責める意味ではなく、それは何回でもやればいいし、実際に塗っているのを見せたほうがおもしろいと思って。「集まりー！　見えへんかったら大変やから、前の子は後ろの子が見えるようにおいで！」って、それで塗るんです。

　道具も、こんなモデルを作って黒板にはって、「ここに置きなさい。雑巾はこうやって。水は半分くらいに」って。そういうのを義務教育でやっておくと、また物を作ったり描く時に、楽しくできるんじゃないかと。絵を描くだけじゃなく。だからね、映像をいくら流していたって……。昔、私たちが小さいときに言いませんでしたっけ？「テレビに子守をさせたらいかん」って。

髙木：ええ、ええ。

E：親の乳首とか目を見てはじめて、子どもは泣いたりした。「泣いたら親が助

けてくれる」というのは、子どもはわかったけど。ありましたよね？　そういう時代が。いまだからこそ、それを教育はしないといけないと思うんです。本当に、生身の人ができるのは学校くらいだからね。本当言ったら生徒は 20 人くらいがいいと思うけど、40 人くらいが相手だから大変だけど、生身の人が失敗もして「ああ、失敗したわ！」と。

　　先生だって失敗したらいいと思うねん、演技もしたら。私はここで、学生のときの演技が役に立った。「しまった！　はみだした！」って。「で、そういうときはこうやって消すねん」って。生身の人が失敗したり、やり直したり。それを、「失敗したらあかん」と最近の子は思っているからね。消すことができないから。

　　「リセットできない」っていうのじゃなくって、「リセットしなくても、こうやって修正することができる。それが人生やで」みたいな。そう思うんですけどね、いかがですか？

高木：いやもう、そのとおり！

E：とくに実技系の教科は。

東谷：それが生きていく力！

E：「失敗は成功の味の素やで」って、いつも言っているんです。失敗したっていいと思うんだけど。失敗を修正することで本当の力が身につくと思う。でも、子どもたちは失敗を恐れる。

東谷：怖いんだよね。だから下手な子はなんにも描けない、最初から。

● 教師としての成長

高木：先生がね、これまでの歴史を積み上げていくなかで、美術教師としてのご自分の教育実践の土台を作ったのはいつごろですか？　それから、どんな研修に影響を受けましたか？　以前は各学校にお二人いらしたのがいまはお一人ということは、ある意味こう、孤独な状況のなかで……。

E：孤独ですよ！　だからこうやって今日、しゃべってしまった（笑）。20 代のときには□中学校だったんですけど、基本を教えてもらいました。

高木：それは先輩の美術の先生からですか？

E：はい、そうです。例えばさっき言った、彫刻刀の研ぎ方とか。あれすごく難しいんですよ。3年くらいかかりましたね、三角刀の研ぎ方に。でもいまはバッチリですよ、うまいですよ！　先輩方に木彫とか七宝焼きであるとかも、基本を。それから教師としての生き方の基本ですかね。例えば、全域に関してですね。担任とか、生徒会もやらせてもらっていたんで、生徒会活動でのこととか。だから、美術のカリキュラム、評価、実際の制作のときの材料や道具の扱い方など。それから担任、学校のシステム。口中学校は市内でいちばん古い学校だったので、きっちりしていましたから。

　30代になったら、子育てもしながらだったんですけど、二中学校に行きましたので、今度は人権的なことを。同和教育も。私は、そのころは箕同研（箕面市同和教育研究会）の「在日朝鮮・韓国人教育」という部会にいたので、わりと民族的なことも勉強させていただいて、猪飼野に行ったりだとか、「トッキの会[10]」で一緒に活動させていただいたりとか。ご存じかなと思いますが、そういう時代ですね。だから美術のなかにもやっぱり人権のこととか、平和のこととか。沖縄修学旅行でガマに何度も行ったりとか、それが平和教育の根幹かなと思います。美術のなかにも、必ずそういうことは入れていきたいと思っています。

髙木：では、教育の内容的なところは二中学校での学びで？

E：うーん、それぞれ異なる分野の内容ですね。口中学校の学校体制と美術という教科の基本があったから、二中学校に行ってその人権的な学びが生きたんです。先に二中学校に行ったら、口中学校でのその基本的なものが入ったかどうかは、……難しいところですね。だから、両方行けて私は幸せだと思っています。

　次の学校ではね、東谷さんとの出会いがあり、総合的な学習の学びの部分が広がったりだとか。結構しんどかったんですよね、生徒が落ち着かなかったですよね。で、「どうやったら美術のほうに引っ張れるかな？」とか。

　それから美術の授業が2時間続きが1時間になったりとか、美術教師が一人になったりとか、「総合」をやったりとか、いちばん自分がしたい担任がもてなくなったり。これがいちばん大きかったかな。

東谷：そうそう。

E：担任がもてなくなったんですよ。2時間授業が1時間になったから。

髙木：そうなんですか。

E：そうなんですよ。同じ18時間もつっていっても、1学年を1種類の教材で9クラス18時間っていうのと、全学年566人を3種類の教材で18クラス18時間っていうのとが同じ。いままででいうと、1学年450人が最大だったんですけど、18時間で担任もしながら、必修とかやった。でも、1学年で1クラス45人が10クラス全部同じ教材でっていうのと、3学年それぞれの教材をっていうのでは、ぜんぜん違うんで。

髙木：そうですよね。

E：その違いは、いまになって思いますね。だから、どうにかして美術の授業を活かしながら、「総合」も楽しみながらしようと。だから合体させたんです。学活や総合、学校行事で学んだことを体育祭のコスチュームとしてTシャツをつくったり、修学旅行のまとめに「オキナワ ガイド」をつくったり。行事のなかで取り組んだことを、美術の時間のなかで展開し、また行事のなかでプレゼンできるようにしようと。ちょっとずるいかな。

髙木：いやいや……。

東谷：担任もされましたよね？

E：しましたね。

髙木：じゃあ、その学校、学校で。

E：違うことをしましたね。

髙木：いろんな先生たちとの出会い、地域との出会いのなかで、培ってこられたということですか。

E：だいたいそうですね、10年。各学校10年というスパンなんです。それでここの学校で7年目。もうこういう年だからというのもあるんだけど、ここではいままでやったことのなかで要らないところを削って、要るところを膨らます。さっき申し上げた鑑賞のところを入れてみるとか、子どもたちの心を耕しておいてから制作するとか。

　だから最近は、授業の最後に振り返りシートを書かせるの。そこに「自分で良くできたと思うところとか、今度することを書きなさい」っていうことで、

子どもたちは「次は何しよう？」とか、「家で考えてこよう」とか。制作のなかに自分の思いや、考えを入れる美術を目指す。よくいえば展開とか先の見通しができだした。それで、どこの力を借りると自分が少し助けていただけるか、とかね。

　だから図書館というのは、そういう意味で私のなかではありがたい存在です。導入の部分でも使えるし、展開の部分でも使えるし、子どもたちに実力をつけさせるリアルスケッチなんかそうですよね？　美術でも使うし、「総合」でも花を咲かせる。素晴らしいところだなと思います。

● 図書館利用の思い出

髙木：最後に「図書館利用」に関してお尋ねします。公共図書館もお子さんの頃から使っておられたんですね。公共の司書の人に「こんな本ありますか？」とか聞くことはありましたか？

Ｅ：そうですね。そういう意味ではいちばんよく使わせていただいたのが西南図書館です。なぜかというと家が近いのもあるし、子どもを近くのスイミングスクールに通わせていたのもあったから。その帰りに子どもたちも連れて行って、子どもたちには「好きな本を見ときなさい」と言って、私は「総合」で使いたい本を探す。ちょうど前任校で、「総合」の係りをやっていたので。

東谷：そう。よくね、自分で本を探してこられるんですよ。「西南図書館にこんなのあった！」って。

髙木：では授業で使う本も、公共図書館で？

東谷：自分であたりはる。

髙木：そのとき、司書の人に探してる本について訊ねたりとかはあったんですか？

Ｅ：ありましたね。それですぐにメモをとって「東谷さん、こんなん、こんなん！」って言って、そのころよくありましたよね？　あの時代ですわ、子育ての時代。

髙木：ご自分が小・中学生のときの学校図書館にはどんな印象がありますか？

Ｅ：暗かった。私は□中学校（市内でいちばん古い学校）だったんで、暗くて古びてて、カビくさいような。

髙木：そうですか（笑）。でも、開いてましたか？　本を借りたりとかはありま

したか？

E：開いていなかったですね。開いてなかったなぁ……。だって、図書委員会しかいなかったから。

髙木：小学校のときに、「図書の時間」ってありましたか？

E：小学校はハ小学校だったんです。ご存じかどうかわからないんですけど、もとは丸善石油高等工学院だったのはご存じですか？[11]

髙木：いいえ。

田中：私は、前任校の創立50周年の記念誌を作るときに、自分の学校の歴史だけじゃなくてほかの学校の歴史も調べました。で、そのときに企業がもっていた学校の校舎をそのままハ小学校が譲り受けたことを知りました。

髙木：企業の学校、丸善の学校だったんですか？

E：そうです。ハ小学校は去年が50周年。だから、その前が企業のもっている高校だったので、とても設備が充実していたんです。私は別の小学校からハ小学校に転校したんだけど、当時はダルマストーブだったのに、ハ小学校はスチームのストーブだったんですよ。すごくレベルの高い学校で、理科室が3つありました。

髙木：えー、すごい！　洒落た学校だったんですね。

E：で、何がよかったかというと、図書館が立派でした。書架がたくさんありました。

髙木：えー、本当ですか！　いまあるハ小学校の校舎？

E：いえ、あれは建て替えたので。

田中：いまは、変わっちゃっている。

E：広い、広い図書館でね。スチームで暖かいし明るいし、本当に「小学生がこんなん見ていいのかな？」というような、今思えばですよ、アウシュビッツの写真集とか……。

田中：前の学校の本が、そのまま？

E：よく図書館に行っていましたね、小学校は。でも中学校は暗くて……、というイメージで。一度調べてみてください。

東谷：ねえ、おもしろいねえ。知らなかった。

E：……というのが思い出です。でも、ほとんどが旧郷土資料館の2階にあった市立図書館。よく行っていましたね。

高木：作品もたくさん見せていただいたことで、授業の準備や子どもたちに対する作品完成までのご指導の労力のすごさも実感いたしました。

　　　長時間ありがとうございました。

注

[1]　上野行一：元帝京科学大学教授。『風神雷神はなぜ笑っているのか　対話による鑑賞完全講座』光村図書出版　2014　他著書あり

[2]　ウォルター・ウィック『ミッケ』シリーズ　小学館　1992年に出版されて以来シリーズが多数出ている。

[3]　退職した教諭を大阪府の特別嘱託員（経費は大阪府負担）として採用する制度。

[4]　奈街三郎『橋の上のオオカミ』鈴木出版　1991

[5]　たかどのほうこ『まあちゃんのながいかみ』福音館書店　1995

[6]　リンドグレーン『名探偵カッレくん』岩波書店

[7]　コナン・ドイル『シャーロック・ホームズ』偕成社

[8]　村上龍『13歳のハローワーク』幻冬舎　2003

[9]　「学校図書館全国悉皆調査」（全国SLA　1980年）と「学校図書館の現状に関する調査」（文科省　2012年度）の学校司書配置率の比較によると、大阪府は1980年の配置率が86.7％だったのが、2012年度は43.2％と43.5％減となっており、全国で2番目に高い減少率。
　　　参考資料：高橋恵美子「公立高等学校司書県別配置率」『学校図書館部会報』No.42　2013.3.30　日本図書館協会　p10-11

[10]「みのお国際交流団体」に所属している在日韓国朝鮮人の保護者・子どもの交流を目的とした会。

[11]丸善石油株式会社（現コスモ石油）が「高度の専門知識をもった生産第一線従業員の養成を目的」に設立した全寮制の学校。1957年開校、63年8月箕面市に売却（丸善石油株式会社創立35周年記念出版『35年のあゆみ』1969年11月より）。
　　　また、『広報みのお』（No.81　1964年8月）に、同学院の鉄筋校舎（4,160平方メートル）を新設の小学校に充てることが報告されている。

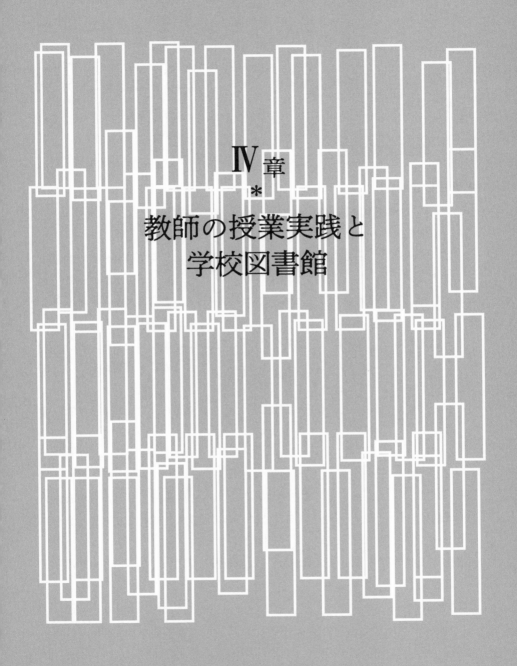

Ⅳ章
*
教師の授業実践と
学校図書館

Ⅲ章に収録したインタビューでは、教師という仕事について、子どもについて、授業づくり、学校図書館活用などのエピソードや心情が多く語られていた。本章では、それらを「教師像を探る」「教師と授業」「授業と学校図書館」「子どもと学校図書館」の４つの観点から整理し、「なぜ５人の教諭は学校図書館を使うのか」について考察を試みる。

┃ 1 ┃ 教師像を探る

● 子ども理解

〈一人ひとりの子どもを観る努力〉

　A 教諭は教師の力量について尋ねたときに、

　　私はやっぱり「子ども理解」。子どもをどう観てどう育てるかが、全部当てはまる。

と語ったが、他の教諭も子どもと向き合い、理解しようと努めているのがいろいろな場面で語られていた。

　例えば **B** 教諭は、落ち着いて授業を受けることができなかった男子とのかかわりのなかで、徐々に男子が机に向かうようになってきたのに、宿題が終わりまでできていないと叱ってしまったことを悔やんでいた。

　　やっぱり、その……、自分の基準で子どもを見るから。例えばドリルは７番まであるのに彼にとったら３番までは必死でやってるはずやのに。「まだこんだけしかしてへん！」って私がいうたことで、彼は泣きながら「ほめてくれると思ったのに」って言って帰ったのを見て、その子その子を見なあかんのに、「ああ、やってしまったなあ」と思って。うーん、だからそれからは絶対にちょっとでも増えたらほめて、その頑張りを認めてやらんとあかんなって思ったりはしましたね。

と語り、「その子その子を見なあかん」「その頑張りを認めてやらんとあかん」ということを肝に銘じている。

　C 教諭は、

　　実際にクラスでカイコを育ててたとき、ちょっと勉強面もしんどいし、会話

もしんどい子がずーっとカイコ見ててね。それで、「ああ、この子、こうい
う面もあるなあ」とか発見があった。そんな、授業からでは見えない子ども
の姿がいろいろと広がる。

と、授業だけでは知りえなかった子どもの一面を"発見"できたときのことを嬉
しそうに語った。

美術を担当しているE教諭も、

ホントに中学生って一番そこ（作品の上手下手が明確に表れてしまうこと）
がネックになってて。要するに、まわりの子と比べちゃうこともあって。で
も、作品が貼られるというのもあたりまえになっているので、もうあきらめ
てるというか、他人のものを見る、自分のも見てもらう。それでも、自分の
考えが描ききれない。

と言い、そんな子どもたちの現状を解決するために自己評価カードを書かせ、そ
れをもとに子どもたちにプレゼンをさせたときのことを、

こんなつもりで作ったっていうのを子どもがしゃべったから。だから、一つ
ひとつの作品がもっといとおしくなりましたね。

と語っている。"いとおしい"という言葉には、「その子」をより深く理解できた
E教諭の喜びが感じとれる。

〈子どもを尊重し理解する努力〉

D教諭は特別支援学級を担当したときに、言葉の出ない子が何人もいて、それ
までの指導方法が通じず対応に悩んだ経験を語った。

全然何もわからない者が急に担当になってその子たちを指導したら、その子
たちの教育を受ける権利はどうやって保障されるんやいうて、すっごい何回
も管理職や組合に専門的知識をもった職員を充ててほしいと言いにいったん
です。でも、結局いまでも、そういう人が配置されないままきてるというの
が現状やな。

だから、担当になってからは一応勉強はしました。いろんな本を読んだり
とか。でも、子どもたちには迷惑をかけたなというのがすごいあります。

「その子たちの教育を受ける権利はどうやって保障されるんや」「子どもたちに

は迷惑をかけたな」という言葉からは、子どもの側に立ち子どもを尊重する姿勢が伝わってくる。

さらにD教諭は、子どもとのコミュニケーションを図るために悩んだときのことも語った。

いろんなしんどい子どもたちに会ったときに、やっぱり最初のころはその子の気持ちがわからないから、めっちゃめっちゃつきまとってみたりとか、めっちゃめっちゃ怒ってみたりとか、いろんなことをするけど上手くいかない。しんどい子ほど上手くいかなくなる。なんでやろう、どうしたらいいんやろうってすっごく悩んだときがあって。

この悩みを解決するためにD教諭は、教育センターが主催したカウンセリング講座を受けたり、教師仲間と勉強会を続けた。そして、カウンセリングを学んだことで「私は子どもとすっごく接しやすくなりました。」と語っている。

〈"その子にとっての真実"を知る努力〉

またD教諭は、

ものすごくしんどい子や「ほんとに、いいかげんにしいや！」とか思う子もいるけれど、でもそのなかにも何か絶対にその子にとっての真実がある。そういうのがあるから、そういうことを常に分かってお互いに接していけるみたいなものがないと、人としてダメだなというのがあります。

と言い、クラスづくりについて次のように語った。

クラスが笑ってるときはクラスは平和です、絶対。なので、すっごい素晴らしい授業も大事なんだけど、でも一緒に笑えるようなクラスをつくるってことが子どもにとってもすごく居心地はいいし、自分の思いが素直に出せるクラスやから。

だから私は、なんかカチンカチンに規律正し〜いみたいなクラスより、しょうもないこと言って笑えるクラスがいいなぁっていうのがあります。

心に抱える問題が深刻なほど、悩みが深いほど、子どもは自分の思いをなかなか言い出せない。「この先生は自分をどう受け止めるだろうか、分かってくれるだろうか」と躊躇する。D教諭は"笑いの精神"を教師の力量に挙げ、どの子ど

もも心をほぐせて「一緒に笑えるようなクラス」づくりを理想としている。

〈全学年を経験する〉

　さらには、できるならば避けたいと思っていたことをはからずも体験したことで、子ども理解の大事な視点に気づいた話もあった。

　B教諭は、高学年は自分には合わないだろうと担任をすることを拒んだが、まわりから強く勧められてやむなく6年生を担任した。そして、実際に体験してみて分かったことを次のように語った。

> 「2年生の子がきちっと積み上げてくるからここ（6年）にくる。でも、いまの6年の姿はどっかで必ず何かにつまずいている」っていうの。「あ、この子は大人を信用していないな。きっとたぶん、低学年か中学年のときに押さえつけられてる」とか。「自分たちがしたいっていうこと全部つぶされてきてるから、あたしの言ったことに、そんなん絶対したくない！　って全部反発してくるんやな」とかっていうのは、6年をもたしてもらった時に全部見えた気がしました。

　この話からは、小学校教諭は子どもが学ぶべき6年間の教育課程の指導をすべて経験することで、いま自分が担当している「子ども」を理解することができ、適切な指導に繋がるのだということが伝わってくる。

〈人権意識〉

　5人の教諭はみな、人権への認識や意識が高いことも、語りやアンケートの回答から明らかになった。子どもを理解しようとすることと、人権の問題は関係性が深い。

　小・中学校時代の担任がクラスの子どもたちに対して、分け隔てなく「一人の子ども」として接してくれたことに魅かれて教師を目指したと語った教諭が2人いた。教師の人権意識を子どもが理解していたといえるだろう。

　学生時代に障害をもつ人や在日の子どもたちと出会ったことで人権問題への意識が強まった教諭もいた。

　また、人権教育に取り組んでいる学校に勤務した経験のある教諭も3名おり、そ

こで平和教育の根幹を学んだことが自分の授業に活きていると語った教諭もいた。

　教師の力量を問うたアンケート（「対子どもに関して」）でも、それぞれ表現は異なるが、一人ひとりの子どもともしっかりと対峙してゆくことが挙げられていた。そしてそれを説明する言葉として、「子どもを尊敬する。一人の人間として見る。」「弱い立場の子どもが居心地良いようにクラスをつくる、人を傷つける行為をすばやく見つける人権感覚をもつ」「子どもの言動をそのまま捉えるのではなくて、背景を考えようとする」「子どもを尊重する」など、子どもを一人の人間として捉えて人権を大切にする姿勢が、教師の力量として必要であると考えていることが判明した。

●「人を育てている」という自負
〈人として対峙する〉

　D教諭は、自らの教育哲学について次のように語っている。

　私はやっぱり「人間として譲れないもの」みたいなのは自分のなかに絶対もってなあかんと思っていて。もちろん子どもの気持ちも尊重せなあかんし、保護者の気持ちも尊重せなあかんけれども、例えば私のなかの人権意識みたいなもので、「ここは譲れません」みたいなときは、やっぱり対立せなあかんと思うんですよ。

　やっぱり私は人を育てたいんだという思いでそこに立ってるわけやから、そこのところでどうしても間違っていると思ったときはケンカしてでも頑張るみたいな部分が、私のなかの教育哲学というようなものかなと。　だから、「どんな人も人権がある」とかね、すごい単純なことなんだけど、そういうところは絶対教師はもっていないと、人として人と対峙できないんちゃうかな。

　D教諭は、「私は人を育てたいんだという思いでそこに立ってる」と明快に語っている。そして自分なりの教育哲学を持っていなければ「人として、人と対峙できない」という言葉には、教師という職業の重みを感じる。

〈子どもの将来への思い〉

　「人を育てたい」という思いは、**A**教諭や**E**教諭の話からも感じとれた。例えば、**A**教諭は子どもに対する思いを尋ねたときに、

　　　子ども観が大きく自分のなかで、「こんな子どもでないとあかん」っていうか、「こういう子どもになってほしい」と思ったんは……、それぞれですね。（少し沈黙）やっぱり、「個人」があるんですよ。「この学年」とか、「この年代」とかじゃなくって、いろいろな事情を抱えた「この子」との出会いなんですよ。その子どもを担任したときに、「生き抜く力をもってほしい」とか、「仲間と楽しい学校生活を送れる子になってほしい」とかを、「この子」に強く願ったときかな。それからニ小学校に来て、いろんな立場のある子どもたちや保護者の方と出会ったとき。そりゃ算数できたほうがいいですよ、国語できたほうがいいですよ。けれども、「この子たちが将来きちっと自分の道をつくれるようになってほしい」と思った。

と語っている。また、美術科の**E**教諭は自分の授業について、

　　　中学生っていうのは、やっぱり、なんていうのですかね、技量っていうのがパシッとわかってくる年頃だし。つまんなくなったらね、「義務教育やからどうしてもしないといけない、いやだ」ってなるけど、なんか自分を見てもらってほめてもらうとか、「楽しい」とか、例えば修学旅行に行ったことをまとめるとかテーマが決まってて自分なりに表現できるっていうのは楽しいと思うので、そういう、義務教育のなかでお互いを認め合い、自分を育てていくことのできる美術をしたいなって思っているんです。

と語っている。

　A教諭の「この子たちが将来きちっと自分の道をつくれるようになってほしい」や、**E**教諭の「義務教育のなかでお互いを認め合い、自分を育てていくことのできる美術をしたいなって思っているんです。」という発言からは、自立した社会人に育ってほしいとの願いをもって子どもの指導にあたっているのが伝わってくる。

　さらに**E**教諭は次のように語っている。

　　　先生だって失敗したらいいと思うねん、演技もしたら。私はここで、学生のときの演技が役にたった。「しまった！　はみだした！」って。「で、そうい

うときはこうやって消すねん」って。生身の人が失敗したり、やり直したり。それを、「失敗したらあかん」と最近の子は思っているからね。消すことができないから。「リセットできない」っていうのじゃなくって、「リセットしなくても、こうやって修正することができる。それが人生やで」みたいな。そう思うんですけどね、いかがですか？

　「リセットしなくても、こうやって修正することができる。それが人生やで」という言葉は、教科指導を超えた人生の先輩としてのメッセージとも受け取れる。義務教育修了をまぢかに控えている中学生を相手にしている **E**教諭は、とくに子どもたちの卒業後の人生が現実のものとして気になっているのが感じられる。

▎2▎ 教師と授業

● 子どもが得心する授業

〈失敗を積み重ねる子〉

　B教諭は、各学年の学習の過程で学ぶべきことが「やっぱ抜け落ちてる子がいるんちゃうかなって思う。」と語っていた。そして、

　　子どもってね、なんか、失敗をずっと積み重ねてきてる子はずっと失敗するから。できたらそれはこっちが救えるなら救ってやりたいとかって思うけど……。

と、つぶやくように言ったのが印象的だった。この言葉には指導の難しさと悩みが表れている。

〈"分かりやすい授業"とは〉

　A教諭は"分かりやすい授業"について、足し算の指導方法を例に挙げて次のように語っていた。

　　誰にとって分かりやすい授業か。研修に行って思うことなんだけど、一読総合法とか、タイルを使った足し引き算とか、いろいろな指導方法はあるんですよね。でも、それが教師の自己満足になっていないか。例えば、3たす3は6とするときに、3と2を合わせて5のかたまりができる。で、5のかた

まりと1で6になると考える方法がある。みんなにこの教え方をするのか。例えば「3とそれから4・5・6」と数える子もいる。でも、先生は「5のかたまりをつくる」と教える。一つの方法を教えるのは先生にとっては整理できるんですよ。だから5のかたまりと3で8になるとか。でも、次の「引き算」の学習につながるのかどうか。子どもの思考にあっているのかどうか。そんなことを確かめず、「学校として同じ教え方をしないと、子どもたちはクラスが変わったり学年があがったりしたとき迷うから」と言う。それは分かるし、それでいいのだけれど、じゃあこれが一番いいのかどうかという論議をしないと。先生には分かりやすいと思っているんだけど、子どもにとって、ほんまに分かりやすいかどうか考えないと。

　一斉授業での指導では、明快な解答が見出しにくい難しい課題だろうが、「子どもの思考にあっているのかどうか」、子どもにとっていちばんよい方法を皆で考えなければならないと**A**教諭は語っている。

〈"子どもが調べやすい" とは〉

　C教諭は、過去を振り返り、調べ学習の授業について次のように語っていた。

　　どういうテーマだったら子どもが調べやすいかなとか。それから、まとめるのだって、丸写しじゃ説明もできないし、とか。だから、「やりなさい」じゃやれないから、子どもも困ってるし、私も一人ひとりにていねいにアドバイスがしきれない。できないから、なんか調べやすいテーマにしようとか、指導方法を変えなきゃなっていう意識があって、いろんな実践を聞いたりしてやっていた。

と、指導方法を模索していたことを語った。そして子どもに提示する資料についても、

　　先生が「こちらの資料のほうが、子どもたちは調べやすいのよね」と言ったときの視点が、どうなんだろう……。私はちょっと自信がないところがあったなあ。本当に "この子" にとって適した本なんだろうかとか。

と語っていた。

　「どういうテーマだったら子どもが調べやすいか」「本当に "この子" にとって

適した本なんだろうか」という言葉からは、自分が担当する子どもたちを思い浮かべながら、その子たちが理解できる授業を模索しているようすが伝わってくる。

● 授業づくりの工夫

〈教材研究資料としての教科書〉

　教育研究団体の研究会に参加して学校では採用していない教科書も資料として使うことを学んだB教諭は、次のように語っていた。

　　例えば6年生でも、東京書籍だけじゃなくて光村（光村図書）も日文（日本文教出版）も全部あると、その子どもにあった教材を渡せるんですよね。私、去年の5年生の研究授業でものすごくむつかしいところをとりあげなあかんときに、東京書籍はむつかしいんです。やってて思いますわ。「あ、こんなむつかしいのやらなあかんねんな」て。でも、「子どもの理解はここまでできてないよね」って思ったときに、教育センターに行って他の教科書の関係あるところを全部カラーコピーしたんです。で、「この資料と、この資料と、この資料とでは子どもたちにはどれがいいか」って考えたときに、「この教科書会社の提示の仕方がいい」と。そこから段階を追っていまの東京書籍にいけばスムーズにいくとか。社会科もそうでした。使っている教科書の資料を電子黒板に写すと、「あ、それ何ページにのってる」って子どもらは分かる。けど、違う教科書会社のものを「はい、これは何してるとこかな？」って見せたら、「え、なに？」ってなって見る。

　B教諭は市が採択した教科書に縛られることなく、子どもの実態に添いながら、子どもたちが学習に意欲をもって参加することを目指した柔軟な指導方法を模索している。

〈自校の2年生に適した図鑑〉

　また、C教諭と一緒に図鑑の利用指導にかかわった学校司書の清水は、次のように語っていた。

　　その利用指導のワークシートに入れるのに、例えば「目次ならどの本が使いよいかなあ」っていうのを二人で相談した。そのときに学研の図鑑ではむつ

かしいって言って、ソフトカバーのものを「これがいいね」って。「2年生
　くらいならこれが調べやすいよね」って相談したり。

　図鑑の利用指導をする場合、当時箕面市教育研究会図書館部会では『学研の図
鑑　昆虫[1]』を使ってワークシートの研究をしていた。研究を始めた当初、**C**教諭
はその中心メンバーの一人であった。しかし、**C**教諭は「2年生くらいならこれ
が調べやすいよね」と当時勤めていた学校の2年生の実態を考えて別の出版社の
図鑑を選び、使い方のワークシートを作成している。

〈考える力をつけさせる工夫〉

　C教諭は調べ学習をしていて、子どもたちがうまく調べられないことに気づき、
　私は意識して図書館の利用指導をした。（中略）**イ**小学校で研究してたときは
　ね、「この時間調べたこと」→「何が分かったか」→「次何を調べようと思うか」、
　で、次やってみて「ここまで来た」とかね、そんな記録を子どもたちに書か
　せながらやった。

と、子どもが課題解決していく学習方法を模索していたことを語った。

　また、**D**教諭の学校はパソコンのプレゼン能力をつけさせることが情報教育で
推進されていて、調べ学習のまとめはパワーポイントを使って作成するためのス
キル指導に力を入れていた。しかし、**D**教諭は次のように語っている。

　「子どもがどんな意見をもつかが大事なんだから、全部原稿もできあがって、
　何もすることがなくなってからアニメーションをしようね」って言うてる。
　だからまずは一個の画面だけでいいと。「一個の画面を選んだら、それに対
　して自分がどんなコメントを付けるのかを全部きちっとやって、そこからア
　ニメーションやから、絶対最初にアニメーションは教えんとこね」って言う
　たら、彼女（同学年の教師）も「そうですよね！」ってすごい言ってた。だから、
　確かにツールとしてはパワーポイント使いましたけど、でも根っことして「何
　が子どもの力になるのか」みたいなのは、やっぱりもっとかなあかんのとちゃ
　うかなって。

と、学びの本質を外さずにスキルも身につけさせる工夫をしている。

〈自らの意志で選ばせたい〉

　A教諭は学校の教育目標達成に向けておこなった授業の一つ、語彙を増やす試みである「おはなしシャワー」について、

　　「この子にこの本読ませたい」って思う本をいっぱい持ってきて、その子にフィットするかどうか、その子がそれを選ぶかどうかを考えながら選んだ。子どもたちが本に浸る、本の楽しさに浸るっていうのが「おはなしシャワー」やったから、自分で本を集めてきて授業してたんですね。

　　　例えば「Aちゃんは乗り物の本ばっかりいつも借りてるなぁ」ってわかってたから、じゃあこの子を図鑑から物語の本も手に取ってもらえるように、乗り物を主人公にしたおはなしの本も盛り込むとかをしてた。

と語っている。子ども一人ひとりが自らの意志で選べることを目的としながら、それにむけた仕掛けに心をくだいている。

〈新しい授業方法の模索〉

　"美術を通してコミュニケーションする"ことを研究テーマにしているE教諭は、やっぱり、対話型鑑賞、言語活動、アクティブラーニングなども取り入れていかないと、美術もあかんかなと最近思いだして。（前略）これまでは、説明をするのに卒業生の作品（実物）を見本に見せていた。前の子だったら見てたんだけど、やっぱりこう、画面が変わるような見せ方しないと、見れなくなってきてるんですよね、最近。だから画面で切り替えていって見せるようなのを今年からやってみたんです。こちらも手法を変えていかないと。で、今年4月の初めての授業でも「"自分の見た美しい"を語り合おう」っていうのをやったんですよ。出来上がったものだけを追うよりも、4人がグループになって、まず自分が考える。友だちに伝える。話を聞いてよかったことを付箋に書き、語り部に返す。返してもらった付箋を読んで、感じたことをまとめる。

と語っていた。

　子どもたちの現状や時代的要請も見据えながら、授業方法の改善に取り組んでいる。子ども同士が話し合いを通しながら作品を仕上げていくという、新しい授

業方法に変えようと努めている。

● 子どもの将来を見据えた学習方法

　Ａ教諭がニ小学校時代に研究・実践した人権総合学習について語った内容は、興味深い。

　　ニ小学校で、「総合」じゃなくて「人権総合」の話が出たとき、この結果が出るのは20年後やと言われた。今日勉強したからといって明日テストの点数がよくなるとか、その子がタメ口もきかずいい子になるとか、さっきの「おはなしシャワー」で寝転がってた子がお行儀よくなって先生の話を聞くとかではないと。けれども20年後、どう育つかを見ながらの学習やと言われて。梶田叡一先生だったかな、教科の勉強はいわゆる野球でたとえたら、キャッチボールとか、バッティングの練習とか、そういう基礎練習やと。総合的な学習は練習試合やと。たとえばキャッチするとか、投げるとか、打つとか、という基礎練習をしたことをどう生かすか。総合学習や生活科というのはそれの練習試合。で、社会に出たときに試合をする。その梶田先生の話もストンと入ったんですけどね。だから教科の学習もきちっとしていなければ練習試合はできないでしょ。でも、教科の学習だけしていても、社会に出たときに、練習試合をしていなければこれをどう使っていったらいいかわからない。「ゆとり、ゆとり」ってゆとりが悪の巣みたいに言われてるでしょ。ちょうどいま、私がかかわっている大学生が実習に行ったら、そこの先生に「いろんなこと知らへん」「あんたら、ゆとり世代の子どもやもんな」て言われるて。そう言って帰ってくるんですね。私は、「ゆとり世代ってどんな世代なん？　ゆとり教育ってどんな教育なん？　ゆとり教育っていうのは生きる力やで」て言うんです。自ら考え、自ら行動し、自ら判断して問題解決していく。それをゆっくりつけていくために、いわゆる教科の中身を減らしたりして時間の余裕をもたせて、総合学習とか選択授業とかが生まれてきたはずでしょ。そこをきちっとみないで「ゆとりがわるい。学力低い」とか、「教えてもらってへん」とか言われる。いまの若者の姿を見てそう思うから、私たちの責任なんだけどもね。「それは違うで」って言うんですけどね。

人権総合学習で目指したそういう子どもっていうか、若者が育ってほしいなと思うから、いまも気になりますね。自分が担任してた子たちがどうしてるかなぁって。いいんです、タメ口聞いても、やんちゃやっても。いっぱいやってたから。けど、やっぱり、「ここ」というところで、「あかんことはあかん」って言ってほしいなと思うし、行動してほしいなと思っているんですけどね。だから、自分のなかでは図書館を使った授業もその一つだった。「便利」と言ったら言葉は悪いですけど、すべてのものを駆使して子どもたちにそんなものを目指せたらいいなと。

　A教諭が当時勤務していた二小学校が人権総合学習に取り組んだのは、学習指導要領が改訂されて総合的な学習が本格的に始まった年よりも10年前（1992年）に遡る。新任教師の時代から「この子」や「あの子」との出会いをきっかけに「この子たちが将来きちっと自分の道をつくれるようになってほしい」との願いをもち続けていたA教諭は、「自ら考え、自ら行動し、自ら判断して問題解決していく」学習に共感し、人権総合学習は人を育てる学習方法であることを確信した。

3 授業と学校図書館

● 子どもの反応

〈学ぶことの面白さを引き出す〉

　D教諭は授業に膨らみをもたせたり、子どもの興味関心を広げるものとして図書館資料を使ったエピソードを次のように語っていた。

　社会〔科〕だって、歴史やってても教科書は通り一辺倒のことしか書いてないじゃないですか。「ここ、覚えなあかん」みたいな。けど、例えばそこに人物が出てきて、「この人物は実際こういうエピソードがあって伝記の本にこんなことが書いてあるんだよ」って言うたら、子どもらは「へぇ！」って言うて人物に食いつくじゃないですか、やっぱり。そしたらその人間っていうのがわりとクローズアップされて、この人にはこういう素晴らしいとこもあったけど、こういうちょっとだらしなかったりとか人間らしいとこもあって、おもしろいなあって。歴史なんておもしろいなぁと思うところが出発点

だと思う。「僕ちょっと自主勉強ノートで誰々調べてみたんや」とかね、そういう子が出てくるから。絶対何かもっと資料があれば子どもたちはより深く理解できるのにというときには、図書館はすごく便利だと思う。

　算数もいちばん図書館と関係なさそうでも、おもしろい問題なんかいっぱい図書館の本のなかにあると思う。ちょっとクイズっぽいような論理性がいるような問題なんか載ってたら、それを後ろに貼りだしとく。そしたら、めっちゃ子どもら乗って解こうとしたりとかね、そういうこともやったことある。「解いてみて、先生からの出題」とかいうて貼ってたときもありました。ほんなら、それ解けたら嬉しそうに持ってきて。「答え、誰にも言うたらあかんで」とか言うたら、それでまた算数の世界に入ったりできるし。やっぱり図書館は、ものすごいおもしろいところやと思いますけど。

　D教諭は、子どもたちに学ぶことの面白さ、ワクワクする気持ちをもたせながら授業を展開させていこうとしており、図書館はそのために使える資料のある「便利」で「おもしろい」ところだと感じている。

　授業で個人的に興味をもったことを図書館で調べ始める子がいることは、筆者も経験している。授業が終わったとたんに「○○の本ありますか？」と子どもたちが駆け込んできたり、放課後や休み時間に自主的に調べものをする子どもたちの姿も見かけたことがある。

　C教諭も自分の小学校時代をふり返り、次のように語った。

　私、小学校の４年生、５年生、６年生の時に、「自由帳やりなさい」っていう宿題が多かったの。たぶん漢字ドリルとかもあったとは思うんだけどそれは覚えてなくて、ずっととにかく、自由帳に「何をやろうか、何を勉強しようか」って考えてた。それがおもしろかった。私はハマったのね、それに。学研の百科事典が家にあった。二十何巻あってね、それを使うのがおもしろかった。自由帳に書くために社会科をやって、新しい単語があったら、それを調べる。要は丸写ししてたんだけど、１ページ、２ページとそれをやることがおもしろかったから、私、けっこう、これも今の自分につながってるのかなあと。

　強制されたのではなく、自主的に調べて知らなかったことが分かったときの喜

び、それをノートに書き留めてかたちになっていく充実感、一緒に調べている友だちとの連帯感、そして担任教師からコメントをもらうことで成果が認められたという満足感は、時を経ても心に刻まれていくのだろう。

　そして教師は学校図書館を、教室の授業だけではフォローできない、子どもたち個々の興味関心を支援する学びの場として認識している。

〈"なぜ？"を引き出す〉
　B教諭は図書館を活用したことで、子どもの学びが深められたと実感したエピソードを語っていた。そのときの小学2年生の子どものようすが生き生きと語られているのと、図書館とのかかわりがよく分かるので、少し長くなるが引用する。
　B：生活科で、虫捕りをしようって言って、虫かごを各班に1個ずつ渡してコオロギだとかバッタとか捕まえてきた。でも、ある班は鳴く、ある班は鳴かない。で、「俺らも鳴かしたい」「私も鳴いてほしい」「けど、なぜ鳴かないんだろう」って言ったので、「や、それはなんでやろねー」って言ったら、図書館で調べようとなった。そしたら、どうも雄が鳴くということだけはわかる。すると、子どもらはひたすら雄を捕りにいく。で、雄ばっかりの密集した虫かごができるのにウンともスンとも鳴かない。雄が鳴くのに！　ところがあるときもう一度本を見ると、雌に「ここにいますよ」と交尾するまえに鳴くっていうことがわかって「おー、雌だ！」ってことになって、雌を放り込む。でも昼間は鳴かない。居残りしてる子だけがリーンリリリリリーと聞く。朝早く登校してきた子だけリーリーリーと聞く。「鳴いた、俺は聞いた」「俺も聞いた」と言うけど、昼間みんなが25分間（休憩時間）眺めてても鳴かない。「なんでかな？」って言ったら、気温であるとか湿気があるとか、住みかのこととかを全部図書館で調べて。

　それで、「鳴く」っていうことを目当てにしたんです。そのときに子どもたちはただ図鑑をね、図や体のしくみを見るだけじゃなくって、後半部分の字ばっかりがすごい載ってる説明文のところとかも必死で読んでました。鳴かしたいから。
　清水：「虫を捕まえてきたから、ここで図鑑の使い方入れて」って依頼が来て。

で、どうせだったらもう実際に飼っているから、その飼い方のところにポイントを合わせようっていうワークシートをわざわざ作ったんですよね。

B：そうやったかなぁ？　ごめんごめん、清水さんのほうがよく覚えてるわ。

清水：生態の説明があるカラーのページって、名前とか大きさとか、なんかそんな程度しか載ってなくて。詳しいことは後半の「昆虫の飼い方」という、全然カラーではないページに書いてあった。しかも字が多い。

髙木：『学研の図鑑　昆虫[2]』？

清水：そう。で、2年生だったから「このページはちょっと難しいね」って言いながらも、「じゃあもう意図的にでもここを見させるようにしよう」ということになって、実際にいま飼育していることに役立つような問いをワークシートで作ってそこを見るようにしようって言って。

B：そうやったね、うん。

清水：一緒に作って。だから子どもたちは、大きさがどうだの名前がどうだのってそんなのはもうわかっているから、「鳴かせるには？」「食べものは？」「住むところの状態はどうしたらいいのか？」っていうところを必死に、細かい字のなかから、しかもカラーでもないようなところから読み取って、ていうのがこの学習活動だったと。

B：そうです。

髙木：2年生がねぇ。

B：2年生が。でも、読んでましたよね。

清水：一生懸命ねぇ。必死。いま飼ってるから。もう「これをなんとかしたい」っていう欲求が強いからがんばって読んでたよね。

B：「なぜ俺の班は鳴かない？」「なぜ誰々の班は鳴く？」みたいなとこから、ほんーとに調べてやったし。それこそ、「羽がこう、こすりあって音がなります」とかっていうのも説明しにきてくれる子も。「鳴き方もわかった！」とか。

清水：「先生、ここにこんなん書いてあるー！」って。

これらの会話から、子どもたちが「虫の観察」と「図書館での調べ」を行った

り来たりすることで、新たな発見と飼い方の改善を試行錯誤しながら続けたようすがリアルに伝わってくる。**B教諭**は、適宜な頃合いに学校司書と相談しながら図鑑の利用指導も入れている。また、ワークシートに書き込む内容も、子どもたちが必要としている情報に行き当たれるよう工夫を凝らした。

　しかし、ワークシートづくりの詳細な記憶は学校司書の清水に言われるまで思い出さなかった。教諭が子どもの学習のどこに関心を置いているのかが分かり興味深い。

　子どもたちは「鳴かせたい」という強い思いから、2年生としてはかなりハードルの高い昆虫の飼い方の説明文を読むことにも挑戦した。班学習であったことで、読書の苦手な子も図鑑を読むことに参加できたのではないだろうか。

　しかし、話はここで終わらない。さらに**B教諭**は、この学習を乗り越えたことで、その後に行われたトマトの成長の観察力や水族館で見た魚の絵にそれまでの2年生が描いてきたものと違いが出たと、次のように語った。

　高木：虫のことで図鑑を調べた、そのことが今度は水族館に行ったあとの絵に？

　B：そうやと思います。細かいとこまで「読む」。また「観る」っていう力がついてたんやと思うんですけど。

　清水：水族館に行くまえも、なんか理科の植物の観察とか必死で、シーンとしながら書くようになったみたいなことを先生から聞いた。

　B：そうです、そうです。トマトかなぁ、観察記録を書いてるときに。も、ほんとに茎とかにあるトゲトゲみたいなんも書くようになってた。うん、「トゲトゲが増えた」とか、「何センチになった」とか。

　清水：「2年生にしてはすごく観察力が高まった！」っていう話をしてて。その後水族館に遠足に行ったあと、見てきた魚の絵を描くっていう図工の単元が必ず入ってて。で、いつも「見てきたのだけじゃ覚えてないので、図書館で魚の絵が載ってる本を貸して」って。それを見ながら描くのが毎年恒例のものだったんだけど、描いて飾る段階になったら先生が私に「見に来て！すごいねーん」って言って。いまの子たちあんまり絵ね、みんな上手でない。どんどん絵の力も落ちてきてるから上手でないんだけど、この子たちはすご

くこだわって描いてた。真正面から描いた魚とか。

B：そうそうそうそう！

高木：真正面！（笑）

清水：考えられないじゃないですか。水族館に魚見に行ってきたらねぇ、普通は真横から見たものを描くのが一般的には考えられると思うけど、真上だか、真正面だか。「どうした？　なぜこれを選んだ？」と思うような難しい……。

B：構図やねぇ。

清水：奥にいるのと手前にいるのとの、この重なりあってる具合までを描いて。私は、2年生の描く絵がどの程度なのかっていうのはわからないけれども、すごいことだと思った。先生も「2年生でここまで意識して描くのはすごい」って言って。で、しかも子どもたちに、こう、逆さまかなんかにして見せたら、「先生逆です、それは！」とか言われて。

B：もう上か下かもわからへんぐらい（笑）。

清水：「わからないような絵を描いてるけど、だからそれだけ、こだわりをもって本人は描いてるっていうのがわかった」って。

B：先に水玉を描いて、その水玉の後ろに魚がいるように描きましょうって、「重なり」を勉強したんやけど。もちろん水玉の部分は飛ばして描くんやけど、魚のしっぽが、こう、泳いでるのが重なってたりとか。で、普通子どもって、きっちり魚描きたいですよね、見た魚。それが途中で切れてる。画用紙のこの辺（端）に顔だけ描いてるとか、しっぽだけこう描いて「これは何だかわかりますか？」とか言って。「それは、なんの魚かな？」っていうような。

高木：でも、たくさん泳いでるから。

B：そう。でもね、いままでの子やったらきっちりこう左側に顔があって、こんな魚を3匹か4匹描くと思うんですけど、しっぽだけのがあれば、こっちからこう下向いて泳いでいく魚がいたりとか。おもしろかったです。

清水：「まさか図鑑の使い方の学習をして、図工の絵が変わるなんて思ってもみなかった。びっくりしたわー」って。

B：うん、ほんとに、あれは意外でした。うーん。彼らはなんもそんな思っ

てないかもしれないけど。親御さんもびっくりしてはったと思う。「いい絵ですねー」って、みんな言ってはったし。おもしろかったです。

子どもの「なぜ鳴かないんだろう」という疑問に、B教諭が「や、それはなんでやろねー」と子どもたちに返すと、図書館で調べようということになった。子どもたちは知りたい一心で、図書館に何度も駆け込んできた。この体験によって子どもたちは観察力や推察力を身につけたと、B教諭は確信している。

B教諭は5年生を担任したときに、児童会まつりの出し物を子どもたちと検討したエピソードも語った。安易な出し物を提案してきた子どもたちに、「ほんとにそれでいいの？」と「追い詰めた」と語っている。そして、次のように言った。

だからその、スッと出てくる学年もあれば、「や、それでほんとにいいのかなあ、いいのかなあ」っていうなかで、子どもらが「もっと考えたい、考えたい」って言って生まれてきていることもありますかね。

どの学年を担当しても、子どもたちに問いかけて「追い詰め」、問題解決に向けて子どもたちを導いていくのがB教諭の指導方法のひとつなのだろう。そのなかで子どもたちも「もっと考えたい、考えたい」と思考し、知恵を出し合い、情報を集めたい、知りたいという"欲求"にかられて図書館にやってくる。B教諭にとって学校図書館は子どもたちが知恵を絞りだすときに欠かせないものになっている。

〈子どもが教師を学校図書館に誘う〉

学校司書の東谷からは、子どもたちの図書館利用がきっかけとなって、教師が授業のやり方を変えた話も聞かれた。

やっぱり美術で。E先生の前がF先生だったでしょう？　小学校のときに図書館の資料を使って調べたり、絵の素材を探したりすることを体験してきた子たちが、F先生の授業のとき、図書館に行って本を見たいと思ったのでしょうね。一人の子が「先生、図書館に行ってきていいですか？」と聞いて、先生は「え？　図書館？」と思ったけど、「いいよ」と言ったら、「僕も！　私も！」って何人も図書館に来てしまった。F先生も後からついてこられて、

子どもたちが本を利用するようすをご覧になったんです。それから図書館の資料にも実際目を通されて、作品を作るために使えるのだと思われたのでしょう。「こんなに大勢が図書館を使うし、モチーフ決めにはいいと思うので、最初からこっちに来ます」と言われたんですよ。それでね、次の美術の授業は図書館でおこなわれました。このように、最初は美術科が使ってくださいましたね。

　F教諭は子どもたちのようすを見に図書館に足を運んだことで、授業の教材になる資料が十分にあることを知った。そこから、図書館の活用が始まった。余談だが、箕面市は学校司書の配置をまず小学校から始めた。この年は中学校への配置が始まった年で、子どもたちのほうが学習に学校図書館を利用することに馴染んでいた。偶然な展開だったにせよ、F教諭はこのときを境に授業での図書館活用を始めることになった。

● 授業と学校図書館のサービス

〈"プラスα" として提供された本〉

　B教諭は水産業の学習で学校司書に資料を依頼したときのことを、次のように語っていた。

　　例えば、私は司書の人と「いま、うちの子、なんか、ダイオウイカ言うてるわ」「食べれるイカって言ってるわ」ってしゃべってるなかで、「ああ、ダイオウイカですか」って言って、こっちが思わないような寿司ネタの本を持ってきてくださるとか、料理の本も持ってきてくださるっていう。「じゃあ、こんなのも要るかもね」って。

　　そのプラスαはすっごく助かります。それは私も広がるし、子どもも「ダイオウイカっていったけど、お、ダイオウイカの釣り方まで載ってる」とか。私が「ちょっとちょっと、ダイオウイカってこんなところで捕れるねんて！」って言ったら、「おお、すげえ、すげえ、すげえ！」ってなるし。「じゃあその国はどこなんやろう」とかっていう広がりがね。やっぱり資料提示で広がる体験は、私はすごい多いから。

　　だから一緒におもしろがってくださる司書の先生だったら、しゃべってる

なかで「こんなんも用意してみたけど」（司書）、「じゃあここまでの本は読めるかな」（教師）って感じの、いったら、やりとりですよね。担任と司書、子どもと司書の方のやりとりで、奥行きが出たり、子どもの思考が広がったりっていうのはありますね。

また、**C教諭**も「もうちょっと違うところの本」という表現を使って次のように述べていた。

そらあ、（学校司書は）自分の視点以上にいっぱい集めてくれるし。やっぱり偏ってますよね、自分が集めるものは。すぐ使えるような、子どもたちがすぐ調べられるようなものかな。司書の人はもうちょっと違うところの本も集めてくれはった。

学校司書が教諭や子どもたちと「やりとり」をしながら資料提供を行ったときに、それが教諭にとって意外な資料であったにもかかわらず、授業に刺激を与えていたことを2人の教諭は体験している。

〈新たな授業の発想〉

瓢箪から駒のようなエピソードもあった。

東谷：私も、先生がキツネの本かなにかで研究授業されるときに、ある本を依頼されたんだけど、はじめタイトルが不確かだったから調べ始めたらいっぱいあるの、キツネの本って。それで、先生に「これ？」それとも「これ？」といろいろ提示しているうちに、「キツネの本ってたくさんあるね、紹介しよう」ってなって。探していた本は『きつねのぱんとねこのぱん』[3]だったんだけど、おもしろいと思った。

D：それも、集めてもらったのを参観日に、親に「読書ってこんな風にしたらいい」みたいな感じで見てもらった。吹き出しのところを考えさせたりとか、（略）小2だったんですけどね。「この言葉言うんじゃないかな？」みたいなのを、3クラス一緒にやれて、それも楽しかった。

思いがけず多くのキツネが出てくる本を手にしたとき、**D教諭**は考えてもいなかった新たな授業の構想が閃いた。

〈一人ひとりに適った本〉

　E教諭は70時間あった美術の授業時間が35時間に削減されたときに、授業方法を変更せざるをえなかった。そこで、子どもたちのあいだで「いちばん力の差が出てくる」スケッチの授業で図書館を活用するようになった。その理由を、次のように語っている。

　　図書館に行ったら資料がある。写生とかね、外に出すわけにはもう時間的に無理なのでね。それで、図書館に行って描く。描く力のある子はさっきおっしゃった写真集とか見て、いくらでも次から次へ描いていける。

　　　図書館に行くことのいいところは、東谷さんとも言ってたんだけど、「この資料」というのだけではなくて、そこから派生して、例えば、食べ物探しても、魚にいったり植物にいったり、お塩にいったりとかできる。なので図書館に私は行かしたい、ていうふうな理念。

　　　上手な子はいろいろテーマを求めていけるんだけど、描くのが苦手な子は、写真集などではなく、絵本などの画家が一度描いたものを模写する。だから力の差があっても利用できるので、図書館に行く。

　実際に子どもたちが図書館でどのように資料を選んでいくのか、そのようすも語られていた。

　　E：具体的に子どもたちはイメージしてくるから。このあと、リアルスケッチといって、絵を描かせるんです。「城」も例えばよく使ったけど、中近東の城があれば、

　　東谷：岩だけみたいな城もあるけど、

　　E：中世の城もあれば、

　　東谷：ディズニーランドのシンデレラ城を思っている子もいるし。

　　E：そうなると、田中さんなんかはガイドブックを持ってきてくださったりとかね。ここでそれぞれの司書さんの持ち味がグーンと出てくるのね。で、子どもたちももっとイメージふくらまして。なかにはアフリカのなんか奥地におもしろい城がありましたよね。城っていうのかな、洞窟みたいなところの……。

　　田中：ほんとに、こっちの思っていた以上の要求が出てくる。ロシアの大聖

堂の写真とか、アニメの『天空の城ラピュタ』に出てくるお城の全体のようすが見たいとか。一方では「よう描かないから単純なの」って言われて、「じゃあ『ミッケ』[4]のなかの砂でつくった城があるから、これを見たら？」とか。

　図書館には子どもの発想やイメージを広げさせるような多様なジャンルの資料や、一人ひとりの子どもの能力にあった資料があり、学校司書の手助けによってどの子どもも課題に立ち向かうことができると、**E**教諭は実感している。

〈あえてサービスしない〉

　A教諭は、利用者が求める資料を的確に渡すという図書館の資料提供サービスについて、司書とは異なる考えをもっていた。学図研岐阜大会（1995）[5]での資料提供サービスについての論議に参加したときのことを、次のように語っていた。

　　そのときの私は、それ聞いたときに、自分は小学校の教師やから、そうじゃなくて図書館に行っても本がないってこともあるし、あっても「いま、わからへんわ。一緒に探そうか」っていうふうに言ってもらいたい、というようなことをそこで言ったと思うんです。

　　そしたら、それは司書としては許されへんことや、と。そういうね、「ない」とか「わからへん」とかっていうふうに子どもに返すことは許されへん、みたいなことを言われた。そこが合わへんなぁと思ったのが、すごいショックで。

　　司書と担任とが「こんなふうにしようね」って話をして、「子どもたちが探せるように、資料があるのがわかってても置いとこね」、みたいなのが当たり前やと思ってたのに。

　A教諭は、問題解決の力をつけさせるために、子ども自らが図書館で資料を探せるような授業を学校司書と共に模索するのが「当たり前」だと思っていた。学校図書館が教師と協力して授業に即した対応をすることで、学習目的が成就すると考えている。

　しかし一方で**A**教諭は、

　　ただ、平和学習とか環境学習でいっせいに調べるときには「このテーマの本を探して」って、ブックトラックに集めてもらったりしたから、勝手なんかもわかりませんけどね。

とも語っている。

　ここで紹介したエピソードを語った教諭たちは、学校図書館を"子どもの実状や学習目的に合わせて臨機応変な使い方ができるところ"だと認識している。

● 授業をつくるパートナー

〈子どもに寄り添った支援〉

　美術の授業で資料を探しにきた子どもたちへの対応を、学校司書の東谷は次のように語った。

　　美術の個人課題だと、しんどい子が残っていくんです。ほとんどの子が描き
　　始めても、何を描くかを決められないでウロウロしてる。「決まっていない
　　ねんな、何にする？」と声かけて、例えば「桜」というと、「一輪？　枝に
　　咲いているようす？　それとも桜の木かな？」などと聞いていく。写真や描
　　きやすそうな絵本の表紙を見せてもなかなか「これ！」とは言わない。けれ
　　ど、なかなか決められない子に最後まであれこれ声をかけ、違うと言われて
　　もつぎつぎ提案することで、図書館ってこういうふうに、自分のために役立
　　とうとしてくれるとこだ、と感じてくれてると思う。

　何を描くか決められない子どもに対して、ていねいに対応しているのが分かる。この対応に対して、E教諭は次のように語っている。

　　それからやっぱり、子どもと接することが学校司書さんの力のひとつだと思
　　いますわ。私は公共図書館のことはあまりわからないけど、もうひとつ踏み
　　込んで、いま子どもが困っているとか、「なんで描けないんだ」と言ってい
　　るところで、ちょっとかかわってくださったりとか。さっき言ったように、
　　いろんなレベルの子がいるのが義務教育なので、「この子にはもっとこんな
　　本、こんな高いレベルの本はどうかな？」と言ってくださったり、描けない
　　子には、ほんまは私は嫌なんだけど、カット集を……。(略)本当に、それ
　　でどれだけ助かった子がいるか！

　またD教諭は、次のように語っている。

　　本当は調べ学習なんかのときとかも司書さんが入ってくれたら、ものすごい
　　助かりますけどね。そりゃぁ、「どんな資料がある？」とか子どもに聞かれ

たときに、実際こっちは答えられない。なので、「パソコンで調べてみたら？」とか、ええ加減なことを言ってるので、そのときに資料や情報について知識をもってる方が何かアドバイスしてくれはったら、そりゃぁ子どもはもっと、紆余曲折しても投げ出さないでね、調べられると思うから。総合の時間にもね、一緒にサポーターとして入ってくれはったら、そりゃぁものすごい力になると思います。

学びのプロセスには困難や葛藤がつきまとう。生活科の授業で虫を鳴かせようと子どもたちが苦心したエピソードからも分かるように、疑問→調べ→発見→新たな疑問→再調査とくり返すなかで、子どもたちは観察力や推察力をつけ成長を遂げた。

D教諭の「紆余曲折しても投げ出さないでね、調べられると思うから」という言葉には、教師や学校司書の支援によって子どもたちが困難を乗り越えながらも学習を達成できることへの期待が込められている。

〈タイムリーな利用指導〉

先に紹介した「虫を鳴かせたい」という生活科の授業で、調べるようすを観ていたB教諭は、子どもたちのなかで「なぜ鳴かないんだろう？」という疑問の拡大と、心から "知りたい" という思いが湧いてきているのを察する。しかし、調べる方法に問題があるということが分かり、そのタイミングをうまくつかんで「ここで図鑑の使い方入れて」と司書に申し出た。

そこで、学校司書と2人で子どもたちが希求している虫の飼い方が分かるためのワークシートを作成した。"知りたい" 気持ちがマックスに達していた子どもたちが、図鑑の利用指導の学習に真剣に取り組んだことは想像に難くない。結果として、2年生にはハードルの高い解説文を読むことにも挑戦した。

〈授業チームの一員〉

○学年打ち合わせ

A教諭が勤めていた二小学校は、学校司書も総合学習を行なう時には学年打ち合わせに参加していた。そのいきさつを次のように語っている。

例えばどこかの学年で総合学習するときに、清水さん（学校司書）に、「今度こんな内容で学習しますということを、図書館にも先に教えておいてくださいね」って言われてね。でないと、子どもたちが突然、「平和の本」って言っていきなり図書館に探しにきても、どういう目的で、どういう趣旨で学年が授業しようと思ってるかわからへんかったら、やりすぎ、出しすぎたり、学習したい方向性と違うことを言うたりということになるからというので、そこはだいぶ変化がありましたね。

　子どもたちは公共図書館も利用していたが、「学校図書館司書とは、そのへんはやっぱりきちっと共通理解しておきたいと思った」と**A**教諭は述べている。

　○課題設定方法の提案

　学校司書がチームの一員として授業づくりに参加した話は、**D**教諭の探究学習について語るエピソードのなかにもあった。

　　打ち合わせのときに、「課題設定のやり方はどんなんがいいでしょうかね」って私が言うたら、Ｈさん（学校司書）がいろいろ提案してくれて、「まずはウェブやけど、その後、疑問形で書き出すのがいちばん課題設定にはいいですよ」みたいなこと言うてくれはって、彼女が全部シート用意してくれたの。最初の課題設定のためのシートっていうのを。

　　だから、疑問形で自分は「○○だろうか」というのを書き出して、自分がいちばんイメージがあるのをまず選ぶ。その次に章立てするのも全部疑問形で書こうと。章立ても疑問形で。「世界遺産」だけじゃなくて「世界遺産のすばらしさはどう評価されるのだろうか？」、みたいな。「それで書くと、調べるときにそれの答えを調べようとするのでいいですよ」みたいなアドバイスもらって。3時間ぐらいやりました、一緒にその課題設定までの授業というのを。で、子どもに興味あるものを選ばせて最後まとめた。

　　なので、なんかすごい力貸してもらった。だから、一緒に最初からかかわってくれたから、そういう資料も彼女がいろいろ紹介してくれた。

　学校司書のＧは、日本図書館協会学校図書館部会の夏季研究集会（2011）[6]や市の教育研究会学校図書館部会で「学びのプロセス」について学んでいた。そこで、資料を提示して課題設定の方法を提案した。その結果、子ども自身が興味あるテー

マを選び自らの探究をまとめられるような授業を支援することができた。

● ともに教育をつくる職員

　A教諭は学校司書に期待することとして、次のように語っている。

　　学校、とくに義務教育の学校、小・中学校の教育のなかには、「子どもをど
　んなふうに、どんな子どもに育てたいのかっていうことを加味されての図書
　館であり、担任の先生たちの授業であり」っていうのがあるっていうこと。
　そこが共有されてたら、そんなに違和感なく、先生たちも図書館を使って授
　業しようと思うし、図書館司書の先生も「こんな本があるよ」っていうふう
　な対応になると思うねんね。

　B教諭は次のように語っている。

　　学校図書館ということに関していえば、やっぱり子どもを一緒に育てていく
　というか、一緒に見守っていくということ抜きには語れない。楽しいことも、
　心配なことも、担任とか学校のなかで共有できるっていうことが、まあ、私
　はひとつかなっていうのはあります。でクラス、各教科のことも知ってくれ
　ないと困るかなぁ。ただ「読書、読書」っていって子どもが好きな本ばっか
　り紹介するんじゃなくて。やっぱり、「教科書には説明文もあるので、科学
　読み物の本も入れときましょうか？」とか、たまには科学読み物に興味惹か
　れるような感じの読み聞かせがあったりとかはほしい。それなりの授業の流
　れなりを知ってたり、学ぼうとしてくれないと。

　D教諭からは、司書とうまく"やりとり"ができなかった事例を挙げて、次の
ように語った。

　　今回、私、いまの司書さんに「平和」のことを集めてくださいって頼んだの。
　私は平和のことっていうたら原爆のことだけじゃなくて、難民とか少年兵と
　か、いろいろそんなんも自分のなかにはあったの。でも、まったくその資料
　がなくって、私勝手に図書館に行って選びました。

　　　私が頼んだときに私の説明も粗いからあかんかったけど、でも私のなかに
　　は原爆だけじゃなく平和の資料っていったら、そういうものも含まれてると
　　自分のなかでは思っていたんやけど、「あぁ、そうやねんなぁ」って。

そして、この授業での連携がうまくいかなかった原因について、次のように語った。

　　一緒に教育を創っていこうというコミュニケーション力やと思います。ほんとに、絶対そうだと思いました。（略）私も雑な表現したからな、と。そのときに自分で反省はしたけど、「そうか、あのときにお互いにコミュニケーションをとってたら、もっと的確な資料が集められたりとか、目的がはっきりしたんや」って。

　D教諭は、「一緒に教育を創っていこうというコミュニケーション力」という表現をしたが、教育現場にある図書館の司書に求められる資質や能力が指摘されたともいえる。

　"教育を創る"という視点は、学校司書の清水からも聞かれた。

　　私なんかも、学生時代、それこそ利用者に対して求める資料を渡すっていうふうに学んでくるじゃない。資料提供するって。でも実際、総合学習がわーっと活発になって、資料を渡すときに、どこまで渡すのが教育なんだろうっていうのを、レファレンス対応をくり返すなかで、自分自身も思うようになっていった。

　学校司書も授業にかかわるうちに、学校という教育の場におけるサービスの在り方を考えるようになったことが分かる。

▍4 ▏子どもと学校図書館

　子どもたちは授業時間以外にも、学校図書館にやってくる。休み時間の学校図書館は学級とは違った、図書館独特の風景がある。一人で黙々と本を読む子もいれば、友だちとおしゃべりしている子もいる。ふらりとやってきて司書と話をする子もいる。

　教諭たちは子どもが学校図書館にやってくることをどう捉えているのだろうか。学校司書に対して何を期待しているのだろうか。

　C教諭は次のように語った。

　　図書館は本を貸してくれるところだし、「なんかおもしろい本ない？」って

聞かれることもあるけど、なんか逆にそういうきっかけになるようなものがいっぱいあるところっていうふうに図書館をしてもらえたらいいなと思ってる。

　授業からでは見えない子どもの姿がいろいろと広がる。本が好きなのも、もちろんだけど、学校図書館はそういうところでもあったらいいなと思う。いろんなお兄ちゃん、お姉ちゃんもいるところで、なんかやってるのを見て、「僕もそれしたい」とか言ってくる場。予約制度もそうですね。人が読んでるのをみて、「あ、僕もそれ借りよう！」とか言ってくるでしょ。いろんな人が刺激しあう場。（略）なんか、「せねばならないことじゃない空間」かな……。ふらっと来て、みんながしてることを見るだけでも楽しい場。

B教諭は、

「子どもの味方」まではいかないにしても、やっぱりそういう子どもたちが「いていいんだよ」っていう人。（略）なんか、「あの子、こういう感じでこのごろ来てるなぁ」とか気づける人であってほしいかなって。「最近いろいろしゃべってくれますよ」とか、担任ではね、つかめないことをやっぱりもってはるような気がしますね。

　やっぱりブチブチ言えるのは図書館なんですよね。「ちょっと授業おもしろくないんだ」とか「友だちとうまくいってないんや」って。絶対守ってくれはるんですよ。それをペラペラペラ司書の先生が言うなんて子どもは思わないし、「あ、そうなんだ。でも、こうやってみたら？」とか返してあげる。それは……、なんか担任ではないし、すごく子どもにとったら……、ま、ちょっと本分とは違うかもしれないけど、「この本借りたい」とかって言いながらついでにしゃべるんやと思うんですけど。

　なんかそんななかから、「このごろそういう言葉が多くなったけど、クラスではどうですか？」なんて言われると、「あ、みてあげないとあかんなあ」っていうようなこともあるので……。うん、それはやっぱり学校図書館ていう、「学校」がつくかぎりは大事な視点かなと思う。

と語っている。

　また中学校のE教諭は、休み時間のようすを学校司書の東谷や田中と次のよう

に語り合った。

東谷：彼ら、彼女らは（授業で図書館を使ったときに）「ああ、なんでも聞いて
くれて、言ってもいいんや」と思うと、それまで図書館に来なかった子が、
休憩時間に来たりする。「本を借りる、借りない」はあまりしなくても図書
館に顔を見せにくる。「図書館なんか、関係ないわ！」と言っていた子が顔
をのぞかせるというので、やはり個人課題に一人ひとり対応できるというの
はいいなぁと思いました。

Ｅ：ねえ、いいところだよねぇ。生の人間関係は苦手で本のなかの世界しか
つくれない子も、受け入れていただけるところがあって。言い方が変かなぁ。
だから、図書委員会なんかでも、図書館に来て癒される子がけっこういます
よね。

田中：彼らは、自分たちのことを「おたく」って言っていて……。

髙木：自分で言うの？

東谷：「俺ら、おたくやで」って言ってる。

田中：そういう子は、クラスのにぎやかな子たちのなかではちょっと居心地
が悪い。勉強ができたり、スポーツが得意だったり、男の子や女の子とうま
く話せる子に比べて、自分たちはちょっと立場が低い。そんなことを友だち
に面とむかって言われたことがなくても、すごく敏感に感じている。図書館
にはそう感じている子たちがなんとなく自然に集まって、「ここはおたくに
優しい場所だ！」って。「べつにおたくでなくても、誰にでも優しいよ」っ
て言っているんですけど（笑）。

Ｅ・東谷：本当だよ！　優しい、優しい（笑）。

田中：彼らは「おたくが冷たくされないのが嬉しい」って、自虐的に言った
りします。

Ｅ：ようするに、自分を開くのが苦手な子たちなのかな。

田中：教室では、こういう話をするのは気をつかう。まわりに「あいつらお
たくや、キモい！」って言われちゃうから、絶対それは言えない。自分を出
せない。

Ｅ：でも、とっかかりが本であって、そこから心を開いていっていろんな悩

みとか、進路のことを話した子もいるんでしょ？　図書館ってそういう場所でもあるような気がするから、学校のなかには絶対必要な場所だと思う。図書館が常時開いているということは、大きいと思いますよ。

C教諭は、学校図書館が子どもたちの知的好奇心を育てる場、異年齢の子どもたちが交流し刺激しあえる場、教室とは異なる学びの場であってほしいと願っている。

またB教諭とE教諭は、学校司書はプライバシーを守る人であり、学校図書館はどんな子どもも受け入れる場、子どもが心を開いて悩みも話せる場であると認識している。

学校図書館で「個」としての自分が守られていると感じると、子どもは学校司書にも心を開き、自分の要求を表明することができるようになる。そして自分の興味関心ある世界を追究したり、自由に読書を楽しむことができる。また、学年を超えて同じ興味をもつ異年齢の子どもたちと、交流したり刺激を受けたりする機会も生まれる。

3人の教諭が抱いた「子どもと図書館」のイメージは、利用者の知る自由を保障し、プライバシーを守ることが任務である「図書館」がもつ特性に深く関係している。こうしたイメージを学校図書館に（期待も含めて）もっている3人の教諭が、いずれも（現・元）司書教諭であることも興味深いが、見方を変えれば学校図書館関係者以外の教師にはあまり知られていないことだともいえる。

┃5┃　なぜ5人の教諭は学校図書館を使うのか

5人の教諭はエピソードを語るなかで、「子ども（たち）」「子ら」「あの子」「彼（ら）」などという言葉を何度も使い、あらゆる場面で子どもについて語った。教諭たちは教職を選んだ動機も個性も異なるが、いくつか共通する姿があった。

例えば、家庭の事情を抱えた子、学習塾での悩みを吐露する子、あるいは授業で躓いてしまっている子など、子どもが抱えている困難に心を寄せる姿。子どもに対して人権を大事にした対応に心がける姿。子どもの将来に思いを馳せ、自立

した幸せな生活を送ってほしいと願う姿など、"人"として子どもと対面しようとしていた。

　また、ふとしたときに「ああ、この子はこういう面もあるなあ」とか、「この子はこんなことを考えて作品制作に取り組んでいたんだ」など、子どもに対する新たな発見に心打たれる姿。子どもたちが「なぜ鳴かないのだろう」という疑問と格闘しているようすに「なぜだろうね」と応えながら、その後の子どもたちの行動を興味深く注意して見守りながら導いてゆく姿。子ども自身が試行錯誤しながらも問題解決していくことに期待を寄せている姿など、子どものようすに関心を持ち注視していた。

　E教諭の語りのなかに出てきた美術教諭F（それまで授業で図書館を使っていなかった）も、授業中に子どもたちが図書館へ行きたいと言ったときに「なぜこの子らは図書館に行くのだろうか」と自分もようすを見に行ったエピソードがあったが、この話にも子どもの行動への興味と関心が現れていた。

　教師という自身の仕事については、よき先輩教師や仲間との出会い、さまざまな子どもとのかかわりによって自らも成長してきたことや、教師という仕事に楽しさ、おもしろさを実感していることが伝わってきた。

　こうした共通する姿から、「子どもに対して深い興味関心を抱き、子どもを一個の人間として扱い、その子の人生の一時期を学校という場でともにかかわっているという自覚をもち、そういう教師という職業に喜びをもっている」という教師像が浮かび上がってきた。

　そしてこの教諭たちが目指す授業は、子どもが興味をもって学習に臨み、子ども自らの力によって問題を解決していける、あるいは自らの考えを表現・表明できる力をつけさせることであった。

　5人の教諭がなぜ授業で学校図書館を使うのか、その理由として以下の5点が明らかになった。
　①一人ひとりの子どもの能力に即した資料がある。
　②多様な資料の提供を受けることで、授業に奥行きが出たり、子どもの思考が
　　広がる。

③多様な資料の提供を受けることで、新たな授業の構想が得られる。

④授業に合わせた臨機応変なサービスが得られることで、柔軟に授業を展開することができる。

⑤個々の子どもに寄り添った支援が得られることで、子どもが授業に主体的に取り組める。

以上のことから、上記に示した教師像をもつ教諭たちにとって学校図書館は、

①子どもが何に興味・関心をもっているのか知ることができ、「子どもの発見」ができる場である。

②子どもの発想や学びの過程（驚き、疑問、解決への苦悶、成長）に寄り添える場である。

③「子どもの発見」があることで、教師自身が内面を揺さぶられる場である。
といえるのではないだろうか。

　ここで明らかになった学校図書館のはたらきは、子どもたちの学びの深まりを願い教育・学習環境の充実・改善に熱心な教師であれば、共感しうる共通の要素といえるだろう。こうした学校図書館と何らかの出会いをもてたならば、おそらく"活用者"になるのではないだろうか。

注

[1] 『学研の図鑑　昆虫』学研　1994
[2] 前掲　注1
[3] 小沢正／文　藤枝リュウジ／絵　『きつねのぱんとねこのぱん』国土社　1996
[4] ウォルター・ウィック『ミッケ』小学館
[5] 学校図書館問題研究会第11回全国大会（岐阜）　1995年8月
[6] 日本図書館協会学校図書館部会第40回夏季研究集会京都大会「探究型学習と学校図書館」　2011.8.9-10 会場・佛教大学

V章

*

教師の図書館活用促進に向けて
課題と提言

Ⅳ章で5人の教諭がなぜ学校図書館を活用するのか、その理由を明らかにした。しかし、すべての教師が自分の授業づくりに学校図書館の存在は欠かせないと実感し、積極的に活用しているとはいえないことも承知している。教師が学校図書館のはたらきを理解して活用の手ごたえを得るには、学校図書館にかかわる職員（司書教諭・学校司書）にはどういった取り組みが求められるのだろうか。最後に、教師による学校図書館活用の課題と解決策を提示したい。

▌1▐ 教師の図書館活用の課題

　ある教諭から、学校図書館に司書がいることが当たり前になってしまって教師の学校図書館利用の仕方がマンネリ化していないか、という指摘があった。

　市を挙げて取り組んだ学校図書館整備のスタート時は、教職員一丸となって学校図書館について学習する機会をもつことができた。しかし、そのときに得た学校図書館への理解と期待が引き継がれていくのは難しいということが、この指摘から確認できる。

　学校図書館への理解と期待が将来にわたって持続していくには、日常の教育活動のなかで教師自身が「学校図書館は使える」という手応えを得られなければならない。ここでは「授業実践と学校図書館活用」と「ICT（情報通信技術）[1]環境の整備と学校図書館」の2つの観点から課題を提示する。

● 授業実践と学校図書館活用

　重要なのは、学校図書館への理解を深め授業での図書館活用を研究する意識を校内に広めていくことであるが、課題の1つは図書館研修をもつことの難しさである。

　Ⅱ章2節に記したように、箕面市では1990年代、教職員に向けて学校図書館のはたらきや活用実践事例を知るための研修会が企画されていた。理論を学ぶ校内研修や図書館を使った研究授業を実施する学校もあった。こうした研修の積み重ねによって教職員間で図書館理解が進み、図書館活用実践も増えていった経緯がある。

しかしインタビューでは、指導要領が変わると新たな研究教科が加わるために、いま図書館研修はなかなか打てないと、管理職の立場にある教諭は語っていた。確かに、学校現場では多くの研修・研究がおこなわれているため、教師からは学校図書館に対する研修要求はほとんど出てこないと思われる。

　課題の２つ目は、教師が自身の授業づくりのなかで図書館活用を考え、資料の検討や研究をする機会をどうつくり出すかである。

　市教委は学校図書館施策が始まった翌年度に『学校図書館活性化マニュアル』[2]（以下：『マニュアル』　Ⅱ章１節「箕面市立図書館の取り組み」参照）を作成し、だれでも図書館を活用した授業実践ができるよう指導案や資料リストを掲載し、全教師が手に取れるように準備した。加除式にして適宜追録することも目指した。

　インタビューに応えてくれた教諭のなかにも、二人が『マニュアル』づくりにかかわっていた。一人の教諭は、自分は『マニュアル』作りに参加したことが授業づくりに役に立ち、「図書館ってこんなに使えるのだ」と思ったと語っている。もう一人の教諭も、資料の調べ方やまとめ方の指導の方法をその後もずっと課題として試行錯誤したようすを語っていた。

　この『マニュアル』作成にかかわった教師たちは、授業案の作成や授業に活用できる本（教材）を検討していくなかで、図書館を活用した授業実践の方法を学び、子どもが活用できる本への知識も蓄えていった。

　しかし『マニュアル』作りにかかわったことが自分の授業に役に立っていると語った教諭が、いま『マニュアル』は活用されていないと言った。これは『マニュアル』の加除を引き継いだ市教研図書館部会だけの問題ではないだろう。

　『マニュアル』作成にかかわった教師たちが作成過程で獲得した（あるいは学んだ）図書館活用の力は、『マニュアル』を図書館活用のための指導書的なものと見なす教師たちには伝わらない。

　学校司書配置が進み、どこの学校でも資料・情報が得られやすくなるにつれて、『マニュアル』は手に取られなくなっていった。『マニュアル』づくりに携わった教師たちが試行錯誤しながら獲得したような力を、どうしたらすべての教師が得ることができるのかを検討しなければならない。

ところで、こうした教師の学校図書館活用の課題が判明した一方で、解決の糸口となるような話もあった。それは、「いろいろな学習のベースに図書館があって使えるようになっていったらいいわけだから、その学習のなかで使えるように指導していけばいいのだと思う」と語る教諭や、「授業のなかでどんなふうに学校図書館を活用できるのかという形を教えるのは、本来は先輩教師の役目ではないか」と語る教諭がいたことだ。

　教師の授業づくりの第一目的は図書館活用ではない。子どもに視点をあて、どうしたら分かる授業が実現するのか、どうしたら子どもが主体となる学びが実現するのか、そのためにはどのような手段があるのか、という思索の中で学校図書館活用も検討されるのが教師にとっては自然な姿だろう。

　そこで３つ目の課題として、図書館活用を目指した授業研究ではなく、授業研究をする中で学校図書館活用の有効性も検証するというような、実践的な取り組みをいかに実施できるかが挙げられる。

● ICT（情報通信技術）環境の整備と学校図書館

　教室において ICT 環境[3]が整備されつつある現状での課題は、義務教育学校に備えられている学校図書館はどういう役割を担うのかを、学校図書館にかかわる職員が差し迫った問題として真剣に熟考することである。

　インタビューのなかで考えさせられる話があった。

　ひとつは、子どもに図書館活用の方法を指導する立場にある教師自身が、自らの「調べ」で本をあまり活用していないという話である。情報教育を学んでいるこの教諭は、いまの若い教師は指導案も含めてすぐネットで調べると言い、次のように語っていた。

　　先生方が「本で資料を調べる」「本で指導案を立てていく」「本で比べて」っていう体験をすると、絶対その体験したことで、「自分の調べてることってひとつやけど、こっちの本ではどうなんやろな」っていう返しが子どもたちにできる。けれども今の先生方は、「ああ、よかったなぁ。あったなぁ」ってサッササッサ進めていく。（略）本で「あ、これ分かった」とか、「こんな体験をした」っていう素地がない先生方が増えてきてる。

もうひとつは、教室内に電子黒板が導入された話である。

例えば、詩の学習でダリアの花がでてきたときに以前は図鑑を使って子どもたちに提示していたが、いまは電子黒板で"ダリアの花の画像"と検索すればすぐに子どもたちに提示できるようになったと、ある教諭が語っていた。

また別な教諭も、デジタル教科書が導入され、教科書にある写真（ご飯の炊き方）も電子黒板を使って動画で見ることができると語った。

情報化の進展に伴い電子黒板や子どもたちに各自１台のタブレット端末導入の検討など、教室内におけるＩＣＴ環境の整備が進んできている。さらに、教師も子どももデジタルネイティブ世代で構成されていく時代である。今後ますます教室の授業風景も変わっていくことは想像に難くない。

そこで、教師の学校図書館活用の４つ目の課題は、司書教諭や学校司書がいかに学校図書館の有用性を教職員に伝えられるかということである。

▎2▎ 教師の図書館活用促進に向けての提言

教師の図書館活用の課題を明らかにしたことを踏まえて、学校図書館の整備・場・職員の３つの視点から活用促進のための方策を示したい。

● 学校図書館整備の再検討

〈幅広い資料の構築〉

学校図書館は教師の活用に対応できる資料整備がなされているのかを再検討すべきである。

学校司書に資料を依頼した教諭が、「じゃあ、こんなのも要るかもね」と提供された"プラスα"の資料によって授業に「奥行きがでたり、子どもの思考が広がったり」したと語っていた。学校司書が提供する資料は自分が選ぶものとは「もうちょっと違うところの本」「自分の視点以上にいっぱい集めてくれる」と語った教諭もいた。

多様な資料を活用することで授業が変化する（深まる）ことを、教諭自身が実感している言葉である。

　また、初めて学校図書館を訪れた美術教師が授業の導入に使える資料があることを発見し、それ以後必ず図書館を活用することになったエピソードがあったが、筆者にも現役時代に印象に残る似たような経験がある。他市から異動してきたある教師は、よく一人で図書館を訪れいろいろな資料に目を通していた。前任校でも図書館を利用していたのかと尋ねると、「いや、ここの図書館は使えると思ったから」と答えた。この２つの事例は、「これは使える」と確信した資料（教材）を教師自身が見つけたことで、図書館活用が生まれたことを示している。

　学校図書館は教科単元のテーマに直接関連する資料の収集には心がけているが、授業の内実を深めるためには、より幅広い多様な資料で構成されていなければならない。

　館内に教師用の参考図書類や情報探索ツール等が整備できているかも確認しなければならない。図書館を使った授業の指導案や実践、あるいは資料活用（提供）の事例を集めている『先生のための授業に役立つ学校図書館活用データベース』（東京学芸大学学校図書館運営委員会）[4]や、国立国会図書館関西館が全国の図書館と協同で構築している調べ物のための『レファレンス協同データベース』[5]なども教師が活用できるツールであろう。

〈授業が生みだした資料の蓄積〉

　学校図書館は教師が作製した教材や子どもたちの作品、また教材として使った実物等を資料として収集すべきである。

　筆者は学校司書時代に、地域の昔を知る写真（家庭からの寄贈）、教師が地域の方から聞き取りをして子どもが読める副読本として作製した資料、図工で作製した子どもの作品、教師が旅行先で買ってきた国内外の土産品などを寄贈してもらい、のちに教師から求められて資料として授業に提供したり、図書館での展示に活用した経験がある。

　準備に時間をかけて渾身込めて取り組んだ授業も、終了と同時に次の授業に取

り組まなければならない。使い終わった教材は未整理のまま仕舞い込まれてしまうことも多い。

　実際に手に取って確認できる資料（教材）を学校図書館に所蔵することは、インターネットであらゆるものが容易に画像として得られる時代だからこそ、子どもの学習にとっても貴重なものとなるだろう。授業が生みだした作品や教材を学校図書館の資料とすることで、学校の共有財産となる。

　また、学校図書館を活用した授業の指導案を閲覧できるようにファイルしておくことも、授業づくり研究のよき資料になるだろう。

〈ネットワークシステムの整備〉

　教材研究でいろいろな教科書会社の教科書を見比べる話があった。これを語った教諭は各教科書会社の教科書が学校図書館にあれば、「多分ここ（学校図書館）で学年会ができると思う」と言った。

　しかし、資料費の少ない公立の学校図書館で各教科書会社の教科書を所蔵することは不可能に近い。そこで、自校では所蔵が難しい資料を提供するために、教育センターを始め教育関係機関や各館種の図書館との連携（ネットワークシステム）の整備が求められる。

〈機材類の整備〉

　教師たちが館内で授業検討をおこなえるように機材類も必要である。ホワイトボードなどのほか、実物投影機や電子黒板、コンピュータなどICT機器や無線LANの整備に心がけるべきである。これは子どもたちが図書館で学習したり発表をする際にも必須の整備でもある。

● 図書館という場の積極的な提供

　教師のなかには、学校図書館は子どもの読書や学習のための場であるという意識が根強くある。学校図書館は教師自身の授業づくりのための調査・研究にも役立つのだという体験を多くの教師が得るには、学校図書館からの積極的な場の提供を呼びかける試みが必要である。

〈教師に開かれた場〉

　司書教諭と学校司書は教職員に、学校図書館はいつでも教師に開かれていて資料について相談できる場であることをアピールする方法を考えるべきである。

　インタビューのなかで、授業をおこなうために教師自らが市内のいくつかの公共図書館で資料を探しまわり、「その子にフィットするかどうか、その子がそれを選ぶかどうかを考えながら」本を選んだという話があった。

　しかし一方では、教師は資料をよく知り読み解くという作業が「絶対的に足りない」と指摘する声もあった。学校図書館が整備され、教師は依頼すれば資料を速やかに入手できるようになった。しかし教師自身がそれらの資料を読み解いていないとしたら、それは子どもへの指導にも影響してくる。

　多忙な教師が自ら資料にあたり検討するために、学校図書館は何ができるだろうか。

　例えば、教師から資料依頼を受けたら、学校司書はそれぞれの本の内容や特色について紹介をするというサポートができる。さらに教師が資料を探す目的で学校図書館を訪れたとしたら、4章3節「子ども理解」で記したような学校司書との"やりとり"も発生し、書架を巡りながらともに本を選んでいくことができるだろう。そしてときには、思ってもいなかったような本や情報を紹介され、それによって新たな授業の発想が生まれる可能性もある。

　また、教師が明確な目的をもたずに学校図書館にふらりと立ち寄ったとしても、自由に館内を巡ったり司書と会話をすることで授業づくりのヒントになるものを発見したり、好奇心を掻き立てられる資料に出会うこともある。あるいは、子どもの本についての情報交流の場にもなる。

　図書館での体験を「おもしろい」と感じれば、教師はその後も継続して学校図書館を活用する。

　学校司書も教師と"やりとり"をすることで、自校図書館の蔵書の課題に気づくことができる。

〈教師の研究の場〉

　教師集団の教材研究、授業研究の場として学校図書館を提供すべきである。

　さきに、教師が本を使って調べる経験をしていると「自分の調べてることってひとつやけど、こっちの本ではどうなんやろな」という返しが子どもたちにできるという話を紹介した。このことからも、教師の教材研究力が学習指導に影響することが分かる。

　例えば学校図書館で、教師たちが子どもたちを念頭において「調べる」ことを模擬的におこない、学習方法の検討をする。あるいは子どもたちが使う資料の調査を行う。こうした場を想定したとき、その過程で「調べる」とはどういうことなのかを教師間で論議ができ、子どもたちの「調べる」課題や図書館資料への要求も明らかになり、指導の工夫も生みだされていくだろう。図書館に常駐する学校司書も資料提供や資料・情報の入手のための相談に応えることができるだろう。

　小学校の場合は学年がひとつの教師集団と考えられており、授業計画の立案をともに検討するのが一般的である。先輩教師が若い教師に子どもへの対応や学習指導の方法など、教師として必要なノウハウも伝えていく。そのような関係性で組まれている学年集団に、授業づくりの研究の場として学校図書館を提供することには大きな意義がある。

　「調べる」ことの真意を追究することは、「学びとは何か」という教育論的な命題にも繋がる。学校図書館が教師自身の探究を積極的に支援することは重要である。

● 学校図書館にかかわる職員のはたらき

　教師の学校図書館活用を促すのは、学校図書館にかかわる職員の役割である。司書教諭と学校司書のはたらきについて述べるまえに、まず司書教諭と学校司書の制度上からくる問題点を記しておく。

〈制度上からくる問題点〉

○司書教諭

　周知のように、公立学校の司書教諭は他の教師と同様に授業をもち、学級も担任しているのが一般的である。学校図書館法には「学校には、学校図書館の専門

的職務を掌らせるため、司書教諭を置かなければならない。」（第5条）とあるが、学校図書館の職務に専念できる現状にはない。

そのうえ附則2項に、政令で定める規模以下の学校では当分の間司書教諭を置かないことができる旨が記されている。このため11学級以下の学校では、司書教諭を発令するかどうかは自治体や校長の判断に任されている。さらには、司書教諭を発令されても、図書館とは関係のない校務分掌に就くことも時に発生している。

ここに2つの問題が見えてくる。1つは司書教諭の任務内容である。司書教諭が発令されていない学校では、校務分掌の図書部（名称は各校で異なる）の教師が図書館にかかわる仕事を担っている。もし図書館担当教師の仕事内容が司書教諭と同じであるならば、司書教諭発令の意味はない。しかし明らかな違いがあるとするならば、すべての子どもの学びを保障する公立小中学校でありながら、司書教諭としての役目を果たす教諭がいる学校といない学校が生じるわけで、自治体内で教育環境に齟齬が生じることになる。

もう1つは、司書教諭を発令されたにもかかわらず、校務分掌の図書部に位置づいていない場合である。発令された司書教諭は自らの任務への責任をどう感じるだろうか。この司書教諭に、図書館活用に関してどれほどの発言力と実践力があるのかは疑問である。さらに、校務分掌上の図書部担当教師や学校司書とはどのような関係性を保つのだろうか。任務を果たそうとすればするほど、発令された司書教諭の悩みは大きくなるだろう。

○学校司書

学校司書については、学校図書館法に「専ら学校図書館の職務に従事する職員（次項において「学校司書」という。）を置くよう努めなければならない。」（第6条）とある。この第6条は2014年の改正時に追加され、検討事項として「学校司書の職務の内容が専門的知識及び技能を必要とするものであることに鑑み、この法律の施行後速やかに、新法の施行の状況等を勘案し、学校司書としての資格の在り方、その養成の在り方等について検討を行い、その結果に基づいて必要な措置を講ずるものとする。」が付加されている。

学校司書の問題点は、配置に「努めなければならない」という第6条の表現と

検討事項からも分かるように、配置するかどうか、あるいはどのような条件で配置するかが各自治体に委ねられているところにある。

2014年の法改正以前から、小中学校に学校司書を配置する自治体は増加傾向にあった。とくに1990年代に盛り上がりを見せた市民の学校図書館づくり運動では、Ⅰ章2節「市民の活動」に記したように、学校図書館機能の担い手である学校司書配置への期待は大きく膨らんでいった。

しかし、学校図書館法改正で学校司書が盛り込まれたにもかかわらず、その配置や条件は自治体に委ねられたままである。そのため学校司書の配置率はさらに高まったが、学校図書館整備や学校司書の雇用（条件・資格等）の状況は全国一律ではない。そのうえ、長年施策に取り組んできた自治体でも実状に変化が生じているところもある。改善されていくのであればよいが、そうでない場合が残念ながら多い。つまり授業と学校図書館のかかわりについて、同一の学校図書館機能やサービスをベースに置いて論議ができないという大きな問題がある。

以上のような学校図書館にかかわる職員についての問題点を確認したうえで、ここではⅡ章で記した箕面市の学校図書館施策のうえに成りたった学校図書館整備を念頭に置いて、学校図書館にかかわる職員のはたらきを示したい。

〈司書教諭のはたらき〉

「図書館が機能して学校司書が授業支援をおこなっている」学校における司書教諭に期待される第一の任務は、「教育課程の展開に寄与する」（学校図書館法第2条）学校図書館の役割を教職員に伝え、図書館を活用する授業の実践と研究が校内で定着するようにはたらきかけることだといえよう。

司書教諭が校内で具体的な方策を打ちだすためには、専門性の異なる司書教諭と学校司書が共に交流し学習する公的な場が自治体内にあるのがよい。小中学校の図書館関係者が集まって学校図書館について学習し交流することで、司書教諭と学校司書それぞれの役割に対する認識と理解を参加者全員が共有することができる。そうすることで自らも授業者である司書教諭は、教師の立場に立った学校図書館活用の課題や方策を提案することができるだろう。

この点からも、司書教諭を発令していない学校や校務分掌上学校図書館運営に
かかわれない司書教諭がいる現状は、自治体全体の学校図書館活用の進展を阻害
している一因になっているともいえよう。

〈学校司書のはたらき〉

　図書館サービスの担い手であり個々の教師を直接支援するのは、司書資格をも
ち学校図書館に常駐している学校司書である。そこで、学校司書のはたらきを発
揮するために求められる力について取り上げる。

　○資料提供する力

　学校司書は、「教師がどのような授業を目指しているのかを理解する力」「依頼
を受けて資料を見極めて揃える力」「提供した資料について教師と話し合える力」
「資料がどのように活かされたかを教師から学び取る力」を養わなければならない。

　学校図書館を使う理由としてどの教諭もいちばんに挙げたのが、学校司書によ
る資料提供だった（Ⅳ章３節「子どもの反応」）。学校司書から自分が期待した以上の、
あるいは発想の転換に繋がるような資料（群）を提供されたとき、または一人ひ
とりの子どもの要求や能力にあった資料を的確に手渡す学校司書の姿勢を目にし
たときに、教師は学校司書の専門性を認知し、ともに教育をつくる職員として受
け入れる。

　○資料・情報を発信する力

　図書館に資料を所蔵しているだけでは、教師に資料情報はなかなか伝わらない。
学校司書は、教師が図書館資料に興味を持つような発信の工夫をすべきである。

　私は学校司書時代に教師向けの通信を使って、図書館を活用した授業実践の紹
介や授業に関連しそうな資料の紹介を試みていたが、ある時期から職員室の自分
の机上にも紹介した本を並べて「自由にみてください」と職員朝礼時に伝えた。
すると、何人もの教師が手に取ってくれて、本について交流する場が生まれた。
養護教諭は研究会で紹介してもらったと言って、人権について考える子ども向け
の本のシリーズを教えてくれた。さっそく購入して教職員に紹介したところ、ク
ラスで読み聞かせをしたいと借りにくる教師も現れた。この体験を通して、教師
がすぐ手に取れるところに本を置くこと、本の情報交流の場をつくることの重要

性を感じた。

　本を介して司書とも会話が生まれたことで、教師自身が好きな作家の話や我が子が夢中になって読んでいる本の話など、授業とは関係ない話にまで及ぶこともあった。こうした緩やかな会話も含めて、楽しく本について語る場を職員室でもつことで、「なんでも相談してみよう」という司書への信頼と、図書館への興味も生じてくる。

　学校司書は一方通行の発信に終わるのではなく、教師と対話を生みだせるような資料・情報の発信方法を模索することが求められる。

○学習にかかわる力

　学校司書は学習にかかわれる力を養うために、研修・研究の場を得なければならない。

　インタビューから、教師は学校司書に授業をつくるパートナーとなってくれることを期待しているのが判明した。こうした期待に応えるには、一つは学校司書もともに子どもを育てる教職員の一人であるという自覚をもつことと、学校の教育課程への理解や知識を得るための研修が要る。

　もう一つは、「調べる」とはどういうことなのか、「子どもが学ぶ」ということはどういうことなのかという教育論的課題について、学校司書も図書館サービスの視点から熟考する必要がある。

　教室内のICT環境の整備が進み、教師の授業方法も変わっていく。インターネットが身近にある環境で授業が行われていく時、資料・情報を提供することを根幹とする学校図書館は授業にどうかかわっていくのだろうか。どのようなサービスを提供できるのだろうか。

　その解答を模索するためには、地道な共同研究の場が要る。授業に携わる教師だけではなく、授業論や情報教育にかかわる研究者など、専門性の異なる分野の人たちとの共同作業を通して実践的研究をおこなうことが求められる。

　今後ますます進展していく情報化時代における学校図書館のはたらきを追究するうえで、こうした共同研究は大きな力となるだろう。

〈司書教諭と学校司書の協働〉

　立場に違いのある司書教諭と学校司書が協働して教職員にはたらきかけることで、校内の学校図書館活用への意識をより高めることができる。司書教諭と学校司書は、普段から授業での図書館活用の実状・成果・課題等を共有しておくべきである。司書教諭と学校司書がとくに力を入れるべき協働の取り組みを2点提示する。

○年間計画表の作成と実行

　図書館活用の年間計画を作成し、計画を確実に実行し、「どの学年のどの教科でどのように図書館を活用したか」「どのような利用指導をしたか」を全教職員が共有することが大事である。

　司書教諭と学校司書は、校務分掌の図書部に所属するのが一般的である。分掌組織では、授業研究にかかわれる位置づけにあることがより望ましい。年間計画表の作成と実行も、校務分掌に位置づいている図書部が計画的、継続的におこなう。

　年度初めには司書教諭が率先して校内に呼びかけて、図書館を活用する予定の教科単元を集約する。また子どもたちが資料・情報を活用するためのスキルを身につけることを目指し、各学年に応じた利用指導内容を提案する。そのためには、校務分掌の情報担当と連携して利用指導計画を作成するのが望ましい。

　司書教諭と学校司書は各学年の指導計画を一覧にまとめ、教職員に提示する。学校司書はこの計画表をもとに、授業担当教師に「いつごろ」「どのような方法で」おこなうかを相談し、実行する。実践した内容は定期的に発信し、司書教諭は年度末に成果と課題を全教職員に提示し、次年度につなげていく。

　こうした継続して実績を積み上げていく作業を、司書教諭と学校司書は協力しておこなうべきである。

○校内研修の企画と推進

　司書教諭と学校司書は自校の教職員の学校図書館理解と活用の現状を把握したうえで、計画性と継続性をもった校内研修会を検討すべきである。

　インタビューのなかで、転任してきた教師と新任教師を対象に学校図書館でオリエンテーションをしたと語った教諭（司書教諭）がいた。百科事典や統計資料の使い方を体験してもらい好評だったという話だった。

また、調べる方法や探究学習の導入の仕方など、問題解決型学習の指導法について模索していることを語る教諭もいた。

　近年、問題解決型学習に学校図書館がどうかかわれるかについての研究は進展してきている。2010年代に入って、司書教諭経験者、学校図書館および情報教育の実践者や研究者等によって執筆された書籍も目につくようになってきた。[6]

　全国学校図書館協議会も学校図書館の利用指導体系表（小学校から高校まで）を作成して、時代の変遷とともに改訂を試みてきた。[7] 2019年には「これまでの体系表をさらに発展させ、現在の社会情勢や教育内容に沿うように」[8]することを意図して『情報資源を活用する学びの指導体系表』を発表した。「Ⅰ課題の設定」「Ⅱメディアの利用」「Ⅲ情報の活用」「Ⅳまとめと情報発信」の４項目に分けて指導が提案されており、問題解決型学習への学校図書館のかかわりをより強く意識したものになっている。

　子どもが使う参考図書やインターネットサイトを教師自らが体験してみる実践的な研修や、問題解決型学習の授業づくりの研修等を図書館サイドから発信し実行することは、教職員が授業実践における学校図書館の役割を認識するうえでも重要なことである。

　図書館研修をもつことが難しくなっている現状から、授業研究をするなかで学校図書館活用の有効性も検証するというような実践的な取り組みを課題として挙げた（Ⅴ章１節）。　そのためにも校務分掌に位置づいている図書部は、これら図書館活用のための基本となる研修会を、教師が手ごたえを感じることができるような企画としていかに提供できるかを模索しなければならない。

３ 学校のなかに「図書館」がある意味

　「まえがきにかえて」で、この論文の中心テーマは、サービス機能をもった学校図書館があることで教師の授業実践がどのように変わるのか、教師はなぜ学校図書館を活用するのかを教師の語りを通して検証し、教師の授業実践を支援する学校図書館の課題と解決のための方策を提案することであると述べた。

　しかし教諭たちは授業づくりの話の随所でも、子ども理解に心をくだき、子ど

もの将来を見据えて主体的に学ぶ力をつけさせたいという願いをもっていることを語っていた。つまり、社会を生きるための力をもった人間を育てるという教育実践のなかのひとつとして授業実践があるということが確認できた。学校のなかに「図書館」がある意味も、ここに注視しなければならない。

　塩見昇は著書『学校図書館の教育力を活かす　学校を変える可能性[9]』で、「人類が長い歴史の中で創り出し、積み上げてきた図書館という存在、それが学校社会に配備され、機能する際に」「教育力」が発揮されるであろうと主張している（p70）。そして「学校図書館が『教育』において備える独自な力、可能性」（p75）に視点を置いて、その特性を7つの項目に整理・分析している。

1　知的好奇心を刺激する多様な学習資源の選択可能性
　　—個が自由に選択する学習内容の重視と広がり
2　体系的、組織的なコレクションの存在
　　—学びの系統性の自覚と、未知のこと、知るべきことの多いことの発見
3　個別の要求、ニーズに即したサービスとしての相談・援助の仕組み
　　—図書館の専門スタッフによって提供されるサービスに込められた教育性
4　どこまでも所要のものを探求できる組織性（ネットワーク）の具備
　　—知の世界の連環と探求の可能性を裏付ける図書館ネットワークの力
5　資料・情報のコントロール、再構成、そして発信
　　—ニーズにそった付加価値を生みだし、共有から創造・交流・発信へ
6　知的自由、プライバシーの尊重
　　—学校が一般的に備える価値観、文化との乖離も生まれがちだが、学校文化の覚醒にも？
7　学び方、学ぶ力（リテラシー）を身に付けた生涯学習者の育成
　　—図書館を使いこなせる情報への主体的な生き方を生涯の生きる力に

　この7つの項目は、Ⅳ章で明らかにしたように教師にとって深い意味をもつ学校図書館の力である。とくに項目6と7は教育実践的観点からも重視すべき特性であろう。

そこで、6と7に関する塩見の解説を最後に紹介する（p78）。

「6　知的自由、プライバシーの尊重」

　　図書館のそうしたはたらき（項目1〜5。著者注）を支える原理に知的自由の尊重遵守がある。人が自由に、自分の思いのままに本が読め、思考をめぐらせるためには、内面の自由が保障されることが欠かせないし、図書館の運営が公権力を含めてあらゆる規制や抑圧からフリーであることが決定的に重要である。「図書館の自由に関する宣言」にうたう知的自由を実践する図書館は、読者の自主的・主体的な学びを支える教育力に欠かせない土壌である。

「7　学び方、学ぶ力（リテラシー）を身に付けた生涯学習者の育成」

　　以上の6項目がよく活かされることで、図書館が総体として人の学びにおいてもつ意味を「生涯学習者を育む」と表現した。ヒトが人間らしく生きる基礎的な力を培う図書館の教育力のもたらすゴールを、そこに確認しておきたい。人の成長・発達の助長を使命とする学校教育の場の図書館が備える教育力としては、このことをとりわけ強調しておくことが重要であろう。

　学校図書館にかかわる職員が「図書館」や「教育」をどう理解し、教育の場にある図書館像をどのように描くかによって、学校図書館整備の在りようのみならず教師や子どもたちへの支援の姿勢にも違いが出てくる。司書教諭と学校司書は学校に「図書館」があることの意味や学校図書館がもつ教育力を、教職員が共感・実感できるように、身近な実践事例を携えて校内に伝えていく役割を担っている。

注

[1] Information and Communication Technology　の略
[2] 箕面市教育委員会学校図書館運営の手引作成委員会『学校図書館活性化マニュアル』1993.3
[3] ICT 環境：電子黒板、実物投影機、コンピュータ、校内無線 LAN など。
[4] 東京学芸大学学校図書館運営専門委員会「先生のための授業に役立つ学校図書館活用データベース」　http://www.u-gakugei.ac.jp/~schoolib/htdocs/
[5] 国立国会図書館「レファレンス協同データベース」 https://crd.ndl.go.jp/reference/
[6] 日本図書館協会図書館利用教育委員会図書館利用教育ハンドブック学校図書館（高

等学校）版作業部会『問いをつくるスパイラル：考えることから探究学習をはじめよう！』日本図書館協会　2011.7

桑田てるみ／編『中学生・高校生のための探究学習スキルワーク：6プロセスで学ぶ』全国学校図書館協議会　2012.8

塩谷京子、堀田龍也／編著『司書教諭が伝える言語活動と探究的な学習の授業デザイン』三省堂　2013.10

塩谷京子『探究的な学習を支える情報活用スキル─つかむ・さがす・えらぶ・まとめる』はじめよう学校図書館10　全国学校図書館協議会　2014.7

桑田てるみ『思考を深める探究学習──アクティブ・ラーニングの視点で活用する学校図書館』全国学校図書館協議会　2016.10

塩谷京子『探究の過程におけるすぐ実践できる情報活用スキル55：単元シートを活用した授業づくり』　ミネルヴァ書房　2019.1　＊塩谷京子『すぐ実践できる情報スキル50─学校図書館で育む基礎力』　ミネルヴァ書房　2016.4の続編

[7] 『「学校図書館の利用指導」体系表』　1981

『「資料・情報を活用する学び方の指導」体系表』　1992

『情報・メディアを活用する学び方の指導体系表』　2004

[8] 全国学校図書館協議会HP「『情報資源を活用する学びの指導体系表』の発表について」より　https://www.j-sla.or.jp/news/sn/post-173.html　参照：『学校図書館』819号（2019.1）

[9] 塩見昇『学校図書館の教育力を活かす　学校を変える可能性』　JLA図書館実践シリーズ31　日本図書館協会　2016.11

巻 末 資 料

箕面市における教育・
学校図書館・子どもの生活文化活動のあゆみ
1956 — 2000

〔略字〕

教：教育委員会
教セ：教育センター
青：青少年課
図：図書館
公：公民館
学セン：生涯学習センター
文：箕面子ども文庫連絡会
み：みのお図書館を考える会
近：学校図書館を考える会・近畿

〔主催〕 〈 〉内に記載。
　？：開催月不明

年	市・教育委員会・学校図書館関連	学校図書館に関する研修・研究	
1956 （S31）	12 月 市制施行		
1960 （S35）			
1961 （S36）	4 月 小学校新学習指導要領実施		
1963 （S38）	6 月 箕面市教育研究会発足		
1964 （S39）	5 月 新市庁舎新築竣工		
1965 （S40）			
1966 （S41）			
1968 （S43）	国際人権年 9 月「箕面市総合計画基本計画」策定		
1969 （S44）			
1970 （S45）	国際教育年		
1971 （S46）	4 月 小学校新学習指導要領実施 6 月 中央教育審議会「今後における学校教育の総合的な拡充整備のための基本的施策について」（46 答申）		

子どもの生活文化に関係する事柄（読書活動を中心に）	
社会教育関連	図書館・市民の活動
3月 萱野公民館開設 （～ 1971.10)	
4月 粟生公民館開設 （～ 1986.3)	5月「母と子の20分間読書運動」 （椋鳩十・鹿児島県立図書館）開始
10月 青少年センター開設 （～ 2002.3)	
11月 第1回PTA大会	3月『中小都市における公共図書館の 運営』（日本図書館協会）刊行
6月 中央公民館開設	
	6月 中央図書館開設
	8月「図書購入費府下でトップ―図書館の 利用を」（広報みのお）
	5月『市民の図書館』（日本図書館協 会）刊行
	8月 配本所開設始まる （～ 1976）（図） ＊市内7カ所に設置

1972 (S47)	国際図書年 7月 箕面市社会教育指導員設置		
1973 (S48)			
1974 (S49)			
1975 (S50)	国際婦人年		
1976 (S51)	8月「新箕面市総合計画基本計画」 策定		
1978 (S53)	1月「学校図書館図書数量基準」 発表（全国SLA）		
1979 (S54)	国際児童年 4月 箕面文化センター開設（青少 年課・青少年指導センター併置）		
1980 (S55)	4月 小学校新学習指導要領実施		
1981 (S56)	国際障害者年		
1982 (S57)			
1983 (S58)			

11月「読書指導講座受講生募集」（広報みのお）	8月 移動図書館「みどり号」巡回開始（6ステーション）
4〜9月「母と子の読書（6回シリーズ）」（広報みのお）	10月 新家青空こども会「子ども会の図書館」設置
11月「母と子の読書講演会：短編読み物による読書指導」〈中央公〉講師：岩坪昭子	6月 日曜日開館開始（図）
3月「読書講演会」〈中央公〉「読むこと、書くこと、考えること」講師：浜中重信／「児童文学と読書指導」講師：椋鳩十	
	12月「大阪府子ども文庫連絡会」発足
11月 子育て資料「こどもの成長をみつめて」配布／市民募集作品集「私の子育て」配布	
11月 子育て資料「こどもの成長をみつめて Part2」配布	

1984 (S59)	8月 臨時教育審議会設置		
1985 (S60)	国際青年年 6月 社会教育委員会議「箕面市に 　おける今後の生涯学習はどうあ 　るべきか」諮問 ?月「第三次箕面市総合計画基本計 　画」策定		
1986 (S61)	国際平和年 10月 青少年健全育成都市宣言		
1987 (S62)			

10月 こどもの本入門講座：お母さん、いっしょに本を読んでよ！（全6回）（〜1985.3）〈青〉講師：正置友子　＊幼児健全育成着手	
5〜11月 こどもの本入門講座パート2：こどもの本・読書について考える（全6回）〈青〉講師：大月ルリ子／渡部淑子 12月 こどもの本講座：絵本ワンダー・ガーグからモーリス・センダックまで（全12回）（〜1986.12）〈青〉講師：正置友子	3月 「知っていますか配本所。児童書がいっぱいです」（広報：もみじだより） 9月 「みのお図書館を考える会」発足　学習会「図書館ってなに？」〈み〉「暮らしの中の図書館を求めて」講師：塩見昇 10月 図書館に「団体貸出についてのお願い」提出（おはなしグループ9団体） 11月 おはなしの勉強会　講師：柴藤愛子
5月 「保育ボランティアの会」発足　＊1991年「保育グループあそぼ」に改名 6〜7月 市民大学講座（市政施行30周年記念行事）：おかあさんとあそぼう（全6回）講師：平松二三代／小林純子／柴藤愛子〈中央公〉 9月 幼年文学講座：星に手をのばす子らのために（全10回）（〜1988.6）〈青〉講師：松野正子	2月 学習会「こんな図書館がほしいな」〈み〉講師：菅原峻 4月 みのお子ども文庫連絡会発足 4月 太子町立図書館見学〈み〉 5月 八日市市立図書館見学〈み〉 5月 大阪府子ども文庫連絡会に加入（文） 5月 東図書館開設（東生涯学習センター内） 東学セン・東図開館記念事業：「子どもと本のまつり」／「文化講演会（講師：松野正子）」／「お母さんとあそぼう（講師：小林純子）」／「おはなしキャラバン」開催 ＊以後「子どもと本のまつり」は東図と箕子連との共催事業として継続 5月 学習会「図書館協議会について」〈み〉講師：森耕一 11月 講演会「科学読みものの楽しさ」〈文〉講師：沼知方子
5〜7月 こどもの本講座：マザーグースの楽しい世界（全3回）〈青〉講師：正置友子	4月 箕面市立図書館協議会発足 5月 おはなしの勉強会〈文〉講師：堀田譲 6月 おはなしの勉強会〈文〉講師：三木久子 6月 「図書館の好きな人・本好きな人あつまれ！―図書館のことについてはなしあいませんか」〈み〉（後援；図）

1988 (S63)			
1989 (S64) (H1)	1月 箕面市生涯学習まちづくり推 進本部設置		
		4月「朝の読書」実践（林公・ 船橋学園女子高）	
	7月 学校図書館運営検討委員会設 置〈教〉		
	9月 社会教育委員会議「箕面市に おける今後の生涯学習はどうある べきか」中間答申		

	7月 学校図書館実態調査実施〈文・み〉 9月 学習会「公共図書館のガイドライン」 〈み〉講師：森耕一
9月 こどもの本講座：絵本イギリスのプロムナード（全7回）〈青〉講師：正置友子 11月 市民大学講座：幼児と絵本（全6回）（～1989.2）〈西南公〉講師：正置友子	1月 学習会「いい街づくり 役立つ図書館」〈み〉講師：西田博志 1月 清水きよしのパントマイム〈文・箕面文化センター〉 3月 講演会「ことばの出会い・ひととの出会い」〈文〉講師：工藤直子 6月 勉強会「たのしい絵本のことば詩のことば」〈文〉講師：三木久子 7月 講演会「子どもと地域と図書館と―どの子も本をすきになるために」〈み〉講師：伊藤峻 7月 勉強会「松野正子の翻訳ものについて」〈文〉講師：松野正子 11月 中央図書館移転（中央生涯学習センター内）　＊夜間開館試行開始 11月「木版画展『吉田遠志』／人形劇まつり〈中央図〉 11月 講演会「大自然生命の流れ」〈文〉講師：吉田遠志
5月 第1回箕面紙芝居まつり〈箕面紙芝居まつり実行委員会〉 5月 児童文学講座：児童文学ひとつの読み方（全10回）（～1990.3）〈青〉講師：田中正彦	1月 勉強会「たのしいおはなし」〈文〉講師：柴藤愛子 2～3月「おはなし入門講座（全4回）」〈東学セン・東図共催〉　講師：大月ルリ子 6月 学習会「暮らしの中に図書館を」〈み〉上映：「図書館のひとびと」 講師：森耕一 6月 講演会「子どもの本と子育て」〈文〉講師：西田良子 7月 学習会「暮らしの中に図書館を Part Ⅱ：公立図書館の任務と目標の解説」（全5回）（～1990.3）〈み〉講師：森耕一 7月 おはなしと実験「科学あそびってたのしいよ」（市内3ヶ所）〈文〉講師：津田妍子 9月 移動図書館「みどり号」3代目（14ステーション、2800冊積載）

		10 月 講演会「学校図書館の活性化」 （学校図書館運営検討委員会）〈教〉 講師：尾原淳夫
	11 月「子どもの権利条約」採択 （第 44 回国連総会）	
1990 （H2）	国際識字年 4 月 二中に図書館専任の退職教諭 配置（府費） 9 月「『箕面市学校図書館の充実に むけて（提言）』刊行」学校図書 館運営検討委員会	1 月 関西学院中等部図書館視察（学 校図書館運営検討委員会）〈教〉 5 月 西宮市立小松小学校図書館視 察（学校図書館運営検討委員会） 〈教〉 6 月 分科会「学校図書館を考える」 〈市教組教研集会〉
1991 （H3）	1 月 学校図書館運営の手引き作成 委員会設置〈教〉	6 月 第 1 回学校図書館研修会〈教〉 「学校図書館運営の充実にむけて 今、何が必要か」講師：塩見昇 ＊教師・市民 90 余名参加 7 月 第 2 回学校図書館研修会〈教〉 「提言書」作成経過報告（西尾日 出子）／利用案内・ブックトーク （公共図書館員）／絵本を楽しむ （正置友子）＊教師・市民参加
1992 （H4）	3 月 生涯学習推進基本構想策定 4 月 小学校新学習指導要領実施 生活科導入	

10～11月 市民大学講座：一房さんの紙芝居入門（全5回）〈西南公〉 講師：坂本一房	10月 講演会「本の探偵 赤木かん子さんがやってくる」〈文〉 講師：赤木かん子 10月 勉強会「ちびくろさんぼについて」〈文〉レポーター：武田葉子 11月 中央図「子どもと本のまつり」〈中央図・文〉開始（2001年3月終了） 11月 市民の声を聞く会（市内3ヶ所）〈図・図協議会〉
5月 児童文学講座：児童文学もうひとつの読み方パートⅡ（全10回）（～1991.3）〈青〉講師：田中正彦	1～2月「おはなし入門講座：小さい子どもをもつお母さんへ」（全4回）〈東学セン・東図〉講師：柴藤愛子 3月 勉強会「児童文学と朝鮮」〈文・みのお朝鮮語を学ぶ会〉講師：中村修 6月 講演会「子どものリズム・ことばのリズム」〈文〉講師：櫻井美紀 8月 図書館協議会より「箕面市における図書館整備計画」（答申） 11月 語りの会「昔話を聞く」〈文〉講師：笠原政雄
2月 市民大学講座：民話の世界（全3回）〈中央図・中央学セン〉講師：中川正文／熊野禮助 5～11月 児童文学講座：若いお母さんのための子育て講座―豊かな心を育てるために（全6回）〈青〉 講師：櫻井美紀 6月 第1回箕面手づくり紙芝居コンクール開催〈教・箕面紙芝居まつり実行委員会〉	1月 森島孝さんのおはなし組み木〈文〉講師：森島孝 1～3月「幼年文学講座：読みはじめた子どもたちのために（全3回）」〈東学セン・東図〉講師：上田由美子 6月 桜ヶ丘図書館開設（桜ヶ丘人権文化センター内） ・桜ヶ丘図「おたのしみシアター」〈桜ヶ丘図・文〉開始 10月 学校図書館を考える会・近畿発足 10月 講演会「絵本と私と子ども」〈文〉講師：西巻茅子
	1～2月「児童文学講座：読みつがれてきた子どもの文学」（全3回）〈東学セン・東図〉講師：辰巳義幸 3月 講演会「ことばとかたち」〈文〉講師：寺内重夫

	4月 南小に学校図書館司書配置（市費）／中小に退職教諭配置（府費） 4月 生涯学習情報提供ネットワークシステム稼働 9月 学校週5日制導入 9月 学校週五日制実施（第2土曜日）	6月 第3回学校図書館研修会〈教〉「学校図書館運営の充実に向けて」講師：澤利政 〈'92年度図書館教育研究を行った学校〉 ・止々呂美小；読書・学校図書館の利用法 ・止々呂美中；社会科調べ学習の進め方	
1993 （H5）	2月 教育センター開設 3月『学校図書館活性化マニュアル』刊行〈教〉 　3月「学校図書館図書標準」設定（文部省） 　3月 子どもと本の出会いの会発足 4月 豊川南小／萱野東小に学校司書配置 　6月「学校図書館図書整備 新5か年計画」発表（文部省） 　12月 子どもと本の議員連盟結成	2月 第4回学校図書館研修会〈教〉「一冊の本との出会い おはなしとよみきかせの実践」講師：柴藤愛子 4月 箕面市学校図書館司書連絡会発足 5月 箕面市教育研究会図書館部会発足 5月 学校図書館研究グループ結成（教セ） 7月「これからの学校図書館のあり方を考える（先進校視察から）」〈教セ〉報告：森村康子／野本淳子 11月 市立図書館司書と学校司書との交流会。→「連携学習会」へ発展 ?月「児童文学と学校図書館教育—読書指導の在り方を求めて」〈教セ〉講師：中川正文 〈'93～94年度大阪府・「校内研修」推進校〉 ・止々呂美小；「自ら学ぶ子どもを育てる図書館教育をめざして」利用指導・調べ学習に関する研修 〈'93年度教育センター研究員報告〉 「国語・図書館教育に関する研究—図書館利用指導マニュアル（小学校）の作成—」（研究紀要第29号）報告：豊嶋富美枝／谷川京／盛影博子	

9月 講演会：紙芝居の脚本づくりについて〈紙芝居まつり実行委員会〉講師：中川正文	6月 岡山のビデオ『本があって人がいて』を見る会〈文・み〉 7月 学校図書館アンケート調査〈文〉 7月 学校図書館訪問（南小）〈み〉 9〜10月「児童文学講座：子どもの本」（全4回）〈東学セン・東図〉 講師：平松二三代 10月 岡山・興除小学校視察（図書館協議会）
1〜3月 市民大学講座：紙芝居講座 演じ方とつくり方（全9回）〈中央図・学セン〉講師：坂本一房／ふるた加代	2月 萱野南図書館開設 「子どもと本のまつり」〈萱野南図・文〉開始（2001年3月終了） 3月 箕子連8周年記念講演会「いやいやえんからたかたか山のたかちゃんまで」〈文〉講師：中川李枝子
5月 市民大学講座：絵本の世界へ夢飛行（全10回）（〜1994.3）〈中央学セン〉講師：正置友子	5月 学校図書館訪問（豊川南小／萱野東小）〈み〉 6月「図書館の好きな人・本好きな人あつまれ！―利用者からのレポート『老人と図書館』」〈み〉 7月 学校図書館を考えるつどい「『学校図書館活性化マニュアル』―できるまでとこれからの活用」〈み・近〉（後援：教）講師：青木修一／野本淳子
10月 子どもをはぐくむ講座（全6回）（〜1994.1）〈青〉講師：天野秀昭／西川道子／児玉芽	9〜10月「児童文学講座：お母さん語りましょう」（全3回）〈東学セン・東図〉講師：大野由美 10月 原画展と講演会「秋野亥左牟とインディアンの世界」〈文〉講師：秋野亥左牟 11月「中央図・中央学セン・メイプルホール5周年記念事業：新宮晋の講演会＆写真展」 11月 講演会「世界にひろがれ紙芝居」〈紙芝居まつり実行委員会・中央図・関西子どもの文化研究会〉講師：まついのりこ 11月 個人貸出冊数5冊から10冊に変更（図）

| 1994
(H6) | 4月 子どもの権利条約批准（日本）
4月 箕面小／西南小／萱野北小に学校司書配置
7月「箕面市市民参加施策推進懇話会」設置 | 2月 学校図書館教育研修会〈教セ〉「学習や読書に役立つ図書館活動」講師：鹿野恵子　＊市民参加
4月 第1回学校司書新任研修会〈教〉

7月 学校図書館教育研修会〈教セ〉「読書好きのこどもを育てるには—文庫活動の経験から」講師：子ども文庫連絡会
7月 学校図書館教育研修会〈教セ〉「新しい時代の図書館施設と教育—見学と講演」講師：平井むつみ・古本大
11月 大阪府教育研究指定校研究発表〈教〉発表：止々呂美小

〈'94年度図書館教育研究を行った学校〉
・箕面小；「自己教育力の育成と図書館教育」
・止々呂美小；「調べ学習の進め方について」
・萱野小；「学校図書館のあり方」講師：鹿野恵子
・西南小学校；「豊かな学校図書館を目指して」
〈'94年度教育センター研究員報告〉「学校図書館教育に関する研究—資料・情報を活用する学び方の指導マニュアルづくり—」（研究紀要第30号）報告：豊嶋富美枝／谷川京／真鍋あけみ | |
| 1995
(H7) | 1月 阪神淡路大震災

4月「学校図書館情報化・活性化推進モデル地域事業」（文部省）開始
4月 東小／西小／萱野小／豊北小に学校司書配置 | 2月 学校図書館教育研修会〈教セ〉「読書好きの子どもを育てるには—紙芝居作りのこつとパネルシアター」講師：箕面紙芝居まつりの会
6月 学校図書館教育研修会〈教セ〉「図書館を利用した『調べ学習』の授業実践報告と公開授業」報告：山本有子／藤井君代　授業：梶原郁代／奥田福吉 | |

	6月 文庫交流会「長谷川摂子さんを囲んで」〈文〉
	6月 学校図書館訪問（箕面小／西南小）〈み〉
	7月「'94学校図書館講座」〈近〉（後援：箕面市教育委員会ほか）
	7月 学校図書館訪問（萱野北小）〈み〉
	7月「図書館の好きな人・本好きな人あつまれ！」これからの長寿社会に向けての図書館サービスについて〈み〉
	7月 箕面養護学校訪問〈文〉
9～12月 市民大学講座：紙芝居大好き（全10回）〈西南公〉講師：中川正文／坂本一房／小森時次郎	9月 読み聞かせ入門講座：絵本と読み聞かせの楽しさ（全4回）〈中央図〉講師：柴藤愛子
	9月 竹の内淳絵本原画展と出版記念会「自然と踊ろう米まつり」〈文・紙芝居まつり実行委員会〉
	10月 らいとぴあ21図書コーナー開設（萱野中央人権文化センター内）＊講演会「長野ヒデ子さんとおはなししよう」、「絵本原画展」（文、企画参加）
	11月 児童文学講座：郷土の児童文学者自作を語る（全2回）〈東図・東学セン〉講師：横山充男／富安陽子
	11月 講演会「絵本・エホン・ご本・ゴホン」〈文〉講師：舟橋斉
	3月「箕面市における図書館システムの在り方について（答申）」（図書館協議会）
	5月 学校図書館訪問（萱野小／西小）〈み〉
	6月 学校図書館訪問（東小／豊北小）〈み〉
	7月 箕面養護学校おたのしみ会参加〈文〉

		11月 第1回箕面市学校図書館司書研修会〈教〉「学校に司書が入って」講師：塩見昇 ＊教職員、市民、大阪府内の学校図書館司書64名参加

〈'95年度図書館教育研究を行った学校〉 ・萱野小学校：「興味をもって読み味わう」講師：たんぽぽ文庫 ・西小学校：「授業研究（1年国語）」講師：高橋朱美 〈'95年度教育センター研究員報告〉「学校図書館教育に関する研究—子どもたち自身が図書館を情報収集および活用できる場にすることをめざす—」報告：六車徹／中泰夫／清成シズエ／笹倉恵美子 |
| 1996 (H8) | 4月 北小／中小／止々呂美小（止々呂美中兼務）に学校司書配置 ＊小学校全校配置終了 4月 箕面市立図書館から学校へ配本開始（市内13小学校） 6月「箕面市の市民参加の推進に関する提言」（箕面市市民参加施策推進懇話会） 6～11月「箕面市まちづくり理念条例検討懇話会」設置（全7回） 7月 中央教育審議会「21世紀を展望した我が国の教育の在り方について」（第1次答申）

12月「箕面市のまちづくり理念に関する提言」（箕面市まちづくり理念条例検討懇話会） | 10月 学校図書館教育研修会〈指導課・中央図〉「子どもの文化としての紙芝居　理論と実践」講師：中川正文 11月「学校図書館と学校司書の役割」〈指導課・中央図〉講師：塩見昇 |
| 1997 (H9) | 3月「箕面市まちづくり理念条例」「箕面市まちづくり推進条例」「箕面市市民参加条例」制定 | 1月 第2回箕面市学校図書館司書研修会〈教〉「いま、資料提供の在り方について」講師：土居陽子 ＊大阪府内の学校図書館司書参加 |

	11月 箕面子ども文庫連絡会10周年記念講演会：ますだゆうこの「とびだせ！ミュージックパネル」〈文〉講師：増田裕子 11月 文学講座：島田陽子さんが語る（全3回）〈中央図〉講師：島田陽子 11〜12月 児童文学講座：作者と楽しむ幼年文学（全3回）〈東学セン・東図〉講師：松野正子
10月 第1次箕面市民セミナー（まちづくり編）開講式	6月 第2回「市民の声を聴く会：みんなで話そうこんな図書館にしたいな」〈教・生涯学習推進部・図・み〉 9月「読み聞かせ入門講座：絵本と読み聞かせの楽しさ（全4回）」〈中央図〉講師：柴藤愛子 10月 学校図書館訪問（北小／中小／止々呂美小・中）〈み〉 10月「児童文学講座：マザーグースとイギリスの児童文学（全3回）」〈東図〉講師：石川晴子 12月 図書館協議会「箕面市立図書館による学校図書館へのサービスについて（建議）」
	2月 講演会「子育てはあたたかくやわらかくゆったりと〜『子どもの権利条約』からのメッセージ」〈箕面おやこ劇場・保育グループあそぼ・みのお子どもの遊びを考える会・文〉講師：増山均

	4月 一中／四中／六中に学校司書配置	
	6月「学校図書館法の一部を改正する法律」公布（2003 年度より 12 学級以上の小・中・高校に司書教諭本格発令）	12月 シンポジウム「子どもたちの豊かな育ちを願って」〈教・PTA・文〉（後援：近） ・講演「今、学校図書館に求められること」講師：塩見昇 ・実践報告：渡部洋子／髙木享子
	8月「学校図書館の充実等に関する調査研究協力者会議」（文部省）発足	・パネルディスカッション：「教育、子どもたちに輝く未来を」橋本卓（市長）／和田弘子（PTA）／香西智子（PTA）／木原育子（小学校校長）／中学生　助言者：塩見昇　司会：新井せい子（文庫関係者）
1998 （H10）		2月　第 3 回箕面市学校図書館司書研修会〈教セ〉「赤木かん子さん大いに語る　子どもが読みたい本大人がすすめたい本」講師：赤木かん子　＊市内の学校図書館司書、教職員、市民参加
	4月 二中／三中／五中に学校司書配置 ＊中学校全校配置完了	7月 学校図書館教育研修会〈教セ〉「総合的学習の表現力をつけるための紙芝居づくり」講師：渡部洋子、堀田譲
	6月 中央教育審議会「新しい時代を拓く心を育てるために」（答申）	8月 朝の読書教育研究大会全国大会開催 〈'98 ～ 99 年度学校図書館研究校〉 ・豊川北小；「学校図書館教育」大阪府教育委員会研究委嘱校
	10月「箕面市の市民活動支援のあり方についての提言」（これからの市民活動と行政の役割を考える研究会）	・中小；「学校図書館教育」箕面市教育委員会研究指定校
1999 （H11）	3月「学校図書館専門職員の整備・充実に向けて」（日本図書館協会学校図書館問題プロジェクト・チーム）	

	4月 祝日開館開始（図） 　　 3月「学校図書館を考える全国連絡 　　会」発足 6月 学校図書館訪問（一中／四中／六中） 〈み〉
10〜11月 市民大学講座：子育てはみんなで悩めばいいんだよ！（全5回）〈西南公〉講師：舟橋斉／沢畑勉／箕子連	10〜11月「児童文学講座：親子で楽しむわらべうた」（全2回）〈東図・東学セン〉講師：石川晴子
	2月「赤ちゃんといっしょに絵本をたのしみましょう 0〜3歳児まで」発行〈図〉 2月 講演会「絵本とわたし」〈文〉　講師：内田麟太郎 2〜3月 講座「絵本から学ぶ子育て」（全3回）〈中央図・中央学セン・文〉　講師：赤木かん子／佐々木宏子 4月 4か月児検診時、ブックリスト配布開始〈図〉 7月 図書館だより「らぶっく」刊行開始〈図〉
12月 講座：子育てと絵本①「絵本をめぐる大人と子ども」〈らいぷら文庫・文・みのおライフプラザ市民活動助成事業〉講師：長谷川摂子	10月 学校図書館訪問（三中／五中）〈み〉 11月 学校図書館訪問（二中）〈み〉
1月 講座：子育てと絵本②「おはなし・手あそび・わらべうた」〈らいぷら文庫・文・みのおライフプラザ市民活動助成事業〉講師：おはなしキャラバン（熊取文庫連絡協議会）	

		8月 第4回箕面市学校図書館司書研修会〈教〉「書評の書き方」講師：土居安子 ＊学校図書館司書、公共図書館司書合同研修
	10月「子ども読書年推進会議」発足 10月 箕面市子ども条例施行 10月「箕面市非営利公益市民活動促進条例（箕面版NPO条例）」施行 11月 ユネスコ学校図書館宣言	11月 教科教育授業研究会③〈教セ〉「子どもたちのブックトーク」講師：森田英嗣 授業：南小5年生 ゲスト：おはなし会「とんとんとん」 ？月 学校図書館教育研修会〈教セ〉「総合的な学習を視野に入れた図書館教育のあり方を考える」講師：堀江裕爾
2000 （H12）	子ども読書年 3月 箕面市保健福祉推進委員会子育て総合施策検討部会「総合的な子育て支援策のあり方について（最終報告）」 3月「学校情報ネットワーク構築事業推進検討委員会 図書館部会」設置 5月 全小中学校間配本（週1回）開始 11月 促進委員会答申「みのお市民社会ビジョン21」2000年度	7月 第5回箕面市学校図書館司書研修会〈教〉「学校図書館における資料提供」講師：土居陽子 7月 学校図書館教育研修会〈教セ〉「メディアを読み解く—メディアリテラシー入門」講師：鈴木みどり・石原純 ほか 12月 第6回箕面市学校図書館司書研修会〈教〉「箕面市学校図書館白書づくりのために」講師：塩見昇

参考資料

箕面市広報誌『広報みのお』／『もみじだより』
『昭和43年度 市勢年鑑』
『新箕面市総合計画 基本計画』昭和51年8月 箕面市企画部企画財政課
『箕面市 教育の概要「平成16年度（2004年度）版」』資料編 箕面市教育委員会
『第四次箕面市総合計画 みのおプラン2010』箕面市
『箕面市立図書館概要』

9月 講座：子どもと絵本「だっこでよん で」（全2回）〈西南公〉講師：大月ル リ子／箕面子ども文庫連絡会	
	11月 講演会「武田美穂の世界」〈中央図・ 文〉講師：武田美穂
	3月 講演会「子育てに絵本やおはなしを」 〈東学セン・東図・文〉講師：大月ルリ 子
6月 2000年度文部省委嘱事業「子ども の心を育てる読書活動推進事業」（実行 委員会：図・文・箕面おやこ劇場・保 育グループあそぼ・みのお子どもの遊 びを考える会・紙芝居の会どんぐり・ まつぼっくり・らいぷら文庫・人と本 を紡ぐ会）	5月 箕面市非営利公益市民活動団体（箕 面市版NPO）「人と本を紡ぐ会」結成

『箕面市学校図書館白書「本とであう　人とであう　ふしぎとであう」』箕面市教育委員会、
　　2002.2
「箕子連のあゆみ」『みのこれん　10周年記念誌』箕面子ども文庫連絡会10周年記念誌編
　　集委員会、1996.2
機関誌『わたしたちの図書館―暮らしの中に図書館を』みのお図書館を考える会

あとがき

　30 年以上の教員歴をもった 5 人の先生方の語りは、それぞれの人生経験と個性がにじみ出たじつに説得力あるものだった。子どもに寄せるまなざしや、人を育てているという自負と使命感、授業にかける思い等がどの先生からも強く伝わってきた。

　先生方は子どもが主体となった学びを目指した授業法を追究し、そのためには学校図書館専門職員である学校司書を "共に教育を創る協働者" として受け入れている（受け入れたいと望んでいる）ことも明らかになった。

　サービス機能をもった学校図書館には教師と協働して授業づくりを後押しする力があり、一人ひとりの子どもに合った柔軟性ある授業が可能になることを確信した。

　また箕面市の学校図書館史的観点からまとめたことで、市の学校図書館施策推進の背景には生涯学習の視点も含めた市民の期待や、当時の市の地方自治の考え方、広くは時代の要請の空気が流れていたことも確認することができた。

　市の施策によって、教師たちも学校図書館について学習し、そのことが授業での学校図書館活用に繋がっていったことも語られていた。

　だが一方で、インタビューを行なった当時（2015 年）は教師の大幅な世代交代の時期であり、教師間における学校図書館理解も変化してきていることも判明した。

　ところで今回は、「学校図書館に理解がある、あるいは日常的に学校図書館を活用している教師」を対象にすることに重きを置き、しかもていねいな聴き取りを試みるためインタビュー対象者を少人数におさえた。その結果、小学校教師が多くなり、年代や経験年数にあまり差がなく全員が女性であった。インタビュー

人数を増やして、年代や性別、校種のバランス等を考慮すれば、"教師はなぜ学校図書館を使うのか"、あるいは"なぜ使わないのか"の考察がさらに深められただろう。ていねいなインタビューから分析・考察することのおもしろさと難しさを実感した。

またⅤ章でも少し触れたが、学校司書の配置および雇用の現状は深刻である。文科省は4年ぶりになる「2020年度『学校図書館の現状に関する調査』」（2021年7月）を発表した。中村崇は、「（学校司書の）配置は広まったが非正規雇用が増加している傾向といえる。2014年に学校図書館法が『改正』されたとき、学校司書の非正規雇用化が懸念されたが、残念ながらその通りになっている。」と調査結果を分析した。そして、「事務室や実習助手業務との兼務者は配置校として計上されないが、学校司書（専ら学校図書館の職務に従事する者）が週1日短時間でも勤務していれば配置校に計上される。『常勤』も『正規職員』とイコールではない（非正規雇用でも、勤務時間が正規と同じなら常勤に計上される）。自治体によっては、短時間の配置や一人で複数校を担当して巡回するなどの実情もある。」と、この調査では配置状況の「詳細な内実まではわからない」と述べている。[1]

学校図書館の"はたらき"を担う立場にある学校司書の雇用は、各自治体に委ねられている。そのため、自治体の政策や財政状況に常に左右され、雇用のありようが多様かつ不安定だという現実がある。それまでの雇用形態が下方に変更されることもある。このような現実は、「サービス機能をもった学校図書館」と教育実践とのかかわりを追究し、学校図書館の本質に迫ることを困難にする要因となっている。

今回は箕面市という1つの自治体の学校図書館整備をもとにした考察であった。しかし確かな学校図書館整備を主張するには、「どのような学校図書館整備であるときにどのようなサービスが展開するのか」、あるいは「整備の違いは子どもの学びや教師の授業づくりにどのように現れてくるのか」「整備の違いによって教師の学校図書館への意識はどう違うのか」等々を解明しなければならないだろう。

これらの課題解明は重要な事柄ではあるが、他日に期したい。

第Ⅳ章・Ⅴ章の執筆終盤にさしかかった2020年3月、新型コロナ感染症拡大を抑えるために全国的な臨時休校、4月には7都府県に緊急事態宣言が出されるという状況に見舞われた。子どもたちは自宅待機となり正常な授業ができない時期が長く続いた地域も多くあった。現在もソーシャルディスタンスの確保に神経をつかい、学校行事も縮小するなど、学校現場は日々格闘している。

　そのような事態のなか、「コロナ禍の中で学校図書館は何ができるか」を考え行動を起こした学校図書館の報告も各地からあがってきた。[2]

　学校の教育活動と切り離すことのできない学校図書館は、臨機応変に支援する力が求められていると改めて感じた。

　気がつけば足掛け7年という歳月が流れていた。論文作成期間中は悪戦苦闘が続いたが、同時に新たな学校図書館の可能性を見出すことができた充実した時間でもあった。

　学校図書館に関心のある方だけではなく、教師や親、自治体の教育行政に携わっている方々にも読んでいただき、学校図書館について論議するさいの題材になればと願う。

　最後に、司書と教師（授業）の関係性を表すときに「協同」や「連携」という言葉を使う場合もあるが、本書では「箕面市における司書と教師の協働」（サブタイトル）とした。「協働」としたのは、図書館の"はたらき"を実行する司書と授業づくりに努める教師が相互作用することで、授業の内実が深まったり、新たな授業の工夫や発想が生まれたり、そのことによって図書館サービスもより充実していくという意味合いを込めてのことであることをお断りしておく。

2022年　春

注 ————

［1］中村崇「文科省、令和2年度『学校図書館の現状に関する調査』結果を公表」『学校図書館部会報』No.68 2021.12.15　日本図書館協会　p6-7
［2］『学図研ニュース』学校図書館問題研究会
　　No.412　2020.6.1　特集：コロナ禍休校措置、学校図書館その時できたこと・考えたこと
　　No.414　2020.8.1　特集：イマドキのネット発信活用術

No.416　2020.10.1　特集：コロナ禍学校再開後、学校図書館その時できたこと・考えたこと
庭井史絵『2020 新型コロナウィルス対策下の学校図書館活動』https://sites.google.
com/view/covid19schoollibrary/top　2020.5.16 作成　2020.9.17 更新
『学校図書館』第 841 号　全国学校図書館協議会　2020.11　特集：これからの学校図
書館－コロナ禍の学校図書館と ICT

謝　辞

　論文を執筆するにあたり、研究員として受け入れてくださった東京学芸大学の山口源治郎教授に心より厚くお礼申し上げます。長きにわたり、ときに厳しく、ときに励ましの言葉をくださりながら、忍耐強くご指導いただいたことでどうにか完成に辿りつくことができました。

　インタビューを心よく引き受けてくださった5人の先生方に深く感謝申し上げます。「語り」を通して教師という仕事の奥深さを肌で感じることができ、学校図書館の役割を考えるうえで多くの示唆をいただきました。

　貴重なアドバイスをいただきました塩見昇先生、大切な資料を提供してくださった新井せい子さん、梅本恵さん、黒田正記さん、当時のお話を聞かせてくださった重松剛さん、大森佐記子さん、青山恵子さん、江口寛さん、熊野禮助さん、星川あいさんに感謝申し上げます。

　インタビューに同席し、テープ起こしや調べ物にも協力してくれた清水理恵さん、田中瑞穂さん、東谷めぐみさんにもお礼申し上げます。ともに学校司書として長年仕事をしていたにもかかわらず、今回のインタビューを通して初めて聞いた現場でのようすや実践もありました。

　本にするという夢をかなえるために力添えくださった教育史料出版会の中村早苗さん、素敵な装丁に仕上げてくださった中野多恵子さん、ありがとうございました。

　最後に、筆が進まないときにいつも励ましてくれた夫勉の存在も記しておきます。

髙木享子（たかぎ　きょうこ）

1953 年　茨城県生まれ
1976 年　玉川大学文学部卒業
1980 年代　大阪府豊中市と箕面市で文庫活動
1991 年〜 93 年　箕面市立桜ケ丘図書館勤務
1993 年〜 2010 年　箕面市立豊川南小学校、西南小学校で学校司書として勤務
2010 年〜 13 年　大阪学院大学、四天王寺大学、阪南大学で司書教諭科目担当

● 所属団体

学校図書館を考える会・近畿（2013 年 11 月閉会　2001 年 9 月より事務局長）
日本図書館研究会
学校図書館問題研究会

● 主な著作

「いきいきとした図書館活動をめざして」『わがまちの学校図書館づくり』p134-152　学校図書館を考える会・近畿　教育史料出版会　1998.7
「活用されてこその学校図書館をめざして」『子どものしあわせ』通号 636　p64-69　福音館書店　2004.2
「子どもの読書意欲と関心を高めるための学校図書館の支援」『子どもの読書環境と図書館』p105-123　日本図書館研究会　2006.5
「図書館活用を促進するための情報提供」（［特集］教職員への情報サービス）『学校図書館』No.690　p26-28　全国学校図書館協議会　2008.4
「図書館教育のとりくみと図書館サービス── 5 年生の研究授業を中心に」『探究学習と学校図書館』日本図書館協会学校図書館部会第 40 回夏季研究集会報告集　p50-61　（共同報告者：三好葉子・司書教諭）2011.12

教師は学校図書館をどう使うか
インタビュー●箕面市にみる司書と教師の協働

2022 年 6 月 20 日　第 1 刷発行ⓒ

著　　者　髙木享子
発行者　駒木明仁
発　　行　株式会社 教育史料出版会
　　　　　〒101-0065　千代田区西神田 2-4-6
　　　　　☎ 03-5211-7175　FAX 03-5211-0099
　　　　　郵便振替　00120-2-79022
　　　　　http://www.kyouikushiryo.com

デザイン　中野多恵子
印　　刷　平河工業社
製　　本　協栄製本

ISBN978-4-87652-550-8　C0036